NUESTRO PODER INFINITO

CÓMO LLEVAR UNA VIDA ESPIRITUAL AUTÉNTICA

KEVIN ADAM

RONNA HERMAN VEZANE

KOLIMA BOOKS

Categoría: Espiritualidad
Colección: Biblioteca Ronna Herman Vezane

Título original: Our Infinite Power
Traducción: Marta Prieto Asirón

Primera edición: Mayo 2021
© 2021 Editorial Kolima, Madrid
www.editorialkolima.com

Autores: Kevin Adam y Ronna Herman Vezane
Dirección editorial: Marta Prieto Asirón
Maquetación de cubierta: Sergio Santos Palmero
Maquetación: Carolina Hernández Alarcón
@ 2015 Ronna Vezane *Star Quest mastery
Ilustraciones: @Kevin Adam
Colaboración: Macarena Rincón Carvajal

ISBN: 978-84-17566-39-5
Depósito legal: M-14442-2021
Impreso en España

ÍNDICE

INTRODUCCIÓN

Es importante dejar claro desde el principio que el propósito de este libro es que accedas al autodominio. Forma parte de un plan que el Creador te brinda a través del arcángel Miguel.

No todos los que lean este libro estarán espiritualmente listos para acceder al autodominio. Tu Yo superior supervisa este proceso y, junto con tus guías, determina si es el momento adecuado para que alcances esta meta. Con este curso es posible que sientes las bases y allanes la senda para acceder al autodominio en otra vida.

Ni este libro ni *Espiritualidad unificada del Creador*[1] sustituyen los mensajes del arcángel Miguel. Aunque la lectura de estos libros aporte esa mínima comprensión que necesitarás para un proceso tal, los mensajes completarán los detalles que no podamos incluir aquí. Si has leído los libros previos de Ronna, con la lectura de *Espiritualidad unificada del Creador* entenderás mejor los mensajes cuando vuelvas a leerlos.

Existe otro recurso que recomendamos encarecidamente. Los planes de estudio de este libro propenden el uso de los ejercicios espirituales que hay desperdigados por todos los libros de Ronna. Aunque logres espigarlos y tenerlos todos en papel, recomendamos la descarga de los audios (de momento solo en inglés), puesto que en ellos aparecen todos los ejercicios que necesitarás. Su uso es mucho más sencillo en formato sonoro y, por muy experto que seas en meditación, ello no mermará tu aprovechamiento de estos audios.

---

1   Publicado en castellano por Editorial Kolima (2019).

Tan solo con escucharlos, ya estarán dando frutos. Están a la venta y disponibles para su descarga en www.StarQuestMastery.com en inglés en la sección de compra de meditaciones del libro *Our infinite power*. En el futuro podrás encontrarlos en castellano en editorialkolima.com.

Además de los ejercicios espirituales presentes en los mensajes, en el libro también aparecen algunos ejercicios. Unos son meditaciones; otros, ejercicios de manual. Algunas de las meditaciones fueron grabadas amablemente por nuestro buen amigo Randall Monk. Gracias, Randall, por prestarnos tu maravillosa voz y experiencia. Las versiones sonoras de estas meditaciones también se encuentran en el audio descargable.

Hay algo más que, de vez en cuando, encontrarás en este libro: unos apartados que llamamos «vida de Kevin». Si bien Ronna ha contado en sus libros gran parte de su vida, Kevin también atesora experiencias que ilustran puntos concretos. Compartiremos esas experiencias intermitentemente a lo largo del libro y las identificaremos, tal y como hemos dicho, con el título «vida de Kevin». De este modo los lectores sabrán siempre a quién atribuir los textos.

Vivir este proceso –y culminarlo con el autodominio– no es un objetivo que muchos estén decididos a perseguir. Muy pocos perseverarán el tiempo suficiente para lograrlo. Estos volúmenes se han escrito para que estos últimos dispongan de las mejores posibilidades de alcanzar el autodominio en esta vida.

Tu moralidad e integridad se verán puestas a prueba continuamente. Lo más probable es que te asalten grandes dudas y que la mayor parte del tiempo te muevas en la incertidumbre. Todo verdadero aspirante se esforzará por superarlas y su perseverancia se verá finalmente recompensada.

Sin embargo, te pido que no creas que estos libros te garantizan el éxito ni que el autodominio está garantizado. No se lo podemos garantizar a nadie, pero sí ofrecemos este libro a todo aquel que se sienta preparado. Algunos sí están listos para sumarse a las filas de Yo maestros. Te agradecemos que nos hagas partícipes de este viaje.

PROCEDIMIENTO RECOMENDADO

S i de verdad aspiras a acceder al autodominio en los próximos tres a cinco años –siempre y cuando esté dentro de los límites de tu experiencia en esta vida–, te recomendamos un método específico con el que aplicar los medios actualmente disponibles.

1. Lee el primer libro de esta serie, *Espiritualidad unificada del Creador*[2]. Adquirirás unos sólidos fundamentos espirituales con los que entender lo que viene a continuación.

2. Procede a una lectura pausada de *Nuestro poder infinito,* concediéndote tiempo para asimilar las distintas secciones y volver a leerlas si fuese necesario.

---

2   Publicado en castellano por Editorial Kolima (2019).

3. Al mismo tiempo, empieza a leer los mensajes del arcángel Miguel de los libros de Ronna, empezando por *En alas de luz*[3]. Prueba a leer uno o dos mensajes por semana.

4. Dedica una semana a escuchar las meditaciones guiadas. Escúchalas al menos una vez al día, al menos seis días por semana.

5. Haz los ejercicios espirituales del libro a medida y en el orden en que aparezcan, y dedica una semana a cada ejercicio. Si te falta tiempo o si dos meditaciones te parecen demasiado, haz una pausa de la otra serie de meditaciones guiadas. En caso contrario, haz dos ejercicios espirituales diferentes al día durante esas semanas.

6. Incorpora cualquier otro recurso que creas necesitar, como otros programas o meditaciones grabadas de Star*Quest, otros libros de Ronna, o cualquiera de los seminarios web o grabaciones de seminarios web de actualidad.

Así empezarás con paso firme. Acompasa la velocidad de este proceso siempre que lo necesites si crees que estás yendo demasiado deprisa, pero NUNCA trates de acelerar el procedimiento ni vayas más rápido de lo que se te recomienda, porque en tal caso corres el riesgo de establecer un desequilibrio perceptible con efectos negativos sobre tu crecimiento y tu vida.

El procedimiento es «infalible» si sigues el plan establecido; el Yo superior cuidará de ti y, de seguir el «programa», se asegurará de que tengas cuanto necesitas a cada paso. No obstante, si asumes las riendas del proceso y fuerzas la velocidad del sistema, padecerás las consecuencias. En la ac-

---

3   Disponible en castellano. Publicado por Editorial Kolima (2019).

tualidad, cumplir con el procedimiento permite un progreso mucho más acelerado que en el pasado. No hace mucho, de tres a cinco *décadas* habrían sido un período razonable; ahora creemos que muchos solo precisarán de tres a cinco *años* si porfían en su propósito con los medios disponibles. Aunque sea un período ciertamente corto, creemos que es alcanzable con cierta disposición, trabajo duro, paciencia y perseverancia.

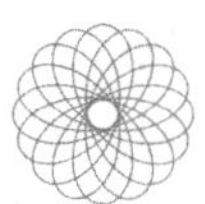

EJERCICIOS ESPIRITUALES GRABADOS DISPONIBLES PARA SU COMPRA Y DESCARGA

En los libros proporcionamos una serie de ejercicios espirituales para aquellos que prefieran leerlos o grabarlos con su propia voz. Los ejercicios disponibles grabados están agrupados en carpetas por libro. Como aparecen en orden de publicación, la carpeta 01 corresponde al libro *En alas de luz*. Esta es la lista ordenada de los libros:

01 – *En alas de luz*[4]
02 – *La promesa dorada*
03 – *Tu búsqueda sagrada*
04 – *Que haya luz*

---

4   Publicado en castellano por Editorial Kolima (2019).

05 – *Verdades cósmicas reveladas*
06 – *Secretos del autodominio*
07 – *Magia y majestad de la humanidad ascendente*

He aquí una lista de los ejercicios que aparecen en los libros y que también están disponibles en inglés en formato audio para descargar desde la página web www.StarQuestMastery.com:

01_01 Limpieza de tu energía, pg. 52
01_02 Resolver los problemas de nuestras relaciones, pg. 84
01_03 Crea tu realidad perfecta, p 99
01_04 Espada de la voluntad divina, pg. 122
01_05 Cruz de espíritu y materia, pg. 131
01_06 Rotura de acuerdos, pg. 140
01_07 Reintegro de energías fracturadas del alma, pg. 153
01_08 Diosa divina, pg. 169
01_09 Liberación de energías negativas dañadas, pg. 184
01_10 Perspectivas de importancia crucial, pg. 218

02_01 Pirámide diamantina, pg. 20
02_02 Purificación del subconsciente, pg. 30
02_03 Energía cósmica para el mundo, pg. 44
02_04 Bola de cristal de luz, pg. 68
02_05 Ejercicio del espejo, pg. 96
02_06 Pirámides de cristal de diamante, pg. 125
02_07 Fusión con el Yo divino, pg. 159
02_08 Cristales simiente, pg. 181
02_09 Ceremonia de la luna llena, pg. 220. Escucha y luego pasa al siguiente ejercicio:
02_10 Puerta mágica, pg. 271
02_11 Ejercicio de energías de los chacras, pg. 290
02_12 Seis meses restantes, pg. 303
02_13 Una reunión espiritual, pg. 310
02_14 Una afirmación diaria, pg. 390
02_15 Afirmación para usar en Yo Soy Presencia, pg. 392.

LA INTENCIÓN

La intención principia el camino del cambio y la realización espirituales. La intención gobierna la nave; centra la energía espiritual en aquello que queremos lograr, hacer o ser. Como es una facultad espiritual importante, abordaremos su funcionamiento y el modo de empezar a emplearla, si es que no lo estás haciendo ya.

¿Qué entendemos por intención?

A nivel básico, por intención entendemos una elección o toma de decisión, así como la plasmación de dicha elección en el pensamiento consciente durante cierto tiempo específico. La elección o decisión no es sino un proyecto, un guion de lo que deseamos en nuestras vidas. La intención convierte ese guion en una petición y, al incorporar sentimiento y emoción, se insufla al universo la energía que precisa de nosotros para iniciar el proceso que manifieste dicha intención en nuestra vida física.

Se requiere intención para establecer las condiciones espirituales adecuadas con que manifestar a lo que aspiramos en nuestras vidas, pero recuerda: lo que exigimos no solo puede ser correcto para nosotros a nivel personal. Por eso, ese guion, ese proyecto, debe incorporar, como parte de la búsqueda, lo que exigimos para nuestro bien supremo y para el bien supremo de todos (y que, en origen, son la misma cosa).

Verdades cósmicas reveladas, pg. 299:
Benditos aquellos de vosotros que habéis conformado vuestra voluntad con la de nuestro Dios Padre Madre por el bien supremo de todos. El poder divino interior se activará con la intención amorosa, o permanecerá estático, inactivo e indolente.

La intención sirve sobre todo para manifestar cosas o estados en el plano físico. Te daremos algunos puntos de partida y, si deseas conocer la intención a nivel más profundo, recomendamos la lectura del libro de Randall Monk *Herramientas maestras de vida para la era de la ascensión.*

¿Cómo aplicar la intención?

Aplicar la intención es bastante sencillo. Primero, emplea la información sobre la manifestación de *Espiritualidad unifica del Creador* para dejar claro y por escrito lo que deseas incorporar a tu vida, o cómo quieres que sea tu vida. Cada paso de ese camino incluirá alguna versión de «para nuestro bien supremo y para el bien supremo de todos», tras lo cual estarás listo para aplicar tu intención en los siguientes pasos del procedimiento.

En caso de que los necesites, estos son los pasos básicos de la manifestación:

- Determinar o visualizar lo que quieres manifestar y ponerlo por escrito y con detalle.
- Incorporar energía de tus sentimientos y emociones, y establecer la intención que se manifestará en tu vida.
- Ceder todo al Yo superior, a tus guías y al universo para que la situación se desenvuelva.

- Emprender la acción, según hayas sido guiado, para manifestar tu objetivo en el mundo tridimensional.

Para aplicar la intención, que tu corazón sepa que la incorporas a la vida. Guarda ese discernimiento en tu corazón durante el proceso e incorpora emoción para proveer energía. La intención provee los cimientos de las emociones y sentimientos, necesarios para estimular la manifestación, igual que un cohete precisa de una rampa de lanzamiento. Son estos cimientos sobre los que se edifica el resto del procedimiento.

En la manifestación, el término «intención» conlleva varios niveles de significado. Cuando estableces la intención, lo primero que comunicas al universo es: «sí, quiero esto en mi vida». Otro ámbito de la intención es la certeza que imbuirás a tu vida –o esa voluntad un tanto mejor–, siempre que lo que pidas sea para tu bien supremo y para el bien supremo de todos.

Aplicada de este modo, la intención constituye parte de la energía de nuestro Dios Padre: un firme y declarado esfuerzo de manifestación. Como es de imaginar, nuestro Dios Padre no siente ninguna duda al crear, y esa es la energía de la que te nutrirás al establecer la intención; te estarás nutriendo de la fuente de la Creación. Si te nutres de la Creación y aplicas las leyes universales de manifestación, no habrá dudas de manifestación. A eso nos referimos cuando hablamos de «certeza», a que aparecerá lo que desees manifestar.

Sin embargo, hay diversas razones por las que este procedimiento puede no funcionar, aunque ninguna emanará del procedimiento si este no se altera. Veamos algunas de las razones por las que las cosas no se manifiestan, incluso cuando se sigue correctamente el procedimiento:

- Lo que has pedido no era el bien supremo.
- Todavía no se ha manifestado. Ten paciencia, porque el universo se rige por su calendario, no por el nuestro.
- Tus acciones no se rigen por el Yo superior ni por los guías.
- Tu mente subconsciente tal vez haya concebido ideas o sentimientos que actúan contra tu intención. Esas ideas y sentimientos subconscientes sabotearán el procedimiento.
- Asegúrate de que los sentimientos y emociones que empleas como energía impulsora se basan en el amor incondicional.

Programando tu destino, pg. 58:
Maestro es alguien que convierte el conocimiento en sabiduría. Cuando tal sabiduría se combina con poder de intención, se obran milagros.

Secretos del autodominio, pg. 43:
Cuando tus intenciones contienen sabiduría, están revestidas de amor e imbuidas de pureza, devienes una poderosa fuente de energía del Fuego Sagrado.

Existe una razón por la que queremos compartir estas ideas sobre la intención al inicio de este libro. Responden a que mucho de lo que sucede a partir de este punto depende de la intención, y queremos que comprendas la intención y te sientas realmente cómodo aplicándola, para así optar a una mejor oportunidad de acceder al autodominio.

Secretos del autodominio, pg. 43:
Aprende a acceder al silencio del Yo para conectar con el espíritu. Tu Yo superior y tu Yo divino esperan

que te nutras del flujo de luz mágica de la conciencia divina. Todo cuanto tienes que hacer es declarar tu intención y luego practicar accediendo al silencio y a la quietud interior con el fin de despejar las vías y reforzar la conexión ya existente: una conexión que se ha atrofiado por desuso o uso inapropiado.

Magia y majestad, pg. 110:
Sea lo que fuere que asumas como verdad, se integrará y aplicará en tu vida mediante intención centrada y acción. Discernimiento/intención centrada en el corazón/acción deliberada se plasman en manifestación positiva.

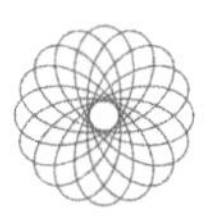

LA IMPORTANCIA DE LA ESPIRITUALIDAD EN LA VIDA COTIDIANA

Una vez hayas decidido dedicarte seriamente a la consecución del autodominio, también habrás decidido centrar tu vida en la espiritualidad. Así es como debe ser, porque cualquier cosa que no sea una poderosa atención no será suficiente para la consecución del autodominio. El éxito llevará tiempo, esfuerzo y dedicación, y por eso la espiritualidad tiene que integrarse totalmente en tu vida.

Eso no significa que tengas que ir por ahí anunciando a todo el mundo tu dedicación a la espiritualidad. Pero *sí* significa que tus opciones y acciones emanarán de los cimientos de tu conciencia espiritual. Significa vivir de acuerdo a la ley espiritual, por lo que tu forma de vida será un ejemplo en el que se fijarán los demás. Significa optar por identificar lo divino en ti mismo, en los que amas, en tus conocidos y en el mundo que te rodea.

Es menos complicado de lo que parece en la superficie. Recuerda que estás principiando desde *tu* verdad, y no desde *la* verdad; luego nadie tiene que estar de acuerdo contigo ni debes convencerlo de que tu punto de vista es acertado. Porque es acertado para ti, pero no necesariamente para nadie más. Así eres libre de manifestar espiritualidad en tu vida de acuerdo a tus directrices sin necesidad de crearte una imagen ni abrigar expectativas de que alguien más te comprenda o esté de acuerdo contigo.

Tu verdad deviene fundamento sobre el que edificar tu vida espiritual. No te limitarás a incorporar unas cuantas prácticas espirituales en tu vida, sino a *edificar tu vida sobre la conciencia espiritual*. Veamos unas cuantas ideas para hacerlo:

- Avanza con los ejercicios espirituales del arcángel Miguel y sé vehículo de tu verdadero Yo Espiritual.
- Siempre que elijas una opción o adoptes una decisión, tómate tu tiempo y plantéate por lo menos tres de estas preguntas: 1) ¿Está de acuerdo con la ley espiritual, incluyendo la ley de inocuidad? 2) ¿Es para mi bien supremo y para el bien supremo de todos? 3) ¿Es necesaria? Cualquier opción que cumpla esos tres criterios está basada en la espiritualidad y se puede implementar con seguridad.

- Importante: ¡Vive tu vida! Vive tu vida como harías normalmente, sustituyendo todas las ideas, decisiones y opciones que no pasen estas pruebas por otras que sí lo hagan.

La aplicación de estos pocos elementos sencillos ayudará a que tu vida discurra por una senda espiritual sin demasiado esfuerzo por tu parte, ya que vivir de este modo deviene más fácil con el paso del tiempo. Estos pasos probablemente se tornen automáticos tras una frecuente y consistente aplicación.

La promesa dorada, pg. 274:
Tus relaciones y tu entorno doméstico son ámbitos estupendos para la experimentación, por las posibilidades que ofrecen para que avances rápidamente en tu crecimiento espiritual. Tus seres queridos reflejan en ti lo que necesitas afrontar y resolver, tus propios miedos e incompetencias.

La promesa dorada, pg. 278:
Las acciones positivas fruto del amor comportan resultados armoniosos y beneficiosos. Las acciones negativas fruto del miedo causan tensión, dolor y sufrimiento.

Espiritualidad y religión

Si en la actualidad eres feliz estando comprometido con alguna organización religiosa, no hay necesidad de que la abandones por tu elección de una vida espiritual, a menos, claro está, que tu estilo de vida actual entre en conflicto con esa nueva y emergente perspectiva espiritual, en cuyo caso quizá tengas que elegir una a expensas de la otra, porque hay demasiada tensión en tu vida y en la de quienes te rodean al tirar de ti en muy distintas direcciones. En tales circunstancias, obedece a tu corazón, te guiará por la senda de la verdad y acabarás siendo mucho más feliz por seguir dicho camino, aunque resulte duro al principio.

> *La promesa dorada,* pg. 315:
> La espiritualidad trasciende a todas las religiones y conecta toda alma con su verdad divina. La espiritualidad ama y abraza la vida, y a nadie condena ni rechaza. El espíritu actúa en el marco de las sagradas leyes universales, que son inmutables. Y la esencia de esta ley es el amor, el amor a uno mismo y a todas las creaciones de Dios.

> *La promesa dorada,* pg. 316:
> Uno puede ser religioso y no espiritual, pero no es posible ser realmente espiritual y no asumir lo bueno de todas las religiones y personas, apreciándolo y dejando que todos expresen su espiritualidad de factura única. Apreciarás la chispa de lo divino en todos y todas las cosas, e incorporarás y se manifestarán en ti los maravillosos atributos del Creador a medida que te conviertas en ejemplo vivo para emulación de los demás.

Nuestras opciones generan tu vida

Todo cuanto haces, piensas o dices tiene algún impacto en tus condiciones vitales. Es tu mundo interior el que establece el trabajo preliminar y ayuda a conformar lo que sucede en tu mundo exterior. Son muchas razones y abordaremos unas pocas. El punto clave es que eres más responsable de lo que crees de las condiciones actuales de tu vida.

Desde una perspectiva física tridimensional, emociones e ideas siempre influyen en nuestras acciones. Si nuestras ideas y emociones son siempre negativas, al menos parte de nuestras acciones también lo serán, y probablemente dichas acciones negativas obtengan resultados negativos. Una perspectiva espiritual negativa no hará sino empeorar las cosas. Una perspectiva negativa –acompañada de ideas, emociones y acciones negativas– genera mucha energía negativa que proyectamos en el universo. El principal problema es que, como seres espirituales que somos, también somos *magnéticos,* con lo cual la energía que emitimos al universo atrae más de *esa misma energía* hacia nosotros y a nuestras vidas. Dicha atracción de energía negativa es contraria a cuanto deseamos.

Por suerte, también lo contrario es cierto. Si nuestras ideas y emociones son positivas y de naturaleza espiritual, y se acompañan de acciones positivas, entonces emitiremos energía espiritual positiva también magnética, y atraeremos más energía espiritual positiva a nuestras vidas. Sin duda esta elección es mucho mejor.

El mejor rumbo es evidente y simple. Asumir solo acciones espirituales positivas es lo más sencillo del procedimiento, y cualquiera puede hacerlo. Adquiere la costumbre de hacer una pausa antes de actuar o reaccionar; cerciórate de que esa acción responde bien a las tres preguntas planteadas arriba y procede con esa acción solo si cumple dichos criterios.

Cambiar las emociones e ideas puede llevar más tiempo, y querrás estar seguro al iniciar el procedimiento presentado en *Espiritualidad unificada del Creador,* centrado en controlar el ego. Controlar el ego es un paso necesario, porque es la fuente de tus ideas y emociones negativas. Una vez hayas domado tu ego, podrán brotar y florecer en plenitud las verdaderas emociones espirituales.

Que haya luz, pg. 246:
Todos y cada uno de los días proyectas formas de pensamiento, sentimientos e intenciones que influirán y edificarán tu realidad de mañana. Si no te gusta lo que has creado y lo que experimentas, cambia de actitud, sintoniza tus ideas con una frecuencia superior y contempla cómo tu mundo cambia a mejor.

Magia y majestad, pg. 100:
¿Qué tipo de mundo has construido con tus persistentes formas de pensamiento? ¿Qué ejemplo has sido para tu pareja, hijos y seres queridos? ¿Proyectas una sensación de orgullo propio, una conciencia de cuán precioso es el regalo de la vida? ¿Sirves de ejemplo en tu afán por perfeccionar tus mil y una facetas?

Tu búsqueda sagrada, pg. 216:
Tu cometido es dar con tu máxima verdad y decidirte siempre por las opciones más elevadas. De la abundante información que se te ofrece deduce lo que te resulte cierto, pues vivirás de acuerdo con lo que aceptes como verdad. Acepta solo aquello que haga cantar tu corazón y genere expansión y bienestar, es decir, solo lo que sea capacitador y no limitativo.

Otros factores de esta «ecuación» son las opciones que eligen otras personas y tienen un impacto en tu vida. Tales opciones a menudo proceden de gente cercana —familia y amigos—, aunque no siempre es el caso. Aunque haya una enorme cantidad de cosas que otros pueden hacer para influir en tu vida, es importante entender que la única influencia real que ejercen esos acontecimientos, con independencia de lo que parezca, es sobre tus *circunstancias* vitales. Ninguna de estas cosas afectará a la energía que emites, a menos que lo permitas. Ninguna de estas cosas por sí solas afectará a la energía que atraes magnéticamente, a menos que lo permitas. Luego tu mejor opción es evidente: mantente centrado, equilibrado; sigue emitiendo energía espiritual positiva y continuarás atrayendo hacia ti energía positiva, con independencia de las circunstancias a las que te hayas de enfrentar.

Que haya luz, pg. 51:
No sabes cómo te pueden ayudar tu alma y tu Yo espiritual hasta que estableces ese vínculo y recuperas la armonía con el Yo multidimensional. Te protegerá de accidentes al urgirte a tomar otro camino o irte un poco antes o más tarde de lo habitual. Planificará las circunstancias, por lo que siempre estarás en el lugar correcto en el momento apropiado. Te ayudará a dilatar o acortar el tiempo a fin de que vivas tus experiencias cotidianas con gracia y facilidad. Estrecharás lazos con los miembros de tu familia del alma, o con quienes tengas algo importante que compartir. Te inspirará y ayudará a abrir las compuertas de la abundancia y a manifestar tus mejores visiones cuando estén alineadas con el máximo bien común. Manará sin esfuerzo un pensamiento inspirado y unas ideas creativas frescas mientras te sirves a ti mismo y a otros, convertido en cocreador de cuanto es armoniosamente hermoso, afectuoso y del orden más alto.

Que haya luz, pg. 86:
Busca siempre la libertad y la verdad para ti y también para los demás.

Verdades cósmicas reveladas, pg. 93:
Recuerda, al infundirte luz de espíritu, esta influye en todo y en cuantos te rodean. A medida que tu luminosidad crece y se expande, atraerás a más personas de mentalidad similar a tu esfera de conciencia.

Tu vida presente es vida espiritual y ejemplo para otros

No es necesario un cambio total de vida y forma de vivir para avanzar en el progreso espiritual. Tu vida seguirá asociada a aspectos normales, como la familia, amigos cuya compañía te es beneficiosa, tu trabajo, las obligaciones domésticas, tus aficiones y diversiones. Notarás que empiezas a evitar personas o actividades que impregnan tu vida de negatividad. Eso es bueno. Algunos detalles quizá cambien, pero tu vida seguirá siendo en gran parte la misma. Eres *tú* quien será distinto y ciertos aspectos de tu entorno también serán un poco distintos. Tu vida servirá de ejemplo a otros y te verás atraído por personas cuyas vidas pueden ser un ejemplo para ti. Desearás la compañía de personas de mentalidad afín y te resultará útil aceptar ese cambio y estar en paz con él. Dicho cambio es para tu provecho y también beneficia al todo.

Estos cambios facilitan el crecimiento de tu perspectiva espiritual, y ese crecimiento prosigue por la sinuosa senda que hemos emprendido al volvernos más espirituales. Todo cuanto piensas, sientes, dices y haces se incorpora como energía espiritual positiva o negativa a tu firma energética y se transmite al mundo que te circunda. Ideas poderosas con emociones poderosas aportan mucha más energía que las ideas fugaces, y por eso tus objetivos espirituales se mantendrá centrado y equilibrado. De ser así, tu energía será estable y positiva, y no estarás insuflando energía espiritual negativa a tu campo o mundo circundante. Recuerda que somos seres espirituales *magnéticos*, por cuanto toda energía que trasmitas captará más energía de la misma (o parecida) frecuencia al retornar a ti. Por eso la espiritualidad es importante en tu vida, y también es una razón realmente buena para apartar el ego y la negatividad.

> *Verdades cósmicas reveladas,* pg. 316:
> Vosotros, las semillas estelares, estableceréis los nuevos baremos de conducta, y otros querrán emularos y adoptar esa nueva filosofía vital; en consecuencia, que os centréis en lo correcto en vuestro mundo y propendáis a lo mejor para quienes os rodean tiene una tremenda importancia, puesto que es lo que reforzaréis. Podéis cambiar el mundo que os rodea, un pensamiento cada vez.

> *Verdades cósmicas reveladas,* pg. 333:
> Cuando adoptas las opciones morales más elevadas, tu alma infunde el rapto del inagotable amor divino, que se acumula en tu corazón sagrado.

> *Secretos del autodominio,* pg. 28:
> Posees capacidad para crear o convertirte en cualquier cosa que te imagines, siempre que esté en armonía con tu designio divino. Cuentas con maravillosos haces de luz de información almacenada en tu mente sagrada, a la espera de ser convocados. Enseñar con el ejemplo es una de las formas más eficaces de mostrar a los demás cómo llegar a ser dueños de su propio destino. Aspira siempre al máximo resultado por el bien de todos y no te desviarás de tu camino.

Magia y majestad, pg. 80:
El miedo y una personalidad dominada por el yo y los deseos son tus mayores enemigos. Tal y como se ha explicado en anteriores mensajes recientes, los acontecimientos negativos y estresantes que experimentas en este período se activan desde dentro para que erradiques y refines una legión de condicionamientos negativos del pasado. Se establecen pruebas y situaciones de tolerancia y discernimiento para reconocer y admitir cualquier patrón de pensamiento dañino y restrictivo del que tal vez no te apercibas a nivel consciente.

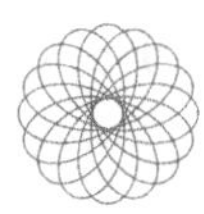

LIMPIEZA DE ENERGÍAS NEGATIVAS Y DAÑADAS

Es importante limpiar la energía negativa de nuestro campo energético y también la negatividad de nuestros pensamientos, emociones y acciones. La negatividad del campo energético es más «densa» que la energía espiritual positiva, por lo que «lastra» nuestro espíritu. La energía negativa, al ser de una frecuencia más baja, se manifiesta como oscuridad en nuestro campo y ensombrece nuestra luz espiritual. Por eso, parte de nuestro proceso de crecimiento espiritual se asegurará de que limpiamos la energía negativa de nuestro campo energético.

Se distinguen aquí dos aspectos. Uno es dejar de añadir energía negativa. Las recomendaciones que hicimos en *Espiritualidad unificada del Creador* acerca de restringir el ego, y las sugerencias de la sección previa acerca de la importancia de la espiritualidad te ayudarán a reducir el grado de energía espiritual negativa que incorporas a tu campo energético a lo largo de la vida. Asimismo, compartiremos más sugerencias útiles sobre este tema en el resto del libro. El principal interés de esta sección es la limpieza de la energía negativa de tu campo energético.

> *Secretos del autodominio,* pg. 112:
> En el cuerpo de todas las personas hay cristales oscuros subatómicos que resuenan por formas de pensamiento de frecuencia más baja. Dichos cristales contienen residuos negativos creados y vueltos a crear a lo largo de muchas vidas, algunos de los cuales son patrones negativos heredados que trajiste contigo a la forma física para que se curasen.

Limpieza de la energía negativa con ejercicios espirituales

El arcángel Miguel nos ha entregado varios ejercicios para limpiar energías negativas. Hemos grabado esos ejercicios para que los apliques como meditación guiada. Si estás siguiendo el programa de los ejercicios espirituales de la sección previa, entonces tendrás este apartado bien cubierto, y la información de esta sección te ayudará a comprender para que obtengas más provecho del procedimiento. Si no estás usando meditaciones grabadas, entonces te daremos unos pocos procedimientos abreviados que puedas incorporar a tu estilo de meditación. Aunque es probable que sea más provechoso para ti seguir el programa de meditaciones grabadas, puede que algunos lectores quieran hacer las cosas de un modo un poco diferente.

He aquí los fundamentos básicos que puedes usar para establecer tu propia meditación:

- Aprende a visualizarte en forma de energía. Centra la atención en los chacras, empezando por el chacra del plexo solar.

- Observa la energía que rodea el chacra y busca zonas más oscuras o ensombrecidas que el resto del área circundante.

- Mira a la penumbra aislarse y separarse del campo energético. Observa mientras la llama violeta transmuta de nuevo esta energía en positiva.

- Continúa liberando y transmutando energías negativas hasta que sientas que es hora de parar. Repara en el rayo de luz dorada y blanca que atraviesa tu chacra de la estrella del alma y penetra el área que has limpiado. Observa la luz dorada y blanca llenando el vacío.

El chacra del plexo solar es el punto más habitual de conexiones de energía negativa, producto de conectar con otras personas mientras el ego domina nuestras vidas. Esas conexiones a menudo reportan energía negativa y, mientras estamos en manos de ese ego, nos entretenemos creando energía negativa. Emitimos hacia fuera parte de esa energía negativa y parte se queda dentro de nosotros, aunque hay que limpiarla toda como parte de nuestro proceso de crecimiento espiritual. La limpieza de esas energías, también llamadas «fragmentos», es lo que hacemos cuando seguimos el procedimiento expuesto arriba, o cuando hacemos los ejercicios dados por el arcángel Miguel.

Después de limpiar una tanda, atraemos más fragmentos hacia nosotros (bajo el control del Yo superior, luego no es un procedimiento de nuestra mente consciente) y limpiamos la nueva remesa de energía negativa repitiendo los ejercicios. Por eso necesitamos hacer esto más de una vez. No estamos limpiando la misma energía una y otra vez, sino fragmentos que han «vuelto a casa» desde la última vez que los limpiamos.

> *Secretos del autodominio,* pg. 196:
> Primero de todo, céntrate en los fragmentos que has creado y que resuenan con patrones de frecuencia más baja que los tuyos. Estos fragmentos de frecuencia más baja se integran de manera diferente que las facetas del Yo superior. Estos fragmentos, creados por adicciones y hábitos negativos, y por formas de pensamiento distorsionadas a lo largo de muchas vidas pasadas, se curarán y «amarán en libertad» por medio de tus intenciones, acciones y cambios positivos de actitud y hábitos. Este proceso inicial suele generar todas las pruebas, juicios y trastornos en la vida de una persona, hasta que se recupera gradualmente el equilibrio y la armonía en el mundo de tercera dimensión.

> *Secretos del autodominio,* pg. 205:
> Cuanto más rápido neutralices o armonices los rasgos negativos de tu personalidad, más rápido emergerá tu *potencial divino* o *Yo maestro*. Solo entonces tendrás acceso a todo tu potencial como maestro cocreador en los planos físicos de la existencia.

Magia y majestad, pg. 107:
Es importante entender que —aunque ya no recuerdes tus errores pasados o las ideas y acciones que te desequilibraron—, hasta que no se reconozcan y transmuten esas formas negativas de pensamiento, esas energías siguen presentes en tu estructura celular esperando ser rectificadas para recuperar la armonía interior.

Un aspecto que hay que mencionar es que la supresión de la energía negativa, producto de nuestros pensamientos, emociones y acciones, influye en el modo en que recordamos hechos pasados. Elementos que habíamos recordado negativamente empezarán a percibirse como neutros al recordarlos. Estamos limpiando la energía negativa para que lo que quede en la memoria sea simplemente nuestro registro interno de los acontecimientos, tal y como percibimos su ocurrencia. Hallarás cada vez menos emociones negativas asociadas a esos acontecimientos, y eso es *perfectamente normal* en este proceso. En cierto sentido estás formateando la memoria de un hecho pasado eliminando toda la energía negativa y volviéndolo un acontecimiento neutro, o incluso positivo. Sí, positivo: apreciarás lo bueno que se derivó del hecho pasado sin negatividad, de un modo que formatee eficazmente tu memoria y despeje el camino de tu futuro como ser humano o espiritual.

Que haya luz, pg. 215:
Es importante recordar que todo lo pasado es «memoria». Cambia la memoria o la interpretación de un hecho pasado y convertirás ese pasado en recuerdos positivos. El pasado es el que ha hecho de ti lo que

eres hoy, luego ¿por qué no seleccionar solo lo mejor del pasado y reforzarlo y aclamarlo como parte del Tú «futuro»?

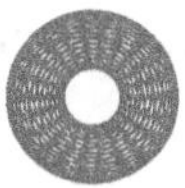

CÓMO SE MANIFIESTA LA ENERGÍA NEGATIVA EN SÍNTOMAS FÍSICOS

Nuestro cuerpo físico está integrado inseparablemente en nuestro campo de energía espiritual. Por eso, la energía negativa de tu campo acarrea efectos físicos negativos para el cuerpo si está el tiempo suficiente antes de limpiarse. Cualquier parte del cuerpo físico está conectada con el campo de energía y nuestro *cuerpo elemental* nos puede informar de cuándo las cosas se tuercen.

Los cuatro sistemas inferiores del cuerpo que el arcángel Miguel menciona con frecuencia en sus mensajes —los cuerpos físico, emocional, mental y etérico— representan distintos márgenes de frecuencia de energía espiritual, si bien todas estas frecuencias se integran en la parte de nuestra alma que vive aquí en el mundo físico. Tal vez llamemos a cada cuerpo de distinta forma, y tal vez los describamos como si fuesen elementos totalmente separados; sin embargo, cada cuerpo sigue siendo una porción del alma que vive aquí en la Tierra. Lo que son distintas son las frecuencias de energía espiritual que conforman cada cuerpo, sea físico, emocional, mental o etérico. Concibe el alma como un pastel en el que cada uno de los cuerpos inferiores conforma una capa diferenciada de la tarta, siendo la capa inferior la frecuencia de energía más baja (o «más densa»).

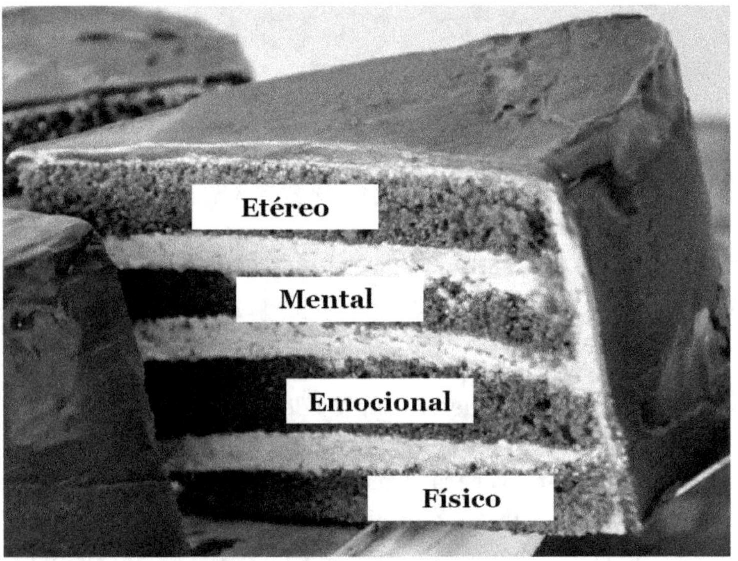

La energía negativa influye en nuestro bienestar

Una vez que la energía negativa penetra en cualquiera de las capas, sea una acción, una emoción o pensamiento negativos, sea una conexión negativa generada por otra persona, entonces hay que limpiarla o podría atraer más energía negativa. Si sigues desprendiendo negatividad, este depósito de energía por supuesto atraerá más energía negativa y seguirá creciendo.

Todas las partes de cualquier nivel del campo energético se conectan con alguna parte del cuerpo, y la energía negativa actúa como una barrera. Esa barrera reduce el grado de energía espiritual que penetra en esa parte del cuerpo. Aunque la mayoría de la gente no sea consciente de ello, la energía espiritual es un nutriente esencial que el cuerpo necesita para vivir y estar en grado óptimo. En la forma de conciencia, la energía espiritual nos hace ser quienes somos; cuando la energía espiritual recorre el cuerpo físico, activa el sistema glandular y las glándulas segregan hormonas esenciales para nuestra supervivencia. Esa energía negativa en ocasiones inhibe la correcta función de las glándulas, y nuestro cuerpo sufre porque no tiene suficientes hormonas, o porque las hormonas sufren daños y no actúan adecuadamente.

Por favor, ten presente que este sistema contiene muchos más detalles y matices. Sin embargo, este es su funcionamiento básico y el tiempo que permanezca desequilibrado influirá significativamente en el modo en que el cuerpo reaccione. Si el tiempo es breve, no es probable que experimentes síntomas. Si se prolonga un poco más, es muy probable que empieces a notar que algo no está bien, que sientas la «enfermedad». Si se prolonga un poco más, es probable que empieces a sentir síntomas en la glándula o glándulas afectadas por la energía negativa. Si dura un poco más y tu cuerpo agota su capacidad de adaptarse, entonces es cuando se manifiesta la enfermedad.

Como ves, la energía negativa tiene un impacto significativo sobre nuestro bienestar, luego es mejor limpiar cualquier energía negativa que se manifieste en nuestro campo energético, y si es posible antes de que genere un problema real.

Antes de proseguir, existe otro aspecto secundario: en ocasiones, superar una dolencia o enfermedad es una senda que hay que tomar para equilibrar el karma. En tal caso, es necesario vivir el proceso de curación con los medios apropiados. Acuérdate de ello cuando la curación espiritual parezca no tener un efecto positivo real y duradero. En esos casos, es probable que otros medios curativos formen parte del proceso; aplica todos los recursos médicos a tu alcance y opta por los recursos que sean necesarios para ponerte bien.

LA LLAMA VIOLETA

Quienes habitan en las dimensiones inferiores son los únicos que generan energía espiritual negativa. Toda la negatividad del mundo es producto nuestro. Siempre que tenemos emociones o pensamientos negativos, o emprendemos acciones negativas, estas se incorporan al fondo de energía negativa creada por la humanidad. Esa es en parte la razón por la que alcanzar un equilibrio espiritual y actuar solo por el bien supremo es tan importante para nosotros como seres espirituales.

Por suerte, el Creador nos ha otorgado varias formas de enmendar el error, y una de ellas es la llama violeta, también llamada séptimo rayo. La llama violeta es energía divina pura, aunque es solo una porción de ella y no el espectro completo de la energía divina. Uno de sus principales propósitos es que cambiemos la energía negativa que hemos creado por energía espiritual positiva o neutra. Es un proceso que el arcángel Miguel llama *transmutación*.

Usamos la energía del rayo violeta para cambiar —o transmutar— energía negativa, de modo que «limpiemos» las dimensiones inferiores. Esto tiene diversos efectos positivos:

- La transmutación de energía negativa tiene el efecto de elevar la frecuencia de la energía espiritual de las dimensiones inferiores.

- La reducción del grado de energía negativa limita el efecto «barrera» que esta energía ejerce sobre la energía espiritual de frecuencias superiores. Por tanto, menos energía negativa en las dimensiones inferiores significa que más energía espiritual de frecuencia más alta penetra la barrera.

- A medida que penetre una mayor cantidad de energía de frecuencia más alta, podremos usarla para elevar la frecuencia de nuestra firma energética, siempre y cuando se use con intención, sabiduría y positivamente.

- Esta energía adicional también está disponible para ser «activada» y, por tanto, a disposición de los ángeles y otros seres espirituales que están aquí para ayudarnos. Te contaremos más sobre ello en una sección posterior de este libro.

Secretos del autodominio, pg. 82:
La llama violeta se compone de la llama azul iridiscente de los atributos divinos de nuestro Dios Padre —voluntad, poder, propósito— y también de la llama rosa iridiscente de los atributos divinos de nuestro Dios Madre: amor, compasión, iluminación y sabiduría. Juntos, los dos colores radiantes crean una llama violeta iridiscente que es uno de los poderes del «YO SOY» que le fueron otorgados a la humanidad. Sin embargo, se invocará para activar sus poderes trans-

formadores. La llama violeta sagrada es energía divina pura, un componente integral de las partículas adamantinas de luz o vida del Creador.

Como energía divina, la llama violeta fluye por nosotros de forma natural cuando hemos limpiado la suficiente energía negativa. La serie de ejercicios espirituales que recomendamos con anterioridad comprende ejercicios que limpian energías negativas y emplean la llama violeta para transmutar esas energías (lo que recuerda mucho a limpiar la contaminación). Esa es una de las razones por las que, para acelerar tu crecimiento, recomendamos encarecidamente el uso de los ejercicios espirituales grabados.

Lo que es único de la llama violeta es que fluye por nosotros solo en frecuencias y dimensiones espirituales superiores. La Tierra está imbuida de una tremenda reserva de energía de la llama violeta, y dicha energía fluye de la Tierra hacia nosotros, reforzando nuestra conexión con la Tierra y haciendo más profundo nuestro enraizamiento. Estos dos flujos confluyen naturalmente en nuestro corazón sagrado y así es como activamos la energía de la llama violeta. La llama violeta cumple muchos propósitos espirituales y de ellos hablaremos en secciones posteriores del libro.

Secretos del autodominio, pg. 15:
Los patrones vibratorios de la llama violeta son los únicos que son accesibles tanto desde arriba —a través del chacra de la coronilla y las técnicas de la respiración sagrada—, como desde la Tierra. Visualiza esta hermosa llama que surge bajo tus pies, rodea tu cuerpo, mientras transmuta cualquier frecuencia vibratoria discordante que te ronde, antes de irradiar esta llama sagrada al mundo mediante círculos concéntricos cada vez más grandes.

Es por ello por lo que las llamas violetas del interior de la Tierra son tan críticas para el proceso de transformación. Para ayudar a la humanidad y a la Tierra a facilitar el proceso de ascensión, es crítico que la llama violeta de la transformación esté disponible para transmutar los patrones vibratorios discordantes a medida que se liberen.

Como recordarás, introdujimos el concepto de energía espiritual en forma de rayos en *Espiritualidad unificada del Creador*. Este libro presenta más información sobre el uso de los rayos, al igual que los ejercicios espirituales que recomendamos. La llama violeta, en cierto sentido presenta un mayor plantel de situaciones en que podemos usarla, ya que es uno de los dos únicos rayos que podemos irradiarle directamente a otra persona sin generar karma negativo. El otro es el rayo de la Diosa, el rayo rosa de amor divino. Podemos irradiar libremente estos dos rayos a otras personas, y ellos (y sus guías) tienen la opción de ignorar la energía ofrecida, aceptarla y usarla, o dejarla aparte para usarla más adelante. De este modo nada se pierde, aunque posiblemente pudiera rechazarse.

Los otros rayos sirven para uno mismo, o incluso en nombre de otro, pero su finalidad no es que irradien directamente a otras personas. La razón es que el uso de los otros rayos de un modo espiritual adecuado comporta un acto de *volición*, una elección activa que debe emanar del libre albedrío.

Secretos del autodominio, pg. 16:
La ley universal establece que los dos únicos rayos que se te permite irradiarle a otra persona son la llama violeta y el rayo rosa de amor divino. Estas energías bendecidas se incorporan directamente al campo aural de la persona deseada, y están dispo-

nibles si se desea sacar partido de esta bendición. Cualquier otra intención es una violación del libre albedrío de la otra persona.

Algunos posibles usos de la llama violeta:
- Transmutar energía negativa de tu aura o campo energético.
- Transmutar energía negativa creada por ti durante el día.
- Transmutar energía negativa de acontecimientos pasados.
- Limpiar energía negativa de tu casa o de cualquier otro espacio que ocupes (como la habitación de un hotel o similar).
- Enviar energía a otra persona que necesite transmutar energía negativa creada o recibida de alguien más.

Cómo usar la llama violeta

El empleo de la llama violeta requiere intención. Como punto de partida, sigue estos pasos. Una vez te sientas cómodo con el proceso, es muy probable que lo adaptes a tu forma de ser, o mejor aún, a cada situación individual.
- Determina qué quieres hacer.
- Asegúrate de que pasa la prueba del «radar del corazón» y ratificas que es una elección espiritual positiva.
- Asegúrate de que sea benéfico, útil y necesario.
- Elige al destinatario, seas tú, otra persona o situación.
- Emplea los sentidos espirituales para anteponer la persona o situación a tu conocimiento de la forma

más cómoda para ti. O bien utiliza la visualización, y atiende a las palabras que escuches mientras describes mentalmente la situación y lo que quieres hacer, o bien escucha a tu fuero interno para conocer tu intención y lo que deseas hacer.

- Visualiza o pon tu intención en la llama violeta mientras atraviesa a la persona o situación.
- Conserva esta intención hasta que sientas espiritualmente que el trabajo ha concluido, lo cual a menudo se percibe como una sensación de finalización, una sensación de que has hecho suficiente.

Hay otras formas de emplear la llama violeta que veremos en otra sección del libro, donde introduciremos el concepto de creación de un espacio espiritual en forma de pirámide espiritual en la que es posible realizar parte de nuestra labor espiritual. Este proceso servirá para que te inicies y te sientas cómodo aplicándolo mucho antes de llegar a esa sección del libro.

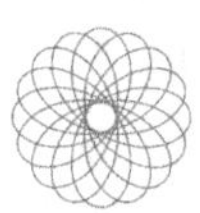

ELIMINACIÓN DEL MIEDO Y LOS JUICIOS DE VALOR

El miedo y los juicios de valor crean serias limitaciones espirituales. Ambos son emociones negativas que emanan del ego y ambos son barreras negativas que nos alejan de nuestro verdadero Yo espiritual. Ninguna de estas emociones negativas puede existir en presencia del amor, que es el estado natural del alma. Superar el miedo y los juicios de valor forma parte esencial de nuestro crecimiento espiritual.

Miedo

Examinemos primero el miedo. Por razones de claridad, no estamos hablando de la reacción del cuerpo que experimentas cuando, por ejemplo, te persigue un gran carnívoro dispuesto a devorarte. Ese miedo no es realmente miedo; es una singular forma de angustia, un estado aumentado de conciencia y una acción que es una reacción física a la adrenalina. Se ha «integrado» en nuestros cuerpos físicos a lo largo de cientos de miles de años de vida física y peligros asociados. El miedo del que hablamos aquí es un miedo emocional, creado por tus ideas y sentimientos.

Todos perdemos el miedo en cierto punto de nuestro progreso espiritual, porque aprendemos a vivir en nuestro verdadero estado espiritual de amor, y dicha perspectiva nos permite vivir sin generar miedo. Cuando gozas de una perspectiva superior que emana del amor, eres más capaz de comprender la verdadera naturaleza de la realidad, asumes la verdad de que generamos la mayor parte del miedo que sentimos, y que realmente no hay nada que temer en la mayoría de las circunstancias de nuestras vidas cotidianas.

Aunque existen diversos enfoques, debido a las limitaciones de este libro te ofrecemos solo un método de base espiritual para gestionar el miedo y aprender a reducir o eliminar su impacto en la vida. En gran parte se basa en superar el ego, que es un tema que introdujimos en el libro *Espiritualidad unificada del Creador*. Abordaremos este tema más adelante. La sección siguiente presenta un proceso que queremos que pruebes la próxima vez que experimentes este tipo de miedo en tu vida, y una vez que estés familiarizado con él, podrás aplicarlo rápidamente al miedo en prácticamente cualquier situación. Te ayudará sobre todo a eliminar el impacto del miedo en tu vida cotidiana.

Gestión del miedo

En este punto, lo más probable es que el miedo siga formando parte de tu vida. Cuando sientas miedo, lo importante es *no luchar contra él*, sino *aprender a aceptar su presencia*. Al hacer esto, aprendes a *sentir miedo y a actuar pese a él*. Prueba este proceso:

- La próxima vez que sientas miedo, para un instante y exteriorízalo. Exponlo a la luz de tu conciencia, es decir, reconoce que tienes miedo. Probablemente sea lo opuesto a lo que has hecho antes. Recuerda: en el concepto de «miedo» no incluimos las respuestas fruto de la adrenalina que libera tu cuerpo físico en momentos de peligro físico real. Si te ves en una situación así, acuérdate de mantener la calma y emprende las acciones necesarias para superar la situación de la mejor forma posible en ese momento.
- Una vez reconozcas que tienes miedo («Sí, ¡tengo miedo!»), dite a ti mismo que nada malo hay para tu ego por sentirlo. Es de esperar que tu ego se sienta así.
- Dite a ti mismo que tu alma no tiene miedo y no siente miedo.
- Haciendo uso de la intención, que el alma se ponga al mando de tus acciones, y dite a ti mismo que tu alma *puede* asumir la acción, aunque tu ego sea presa del miedo.

Dite a ti mismo «soy alma, soy amor» y, sabedor de que puedes hacer lo que es necesario hacer, *hazlo, aquí* y *ahora.*

Esto puede parecer laborioso, y seguramente este proceso mental resulte un tanto extraño las primeras veces, aunque con un poco de perseverancia descubrirás lo rápido que te acostumbras él y, lo más importante, la consecución de estos pasos te demostrará que *puedes* librarte de cualquier miedo que haya hecho presa en tu ego. Aprenderás a sentir el miedo y a hacer lo que tengas que hacer pese a él, al menos al principio. Pasado un tiempo, serás consciente de que no sientes el miedo como antes y que ya no necesitas seguir pendiente de él. Por último, te harás consciente de que eres funcionalmente intrépido.

Pasemos ahora a los juicios de valor.

Juicios de valor

A los juicios de valor se llega asumiendo conclusiones, a menudo erróneas, sobre las ideas y acciones de los demás. Eso sucede porque nuestros juicios se basan por lo general en información incompleta y en una perspectiva limitada. No es lo mismo que disentir con el punto de vista de otra persona; cuando emitimos un juicio, llenamos las lagunas de información con lo que creemos. Y esa información a menudo es errónea.

Cuando emitimos un juicio de valor, basamos nuestra aceptación o rechazo de la persona o de sus ideas, emociones, acciones o ideología en lo que *creemos* ser cierto, en vez de en lo que tal vez sea cierto. Estamos en esencia aceptando o rechazando a una persona basándonos exclusivamente en nuestras propias ideas, en vez de en el reconocimiento de los méritos reales de esa persona como ser espiritual. Queda claro que los juicios de valor proceden del ego y no del espíritu.

Los efectos negativos de los juicios de valor

La emisión de un juicio de valor que emana del ego tiene una variedad de consecuencias negativas. Algunas de ellas son:

- Crear karma negativo al proyectar tu propia energía negativa sobre otra persona.
- Bajar la frecuencia de tu campo energético o de tu firma energética.
- Proyectar energía negativa es dañino para otras personas, y también atraerás más frecuencias negativas sobre ti, lo cual disminuye todavía más la frecuencia de tu firma energética.
- Los juicios de valor, emanados del ego, refuerzan dicho ego y hacen más difícil que el alma asuma el dominio de tu vida.
- Al emitir juicios de valor tomas decisiones precipitadas sin toda la información, por lo que te equivocas en muchas cosas.

Hay muchas más consecuencias, pero sospechamos que ya te haces una idea: los juicios de valor basados en el ego son perniciosos para ti y para cuantos te rodean, por lo que es preferible aprender a suprimirlos. Por suerte, contamos con varias sugerencias para que empieces.

Evitar los juicios de valor

He aquí varias cosas que te ayudarán a empezar:

- El primer paso es ser conscientes de los juicios de valor cuando los emitimos. Los juicios de valor tienen que abandonar la sombra del ego y proyectarse en la mente consciente para así corregirlos.

- Una vez reconozcamos los juicios de valor cuando se manifiesten, los proyectaremos en la mente consciente para corregirlos, primero de todo, con una sencilla declaración. Cuando identifiques un juicio de valor, dite a ti mismo: «Ese ha sido un juicio innecesario y no lo quiero ni necesito en mi vida».

- Haz esto durante dos semanas cada vez que sientas que surge un juicio de valor. Es tiempo suficiente para que se convierta en una respuesta relativamente automática.

- Pasadas esas dos primeras semanas, cambia el mensaje y reflexiona: «No quiero ni necesito juicios de valor en mi vida». Repite esto mentalmente siempre que emitas un juicio negativo. Con el tiempo conseguirás reprogramar tu mente subconsciente y cada vez experimentarás menos episodios en que emitas juicios de valor subconscientes. Mantén este patrón durante al menos tres semanas, y luego evalúa si necesitas seguir activamente con esta declaración consciente.

Concluido este protocolo, es probable que seas capaz de parar antes de que los juicios de valor cobren forma plena. Sonríe cuando esto suceda, sabedor de que es la forma de eliminar los juicios de valor y sus efectos negativos sobre tu vida.

Existe una subserie de juicios que deseamos citar por separado, porque suponen una barrera significativa al crecimiento espiritual acelerado de muchas personas. Esa barrera es un tipo de juicio de valor y es sentirse ofendido.

Sentirnos ofendidos y que todo nos ofenda

Cuando se trata de sentirse ofendido y de que todo nos ofenda, solo hay dos perspectivas posibles: 1) Todo puede resultar ofensivo, y 2) nada es inherentemente ofensivo. La primera es la perspectiva del ego. Desde el punto de vista del ego, virtualmente todo nos ofende en algún momento. La segunda afirmación, por otra parte, es la perspectiva espiritual en que reconocemos que todos seguimos la misma senda de vuelta a Dios tal y como somos. Debido al libre albedrío, tenemos preferencias, y la mayoría preferimos que las personas no cometan atrocidades. Sin embargo es importante recordar que la persona que comete actos atroces sigue, pese a todo, la senda de retorno a Dios y ha elegido esa experiencia específica. No nos atañe cuestionarnos su elección, sobre todo porque es su forma de seguir la directriz dada por el Creador. En ocasiones, esto resulta difícil de aceptar.

La trampa que debemos evitar al mirar las cosas desde la perspectiva del alma es la trampa de «una persona razonable». Se trata del ego, que intenta subvertir al alma imbuyéndola de juicios taimados. Sabrás que vas por el camino correcto cuando aceptes espiritualmente el derecho de la otra persona a elegir y actuar, aunque esas opciones y acciones operen contra tus creencias como persona. Por decirlo de otro modo, respaldas el derecho de la otra persona a elegir, aunque tú personalmente no harías esa elección.

No podemos perder de vista el hecho de que la aparente víctima *también eligió su camino*. Luego, aunque queramos que todo el mundo viva en paz y sea tratado con amabilidad y respeto, durante algún tiempo tendremos a algunas almas descifrando su karma de tercera dimensión. Recuerda que también ellos siguen el mismo camino de vuelta a Dios y que son ellos los que eligen tal camino. No tienes que amar lo que hacen, aunque tu mejor opción es mirar su alma a través de la tuya para compartir amor incondicional y proporcionarles valentía y paz durante un tiempo que seguramente será difícil para su espíritu.

Compartir amor incondicional es el modo en que, como seres espirituales, marcamos una diferencia positiva. Recuerda que no tenemos una visión espiritual amplia, por lo que no sabemos el propósito de todos los acontecimientos, ni tampoco tenemos necesidad de saberlo. Lo que necesitamos es confiar en los seres espirituales que nos ayudan a asegurarnos de que todo aquello en lo que puedan influir suceda por el máximo bien de todos.

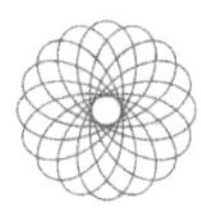

SUPERACIÓN DEL EGO

En *Espiritualidad unificada del Creador* tratamos del aprendizaje para controlar las emociones negativas. Ampliaremos esos conocimientos en este libro y te ayudaremos a refrenar el ego y dejar que el alma tome el control. Igual que hicimos al controlar las emociones negativas, primero expondremos tu ego a la luz del día. Una vez que sea relativamente fácil de reconocer, te proporcionaremos un punto de partida para superar sus limitaciones y dejar que emerja tu verdadero ser espiritual. El arcángel Miguel nos ha procurado ejercicios espirituales para ayudar a este propósito, ejercicios que se encuentran repartidos por los libros de Ronna y forman parte de las meditaciones grabadas y a la venta para su descarga en www.StarQuestMastery.com.

Veamos cómo identificamos las ideas, sentimientos y acciones procedentes del ego.

En un sentido espiritual, el ego es como un niño. Es un niño que se ha visto, debido a las circunstancias, obligado a desempeñar un papel para el que no está realmente concebido. Le molesta que las cosas no salgan bien; siente felicidad, casi vértigo, cuando las cosas salen bien (para equilibrar el malhumor) y a menudo vive con algo de miedo cuando se pregunta qué pasará a continuación.

Lo que esto significa es que cualquier emoción negativa y también algunos sentimientos positivos se pueden ver alterados por circunstancias externas procedentes en su totalidad del ego y no del alma.

Aquí tienes un proceso que puedes usar durante solo unos minutos para identificar las emociones y sentimientos que emanan del ego y así identificarlos desde este punto en adelante. La identificación de las ideas y emociones basadas en el ego es esencial para superar sus limitaciones y ponerlo en su sitio, dejando así espacio al alma para que asuma el mando de tu vida, y también de tus ideas, sentimientos y acciones.

Medita sobre los momentos de tu vida en que pensaste, sentiste, dijiste o hiciste cosas de las que no te sientes orgulloso, cosas que podrías haber hecho de forma diferente para obtener un mejor resultado. Al pensar en ellas, recuerda lo que pensaste o sentiste en ese momento y recuerda el tipo de impacto negativo que tuvo. Cuando lo hagas, en al menos alguno de estos recuerdos es probable que sientas que se arremolina energía negativa en el plexo solar y también es probable que sientas cómo desciende, por lo menos un poco, tu frecuencia de energía. Esa es la clave que buscas. Recuerda ese sentimiento y tenlo presente en todo momento, porque lo emplearás de aquí en adelante para identificar con claridad cuándo es tu ego el que lleva la voz cantante. Cuando suceda, remplaza esa idea o emoción basada en el ego por una idea o emoción basada en el alma, y así reprogramarás la mente subconsciente y debilitarás la potestad del ego.

Control del ego

El aspecto más importante del control del ego es que su conducta queda plenamente bajo observación de la mente consciente. Tendrás que discernir por ti mismo cuándo es el ego el que gobierna tus reacciones, para lo cual el proceso ya mostrado de identificación de las emociones del ego es el punto de partida. Al principio será tu ego quien con frecuencia, o incluso siempre, esté al mando, pero no te desanimes. Es normal, y harás progresos rápidamente una vez que te pongas en marcha.

Cuando identifiques una emoción basada en el ego, aprende por ti mismo a interrumpir lo que estés haciendo y dedica tiempo a vivir el mismo proceso que compartimos en *Espiritualidad unificada del Creador* para cortar el camino de esa conducta. A continuación remplazarás esa conducta basada en el ego por una conducta basada en el alma. Veamos el proceso para que lo tengas a mano:

1. Cuando sientas que surge dentro de ti una reacción o respuesta negativas, actúa mentalmente con firmeza para decirte: «para». Haz una pausa y repite la acción si retorna la negatividad. Al principio te llevará algo de tiempo, pero será un tiempo bien invertido a la larga. Procede con

el siguiente paso mientras todo queda por un momento «en suspenso».

2. Plantéate las siguientes preguntas. Puedes escribirlas en una ficha y llevarla contigo. Sí, al principio resultará farragoso. Recuerda que los beneficios superan esta contrariedad y que el proceso será mucho más rápido cuando lo practiques y te acostumbres a él.

3. ¿Realmente tengo que dar respuesta a estas acciones? Con un poco de reflexión quizá decidas que ni siquiera es necesario dar una respuesta, sobre todo si es una respuesta refleja y espontánea: esa primera reacción que tienes cuando algo sucede (porque está encendido el piloto automático de las emociones negativas).

4. ¿Poseo toda la información? Quizá no sepas aún todo lo que necesitas saber; en tal caso, cualquier decisión precipitada que tomes se basará en conjeturas. Si no cuentas con toda la información, indaga. Si posees toda la información, plantéate si lo que tienes que decir es útil, pero no hiriente.

5. Una vez resuelta la situación, pregúntate si algo de lo que puedas hacer o decir ayudará a esa persona a sentirse mejor que antes de que te implicases. Esforzarse porque todo encuentro concluya con una nota positiva refuerza la participación del alma y reduce tu dependencia del piloto automático de las respuestas negativas.

6. Aplica el mismo proceso a tus emociones negativas internas, las emociones que nadie oye más que tú. Recuerda que tus pensamientos negativos, no solo te rondan la cabeza, sino que los compartes con el universo, y que dichas emociones negativas son el combustible que los

impulsa a salir. Romper con el ciclo de emociones negativas —las que pronuncias en voz alta y las que te guardas para ti— tiene un efecto profundamente positivo en tu vida dado que dejas de proyectar al universo una enorme cantidad de energía negativa, que luego se refleja, amplifica y retorna a ti.

7. Perdónate. Acepta con elegancia que sentiste una emoción negativa, perdónate por ello y pasa página. Ninguna intención positiva se puede servir de sentimientos negativos sobre ti mismo por haber experimentado una emoción o pensamiento negativos. No importa la frecuencia con que suceda, siempre que seas paciente contigo mismo y te perdones cuando sea necesario.

Es el momento de dar un paso más hacia delante. Una vez hayas completado este proceso referente a las conductas basadas en el ego, aquieta tu mente y deja que descanse en paz. Espera al próximo pensamiento o inspiración. Una vez sobrevenga esa idea, examina si es útil, afectiva, brinda paz y conlleva una sensación de certeza. De ser así, ¡enhorabuena! Acabas de establecer comunicación con tu alma y la has entendido. Si todavía es negativa, entonces es porque el ego no fue totalmente subyugado, así que despeja la mente, piensa en alguien o algo que aprecies, o en algo por lo que sientas gratitud, y espera de nuevo. Tal vez tengas que perseverar al principio y hayas de acallar el ego varias veces, pero descansa con la certeza de que no llevará mucho tiempo recortar este proceso.

Este proceso básico es todo cuanto necesitas para debilitar el dominio del ego y lograr que el alma se reafirme como fuerza directriz en tu vida. Tal vez resulte simplista, pero ten presente que la complicación y su adlátere, la confusión, son creaciones del ego. Conservar la simplicidad ayuda a reforzar la presencia del alma en tu vida.

Con el tiempo pasarás cada vez más tiempo sintiéndote en calma, centrado y equilibrado. El siguiente paso es la elección consciente de vivir más tiempo equilibrado a medida que tu ego se debilite. Evidentemente, también tenemos varias sugerencias sobre cómo hacer esto.

Dejar el alma al cargo

Aunque profundizaremos en las emociones espirituales más adelante en este libro, sigamos adelante con el tema para que tengas tiempo de debilitar el yugo del ego antes de que lleguemos a esa sección.

Las emociones espirituales comparten un núcleo común de quietud, equilibrio y serenidad. Estas tres emociones forman una sólida columna de fuerza espiritual que no se altera ni quebranta por circunstancias o acontecimientos externos. Es un estado en el que querrás entrar cada vez con más frecuencia durante el transcurso de tu existencia, porque es el fundamento sobre el que descansa el alma al asumir el mando.

Este proceso resultará más fácil si identificas una o más ocasiones en el pasado en que te sentiste en calma, centrado y en paz. Si no recuerdas un momento así, te ayudaremos a dar con ese punto para que tengas un buen marco de referencia sobre el que avanzar.

Si necesitas un poco de ayuda para identificar momentos de tu vida en que te sentiste en calma y en paz, hemos reunido una lista corta de preguntas y sugerencias extraída de la segunda parte, capítulo primero, del libro de Randall Monk *Herramientas maestras de vida para la era de la ascensión*, con el fin de que identifiques algunos de esos momentos. Algunas de las preguntas se parafrasean un poco, pero también hallarás otras fuentes en ese libro si estas preguntas te resultan valiosas.

- ¿Cómo me siento en este instante? ¿Alguna vez me he sentido más positivo? ¿Cuándo?
- Sentirse feliz (o en calma) es una cuestión de elección. Elegimos ser felices o infelices. Pregúntate periódicamente: «¿Por qué opción me estoy decantando?».
- Emplea una voz interior positiva.
- Confía en que todo se desarrollará perfectamente.
- Aprecia y muéstrate agradecido por todo lo bueno en tu vida.

Repasa la lista y aprecia la diferencia interior respecto al momento en que empezaste. Recuerda momentos de tu vida en que te sentiste como ahora, o explora tus sentimientos positivos presentes para observar cómo te sientes en calma y en paz ahora mismo. Recuerda ese sentimiento.

Es importante que recuerdes que llegar a dominar el ego es un proceso. No sucede al instante y es algo con lo que hay que esforzarse. Va a costar, luego tómate todo el tiempo que necesites para hacerlo bien y no te sientas mal contigo mismo si crees que estás tardando demasiado. Costará lo que tenga que costar y tu alma se postulará cuando todo esté listo. Tu mejor opción es centrarte en el proceso y no en el resultado. Si así lo haces, antes de que te des cuenta tendrás el ego bajo control y, sin saberlo, el alma estará dirigiendo tu vida.

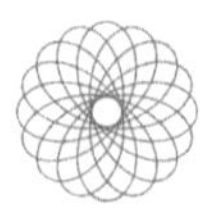

HUMILDAD

La humildad es un rasgo esencial del Yo maestro espiritual. Como puede haber distintas ideas sobre el significado de humildad, dejaremos claro nuestro contexto para estar seguros de que todos hablamos de lo mismo.

La humildad, en su conexión con el autodominio, es una emoción espiritual y no un atributo del ego. A medida que crecemos espiritualmente, la humildad se entreteje cada vez más con nuestra comprensión de la conciencia de unidad, porque llegamos a entender, cada vez más, que no somos la fuente definitiva de todo, pese a ser cocreadores, sino que formamos parte del poder Creador definitivo de este universo.

Todo cuanto hacemos, ahora o más adelante, procede del Creador, que obra a través de nosotros. Somos los ojos y oídos del Creador en este exacto momento de la Creación, y, en este momento exacto, pero no somos en modo alguno la fuente del poder creador. Sea cual fuere el poder creador que poseemos, surge únicamente de nuestra conexión con el Creador. Y, como ya sabes, ni siquiera existiríamos sin esa conexión. Eso significa que nada de lo que hagamos o consigamos dimana de nuestro poder personal de creación, dado que no tenemos ninguno.

Humildad y ego

Uno se mete en problemas con la humildad cuando el ego está implicado. Cuando empezamos a adquirir una percepción exagerada de nuestro yo. Cuando podemos empezar a sentir que somos algo especiales. Y es entonces cuando empiezan los problemas.

Si decidimos transitar por esa calle, nos estamos adentrando más en la dualidad y en la tercera dimensión, que ya sabemos que es la dirección equivocada. Comenzamos a adquirir imágenes exageradas de grandeza y tenemos la sensación de que le estamos haciendo un favor al mundo solo por vivir. Todos hemos conocido a personas así, y su exagerada percepción de sí mismas dificulta el que reflexionen en cómo sus palabras y acciones influyen en quienes las rodean. Esto suele acarrearles muchas dificultades en la vida. Evitaremos todo esto si mantenemos el ego a raya y aceptamos que el Creador es la única y verdadera fuente de toda la Creación.

Humildad espiritual

Si no estamos desequilibrados y el ego no está fuera de control, resulta mucho más fácil reconocer que el Creador es la verdadera fuente de toda Creación. Desde esta perspectiva, es fácil ver que no somos más que un vehículo que el Creador utiliza para expresar SU voluntad, y cualquier «grandeza» le atañe solo a Él. Este punto de vista facilita el que estemos agradecidos por la confianza que el Creador ha depositado en cada uno de nosotros, y agradecidos por la oportunidad de crear un mundo lleno de amor y dicha en nombre del Creador. Cuando se producen milagros, reconocer al Creador como fuente de los mismos nos facilita el mostrarnos agradecidos en lugar de orgullosos.

En resumidas cuentas, la humildad espiritual emana de la total aceptación de que por nosotros mismos nada podemos hacer. Incluso generar energía negativa, que es una porción de nuestra experiencia humana en tercera dimensión, está más allá de lo que podemos hacer por nuestra cuenta. Generar energía negativa significa que estamos empleando de modo erróneo el poder creador otorgado por el Creador.

(*Nota: el Creador, por SÍ SOLO, no creará nada a partir de frecuencias de energía negativa. Todo pensamiento o idea que propague energía negativa seguramente será una idea de origen humano, no divino. El poder de manifestación es el poder de creación*). Cuando somos espiritualmente humildes, por nuestra boca sale la verdad, actuamos de acuerdo con las leyes espirituales y glorificamos al Creador por todo en nuestras vidas, lo consideremos bueno o malo.

Adquirir verdadera humildad

Adquirir humildad conlleva práctica. Quieres sentirte complacido de obtener un resultado sin sentir el orgullo de que fuiste la causa de ese resultado. Para aportar un ejemplo real nos sirve una «historia de Kevin»:

Historia de Kevin:
La mayoría de vosotros no sabréis esto, pero me gradué en el *Palmer College of Chiropractic* y ejercí de quiropracticante. Pude apreciar en muchos de mis compañeros de clase las cualidades de la «gente que se cree importante» y cree que, como quiropracticantes y sanadores, son ellos los que curan al paciente. Creían que su destreza era lo que más contaba. Yo sabía desde el comienzo que la verdadera curación de un paciente nada tenía que ver conmigo, que yo no era capaz de curar nada. Es la inteligencia del cuerpo de los pacientes la que obra la curación, no yo. Mi labor era hacer cuanto estuviese en mi mano para eliminar los obstáculos a la curación. Aunque siempre me ha complacido ver cómo los pacientes se sentían mejor, conservé la humildad porque sabía que sin el espíritu no sería capaz de marcar ninguna diferencia con esos pacientes.

Otra forma de contemplarlo es verte como un fragmento, como una imagen holográfica del Todo, pero sin ser el Todo. He aquí unas pocas cosas en las que pensar si, como reza el dicho, empiezas a sentirte demasiado importante:

- Recuerda o imagina lo que fue para ti nacer. Eras completamente dependiente de otros, y ese período tal vez se repita más adelante en la vida.
- Recuerda que lo más seguro es que seas reemplazable. A menos que seas la única persona con unos conocimientos específicos que el mundo necesita, alguien más podría hacer lo que haces, tal vez no tan bien o quizás mejor.
- La arrogancia, o la arrogancia extrema, evitan que la gente quiera estar contigo, y también genera energía negativa que incorporas a tu vida.
- Ser amable con la gente ayuda a que se sientan mejor contigo y con ellos mismos, por lo que la gente disfruta más de tu compañía cuando no muestras arrogancia ni ruindad.
- Eres solo un fragmento, igual que los demás. Único, pero no mejor ni peor a los ojos del Creador.

La humildad resulta más sencilla a medida que avanzamos por la senda espiritual, y obrar con humildad durante dicho proceso también acelera nuestro progreso. Practicar la humildad conlleva muchos beneficios y ningún inconveniente real. Es un atributo propio de un Yo maestro espiritual.

En alas de luz, pg. 219:
¿Son tus acciones e ideas diarias las que te gustaría haber enviado por esas vías de luz como contribución al Creador? ¿Cómo deseas estar representado? ¿Cómo quieres ser recordado? ¿Emites frecuencias de amor, compasión, dicha y agradecimiento por

participar de este importante experimento y, en consecuencia, por incorporar al Todo tus conocimientos y sabiduría recién adquiridos, frecuencias que bien se habrán ganado un puesto en ese Plan divino universal y que se usarán para crear nuevos mundos, nuevos sistemas de estrellas, nuevas civilizaciones? O ¿son nuestras ideas y acciones tales que serán rechazadas por no ser aptas para incorporarse a los anales cósmicos que se están constituyendo en este momento?

En alas de luz, pg. 220:
Debes darte cuenta, de una vez por todas, de que no eres un ser aislado ni independiente, que no eres soberano de ti mismo. Eres una faceta del Todo, una célula del corazón del Creador e influyes en el resto de la Creación, sea positiva o negativamente.

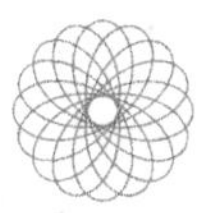

ATENUAR Y ATRAVESAR EL VELO

Atenuar el velo de ilusión puede parecer fuera de tu área de influencia, pero no es cierto. El estado de nuestra conciencia y el grado en que perseguimos y expandimos activamente dicho estado de conciencia influyen significativamente en nuestro velo de ilusión.

Como recordarás por *Espiritualidad unificada del Creador*, la atenuación de ese velo posibilita un mayor flujo de información espiritual a través de nuestra conciencia de vigilia, de nuestra mente subconsciente y de la mente sagrada. Con el tiempo se crea un «circuito cerrado de conciencia» que acelera el proceso de crecimiento espiritual. A su debido tiempo, este proceso ayuda a atenuar el velo y, finalmente, a que caiga, lo cual ocurrirá cuando llegue el momento de la fusión de tu alma.

Recuerda que el velo cumple un importante propósito espiritual y que, por lo tanto, queremos dar pasos razonables para retirarlo, aunque de nada sirva forzar el proceso para que ocurra más rápido. Probablemente no tengas éxito y, si lo tienes, crearás más desequilibrio y malgastarás mucho tiempo y esfuerzo, porque tu Yo superior no dejará que caiga hasta que estés preparado. El objetivo es que alcances esa preparación con estabilidad y equilibrio.

> *Verdades cósmicas reveladas,* pg. 208:
> A medida que te sumiste en los reinos restringidos y limitados de la conciencia, el velo del olvido se cernió sobre tu memoria de tal modo que con frecuencia no pudieses recordar tus vidas pasadas; porque sería una carga demasiado grande recordar todos tus pasados errores e imperfecciones.

Cómo atenuar el velo

Antes que nada, recuerda, por favor, que el velo es *tuyo*. Todos tenemos nuestro propio velo de ilusión, y cada uno de nosotros dejará caer ese velo a su debido tiempo. Dicho esto, también existen demarcaciones energéticas muy sutiles entre dimensiones, y esas demarcaciones también se atenúan a medida que se elevan nuestras frecuencias de energía. El arcángel Miguel se refiere a ellas cuando habla de la atenuación de los velos entre multidimensiones.

Con este panorama, te ofrecemos aquí un sencillo proceso para atenuar el velo ilusorio. Este proceso se centra en la apertura, profundización y ampliación de la comunicación entre la mente consciente o la mente sagrada y tu estrella del alma.

- Encuentra un lugar para sentarte en silencio y no ser interrumpido durante varios minutos. Y no, no puedes hacerlo mientras conduces o manejas cualquier tipo de equipo.
- Respira hondo unas cuantas veces y relájate.
- Visualiza, con independencia de cómo lo percibas, un gran paquete de papel (por ejemplo, como el que se usa para embalar cristal, ¡pero no papel higiénico!) perfectamente equilibrado encima de tu cabeza.
- Sal fuera de ti como si tu conciencia diera un paso atrás. Observa por detrás tu cabeza el taco de papel y también un reflector proyectando luz sobre él. Apreciarás que el papel bloquea el paso de la mayor parte de la luz del reflector.
- Mírate elevando los brazos para retirar cinco a diez hojas de papel del paquete. Verás que ahora penetra un poco más de luz a través.
- Ahora verás unas pinzas que descienden, atrapan los extremos del taco y lo levantan sobre tu cabeza. Con el paquete en alto, verás una broca que practica uno o dos agujeros y lo atraviesa. Observa cómo el taco se vuelve a posar sobre tu cabeza.
- Que tu conciencia dé un paso adelante se reintegre en el cuerpo. Respira hondo unas cuantas veces más y vuelve a la conciencia normal de vigilia.

Ahora el velo está un poco atenuado o incluso presenta uno o dos agujeros para permitir el flujo de un poco más de información espiritual por tu mente sagrada. Repite esta visualización varias veces si no te genera problema; no obstante, hay un límite en el ritmo al que el velo se atenúa y cualquier visualización que supere dicho límite será una pérdida de tiempo y esfuerzo.

La mayoría se desenvuelve bastante bien a la hora de repetir esto varias veces por semana durante varias semanas o incluso un mes. Así es como tu proceso se pone en marcha a un ritmo razonable, y lo más probable es que no necesites repetirlo una vez transcurrido el mes. No obstante, asegúrate de aplicar tu capacidad de discernimiento en caso de que te recomiende hacer esto con mayor o menor frecuencia, o durante más o menos semanas. Y digamos de paso que cada vez distinguirás más agujeros en el velo cuando practiques esta visualización.

Por qué funciona

Esta visualización es una «metáfora visual» que convierte la intención en acción. Coordina un esfuerzo entre tu Yo superior, tu mente sagrada y tu mente consciente, que es la que cumple esta tarea, siempre y cuando te mantengas atento a las indicaciones del espíritu durante tu vida diaria. Como este seguimiento es parte importante del proceso, asegúrate de esforzarte y centrarte en mantenerte un poco más consciente espiritualmente. Forma parte esencial del proceso, que comporta el beneficio claro y concreto de incrementar tu conciencia espiritual.

Que haya luz, pg. 313:
A medida que se difuminan lentamente los velos ilusorios entre multidimensiones, se remplazan por filamentos de luz que contienen el conocimiento que buscas. Al adentrarte en la pirámide de luz o poder en la quinta dimensión superior, gracias a la intención puedes recurrir a los filamentos de luz indispensables para crear lo que deseas por el bien supremo de todos.

Beneficios de atenuar el velo

Un velo más tenue ayuda de varias formas el proceso de crecimiento espiritual.

- Permite un mayor flujo de información de la intuición. Eso ayuda a abrir la vía de comunicación de tu Yo superior.
- Tus percepciones espirituales se hacen más hondas porque hay menos «ilusión» oscureciendo la luz.
- El proceso de reintegración de los fragmentos que retornan se acelera porque hay menos camino interfiriendo con ese proceso.

La atenuación del velo de ilusión es un paso esencial en la preparación para la fusión del alma. Estos pasos acortarán el proceso y te ayudarán a proceder con facilidad y gracia.

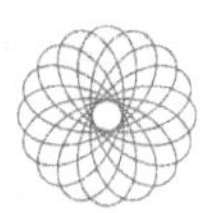

DOMINIO DEL ESTADO ALFA

El término «estado alfa», junto con los estados beta, theta y delta, son descripciones científicas de la rapidez con que trabaja el cerebro. Como hay muchas fuentes disponibles si quieres más información, te daremos unos cuantos «huesos a los que hincar el diente» para que te hagas una idea de lo que estos términos significan.

El estado «beta» es una conciencia de vigilia normal, y en ella la «velocidad» del cerebro (medida en ciclos por segundo o hercios) es de catorce a veintiún ciclos por segundo. En el estado «alfa», los ciclos son de siete a catorce por segundo: la «velocidad» de meditación del cerebro y el nivel al que conectamos y nos comunicamos con los guías angélicos y el Yo superior. En el estado «theta», los ciclos son de cuatro a siete por segundo; es el nivel de sueño profundo, en que establecemos una conexión más profunda con nuestra conciencia interna. En el estado «delta», son menos de cuatro ciclos por segundo; es el estado de sueño más profundo.

Verdades cósmicas reveladas, pg. 136:
La micromente es tu conciencia beta, mientras que tu mente maestra alfa es la conciencia de tu macromente. El estado alfa ayuda a la mente subconsciente a volverse consciente mientras toda la vieja y subjetiva programación negativa del pasado se libera y transmuta; de este modo, la mente consciente se vuelve receptiva a la descarga de información cósmica de los reinos superiores del saber.

En el estado alfa, ambos hemisferios cerebrales están activos por igual, incluso si solo prestamos atención a uno de ellos o damos preferencia a uno sobre el otro. Con el cerebro en sincronía, empezamos a tener acceso a nuestra mente subconsciente y es una enorme base de datos de conocimiento almacenado. Mantenerse en el nivel alfa y realizar las actividades cotidianas normales es a lo que el arcángel Miguel se refiere cuando habla de ser una «meditación viviente». Exploremos un poco esta idea. ¿Qué se siente al estar en un estado de «meditación viviente»?

Ser una meditación viviente

Como te podrás imaginar, es un estado de calma y equilibrio. Sentirás tanto tu identidad propia e individual como una sensación de unicidad universal. La conexión con la Unidad será sutil y lograrás percibir la energía de fuerza vital del Todo como base de tu conciencia de vigilia. Reconocer esta sensación de unidad lleva cierta práctica, sobre todo porque tenemos que convencernos de que lo que sentimos es real. Aceptar esta realidad acelerará tu avance, así que confía y acepta que el sutil cambio que aprecias en tu percepción es de hecho esta sensación tan real de unicidad universal. Pronto te daremos instrucciones más específicas para beneficiarte del estado alfa, después de ayudarte a que te sientas a gusto entrando en un estado alfa siempre que quieras.

Una forma sencilla de entrar en estado alfa

El proceso de contar hacia atrás, de visualizar un ascensor o una escalera mecánica que bajan o de crear un «movimiento descendente» sirve para alcanzar el estado alfa al darle al cerebro señales indirectas para que frene. Sin embargo, este proceso implica profundamente a la mente consciente, y eso, como sabemos, dificulta mucho alcanzar el estado alfa. Necesitamos, por tanto, un medio de llegar al estado alfa que minimice la dependencia de, o incluso eluda, tu mente consciente. Por suerte, tenemos una idea de cómo hacer eso.

La «forma» que vamos a sugerir tal vez parezca inusual, pero si lo piensas un momento verás por qué tiene sentido. Nos gustaría que entraras en un estado alfa reproduciendo el proceso de *irte a dormir*. Si lo piensas, «tratar» de dormir suele provocar el efecto contrario. Te tienes que relajar y *permitir* que te asalte el sueño. El mismo proceso funcionará cuando quieras entrar en un estado alfa para meditar.

> *Tu búsqueda sagrada,* pg. 209:
> A medida que perfecciones tus destrezas de maestro alfa, controlarás las emociones, dejarás atrás la depresión con rapidez, te curarás de hábitos indeseados y comenzarás a usar tus capacidades creativas para su mejor aprovechamiento.

Para prepararte, limítate a sentarte en silencio un momento, respira hondo unas cuantas veces (o practica respiraciones infinitas, sobre las que volveremos más adelante en este libro), y luego *haz exactamente lo que haces físicamente cuando estés a punto de irte a dormir.* Como es un proceso muy personal, no podemos darte muchas explicaciones específicas, pero piensa en ello y aplica tu proceso personal. No hagas caso del parloteo mental. Es mejor que aprendas a ignorarlo que a suprimirlo o interrumpirlo. Casi todo el mundo, también los animales, encuentran una postura cómoda, respiran hondo y sueltan aire. Así envías una señal al cuerpo y al cerebro de que es momento de frenar. Esa señal disminuirá tus ciclos cerebrales y entrarás en nivel alfa, siempre y cuando no incorpores al proceso la mente consciente preguntándote si lo conseguirás. Limítate a mantener la mente en silencio y *acepta* que lo conseguiste.

Del mismo modo que no puedes recurrir a la mente consciente para obligarte a dormir, de nada vale que uses la mente consciente para «intentar» alcanzar un estado alfa. Lo mejor es ni siquiera intentarlo, dado que el esfuerzo minará tu labor y hará mucho más difícil que alcances ese estado. Céntrate en mantenerte en calma y centrado. Concéntrate en la respiración, que sea honda y rítmica. Este tipo de respiración, una vez que te has «calmado y has suspirado», es otra señal para que disminuyan tus ciclos cerebrales. Incluso si tu mente quiere seguir activa, una vez que respires rítmicamente, sentirás que tus ciclos cerebrales disminuyen su frecuencia porque tu cuerpo empieza a relajarse. Esta es una señal, y una clave, de que has conseguido el estado alfa. Practica este proceso varias veces al día y muy pronto podrás usarlo de inmediato para asumir el estado alfa siempre que lo desees.

¿Cómo sabrás que dominas el estado alfa?

Con práctica consciente, comenzarás a percibir el modo en que conciencia y cerebro operan en el estado alfa. También te resultará más fácil asumir el estado alfa con práctica. Cuando hay una diferencia clara entre tu conciencia de vigilia normal y el estado alfa, y cuando puedes alcanzarlo en poco tiempo, tal vez en diez segundos o menos en la mayoría de condiciones de tu vida, entonces es que dominas el estado alfa.

Tu búsqueda sagrada, pg. 211:
Cuando seas un maestro alfa tendrás más confianza, mayor autoestima y sabrás que tienes el control de tu

mundo y tu futuro. Aprender a asumir con rapidez y mantener un estado alfa de conciencia es la clave para nutrirte de tu sabiduría interna y tu Yo superior, y para conectar con los ayudantes angélicos.

Transición de meditación en alfa a meditación despierto

Una vez que sepas asumir el estado alfa y lo emplees con éxito durante tu meditación diaria, el siguiente paso es enseñar a cuerpo y mente a mantener dicho estado mientras estás despierto y activo. Te ofrecemos varias sugerencias; empezaremos simplemente por entrar en un estado alfa, un estado meditativo, y luego aprender a abrir los ojos y observar el mundo físico sin abandonar ese estado.

En realidad no hay mucho que aprender. Ya sabes abrir los ojos; hecho lo cual, mantente quieto al principio, en calma y centrado, y sigue respirando rítmicamente. Es probable que al principio abandones el estado alfa; no pasa nada. Sigue practicando y concédete una semana de plazo antes de intentar ponerte de pie. Ese es el siguiente paso y lo darás cuando estés listo. Una vez te acostumbres a estar de pie en alfa, solo necesitarás habituarte a moverte lenta y suavemente.

Recuerda que es un proceso, no una carrera. Si intentas ir más deprisa y ganar una carrera inexistente, serás el único perdedor, porque te llevará más tiempo llegar al punto en que seas capaz de permanecer en alfa mientras estás de pie y moviéndote. Ten paciencia, procede con lentitud y es muy probable que tengas éxito.

Tu búsqueda sagrada, pg. 211:
El poder que sustenta imágenes mentales positivas es el poder creativo que manifiesta el Omniverso y todo lo que contiene. A diferencia del Creador Supremo, también has sido creado con imágenes mentales imperfectas o destructivas, con pensamientos de miedo, culpabilidad, fracaso o rechazo, sentimientos de desmerecimiento que distorsionan cuanto creas o dejas entrar en tu mundo. Como reza el dicho: «El universo se remodela para acomodarse a tu imagen de la realidad». Según pienses y creas, así se configura el mundo o la Creación.

Consulta en *Tu búsqueda sagrada,* pg. 206-219, el texto completo de dos mensajes que abordan en detalle el tema de alcanzar el dominio del estado alfa.

Verdades cósmicas reveladas, pg. 136:
Metavisión es un estado aumentado de conciencia mediante el cual siempre estás en sintonía con la sabiduría del Yo superior y con el Yo Soy Presencia; esa es una de las ventajas de convertirte en maestro alfa. Cuando aplicas la metavisión, te conviertes en observador y partícipe de la vida, y filtras rápidamente cualquier patrón de pensamiento negativo mientras aprendes a dejar que solo la más alta verdad del Creador entre en tu campo de fuerza y asuma el dominio de tu ser.

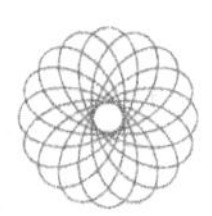

DOMINIO DE LA MEDITACIÓN

En esencia es fácil esforzarse en exceso por controlar la meditación, entrándose así en una espiral de autoengaño, ya que es ese excesivo esfuerzo el que dificulta triunfar. Lo que necesitas es una forma de centrar tus esfuerzos sin excederte. Aunque parezca un dilema, conseguirlo es más fácil de lo que se piensa.

A menudo, la mayor parte del esfuerzo dedicado a la meditación parece encaminado a acallar el charloteo mental. Eso supone usar el diálogo interior para acallar ese charloteo mental y es fácil ver que sus posibilidades de éxito son escasas. ¿Qué hacer entonces?

Meditación hecha fácil

La forma más sencilla de meditación es tanto escuchar las meditaciones guiadas como los ejercicios espirituales a la venta que complementan esta serie de libros. En la meditación guiada, se sigue la voz del lector y se practica el ejercicio tal y como se expone. Aunque parezca simplista, en realidad es muy eficaz y ahorra mucho tiempo y esfuerzo a la mayoría. Te animamos a usar meditaciones guiadas apropiadas para ti y tus circunstancias, ya sean los ejercicios específicos de esta serie de libros, ya sea una serie distinta de meditaciones inspiradoras a las que tal vez te haya encaminado tu radar del corazón.

La meditación libre se practica con la misma facilidad. Aunque no tengas una meditación específica que quieras practicar, o no haya un resultado específico que desees alcanzar, el método para obtener el éxito en la meditación es el mismo.

El proceso consiste en dejar el parloteo mental a su aire. Que así sea. Deja que tu mente haga lo que quiera; aprenderás a desentenderte del parloteo cuando adquieras práctica con la meditación en un estado de observador imparcial.

Cuando seas un observador imparcial y domines el estado alfa, estarás en disposición de alcanzar el verdadero éxito con la meditación. Veamos cómo desatender el diálogo interior mediante la perspectiva «imparcial».

Alcanzar la meditación «del desapego»

Cuando tu mente está muy «ocupada» durante la meditación, esencialmente estás a la espera —de forma consciente o subconsciente— de que suceda algo. Durante la espera, cuando te preguntas si sucederá algo, indagando por qué no pasa nada bueno o tal vez temiendo que no seas merecedor de ese algo bueno, es porque estás inmerso en la mente y las emociones. No es esa una forma positiva de meditación. Y, dado que esforzarse por acallar esa voz interior resulta un ejercicio fútil, te daremos otro método para que pruebes.

El objetivo es que el alma o espíritu esté al cargo de la meditación. De este modo sí es posible una perspectiva distante y también que no hagamos caso del diálogo interior. Te mostramos un proceso con el cual «dejar sitio» al alma para que se haga cargo de la meditación:

- Practica unas pocas respiraciones hondas y lentas, y relájate.
- Deja que tu mente monologue cuanto quiera. Escucha a tu mente charlar unos minutos y apreciarás que su claridad se va difuminando como si escucharas su charla en una habitación atestada de gente.
- Manifiesta tu intención de seguir la orientación y dirección del alma durante esta meditación.

- Siéntate en silencio, con el charloteo mental en segundo plano si todavía se manifiesta. La siguiente comunicación que recibas superpuesta al diálogo interior procederá del alma a través de la intuición.
- Este será uno de varios aspectos, dependiendo de tu propósito con la práctica de la meditación. Deja que la orientación fluya y percibirás una sensación de finalización cuando acabe.
- Una vez que sientas la finalización, siéntate en silencio unos cuantos minutos más para dejar que se integre; luego respira hondo unas cuantas veces y concluye la meditación tal y como estás acostumbrado.

Como se menciona en esta serie de instrucciones, la comunicación que recibas dependerá del propósito de la meditación. Si necesitas orientación y ya has proyectado algún tipo de oración con que pedir esa orientación, la meditación te ayudará a recibir una respuesta que resuelva el diálogo interior.

Si no tenías un propósito consciente y específico, entonces es probable que tuvieras un propósito subconsciente y que la orientación intuitiva que recibas esté vinculada con ese propósito subconsciente, tanto si es la respuesta a una pregunta como si es sabiduría espiritual que haya que integrar o información perteneciente a una próxima o reciente lección espiritual, o si es una intuición espiritual con otro propósito.

Una vez te sientas a gusto con este proceso, todo cuanto hagas en un estado meditativo se volverá más fácil de acometer. Conseguirás mucho más en mucho menos tiempo, además de generar menos emociones —como frustración, irritación, incertidumbre y desmerecimiento— que satisfagan al ego. Si experimentas alguna ahora, u otras emociones similares, serán cosas del pasado si centras la intención en la finalización de este proceso como tal con éxito.

Pensemos ahora en lo que significa ser una meditación «viviente».

¿Qué significa ser una «meditación viviente»?

Vivir como una meditación viviente significa que tu intuición está siempre preparada para recibir orientación del Yo superior o de tu espíritu. Como vives en un estado alfa de conciencia, estás constantemente abierto a la comunicación del Yo superior y recibes orientación intuitiva sobre muchos aspectos de la vida. Al igual que con otros aspectos espirituales, esta conexión saldrá reforzada a medida que la emplees con más frecuencia.

A medida que esta orientación sea más frecuente, lo normal será que pases más tiempo en esa senda espiritual que el Creador ha elegido para ti. Estarás más tiempo equilibrado y con más frecuencia, te desviarás menos habitualmente de esa senda y experimentarás menos dualidad. Se trata tanto de atributos como de indicadores: indicadores de que estás bien encaminado hacia el autodominio espiritual y atributos de un Yo maestro espiritual. Vivir de este modo, como meditación viviente, suele tener un profundo efecto sobre tu crecimiento espiritual y acelera el progreso del autodominio.

Algunos beneficios de ser una «meditación viviente»

Vivir tu vida, o al menos parte de ella, en estado alfa como una «meditación viviente» suele tener efectos positivos. He aquí ciertos resultados beneficiosos que se podrían dar, y algunos más que son ciertamente posibles e incluso probables:

1. El estado alfa ayuda a ambos hemisferios del cerebro a comunicarse entre sí, y esto, con el tiempo, permite el uso de un mayor porcentaje de la capacidad cerebral. Así ambos hemisferios cerebrales aprenden a operar juntos, por lo que el cerebro funciona más equilibrado.

2. Tener mayor conciencia significa que más de lo que sucede a tu alrededor es percibido y registrado por la mente consciente, porque estás usando un mayor porcentaje de función cerebral. Con ambos hemisferios integrados eres más capaz de elegir conforme a las leyes espirituales universales, porque eres capaz de usar los sentidos físicos y espirituales para emitir juicios. Integrar información física y creativa o espiritual acelera el proceso de convertir el conocimiento en sabiduría.

3. Tu perspectiva se vuelve más equilibrada. Esto facilita mucho el ser un observador imparcial, y la combinación de observador imparcial y un mayor acceso consciente a tu depósito de sabiduría incrementa enormemente tu capacidad intuitiva. También mejora la comunicación con el Yo superior y otros seres espirituales.

Que haya luz, pg. 67:
Te hemos pedido a menudo que seas una «meditación viviente», gracias a lo cual el espíritu se planta sobre un hombro como testigo sagrado. En todo momento eres consciente de tus acciones y reacciones,

y haces acopio de la sabiduría de tus interacciones con otros, de modo que no tienes que experimentar situaciones de causa y efecto en desequilibrio. Te vuelves un maestro del Yo o un Yo maestro, gracias a lo cual ya no generas energía kármica negativa y, por tanto, vives en un estado de gracia divina.

Estado de meditación activa

Existe otro estado meditativo del cual no se escribe tanto como del estado alfa, porque ha sido mucho menos estudiado y su estudio resulta mucho más difícil. Es un estado de meditación activa, pero no haremos más mención aquí de él, porque queda fuera del alcance de este libro.

El estado de meditación activa se produce, al menos la mayor parte del tiempo, en circunstancias específicas cuando las personas que han meditado de cierta forma durante mucho tiempo (décadas) centran la intención en lograr algo específico, como la sanación espiritual. Lo interesante del estado de meditación activa es que eleva la frecuencia de las ondas cerebrales por encima de la frecuencia de la conciencia de vigilia normal. Estas frecuencias elevadas parecen acceder a atributos del cerebro que tal vez hayan estado latentes mucho tiempo. Es muy probable que más información sobre estos atributos salga a la luz a medida que la humanidad avance en el progreso espiritual.

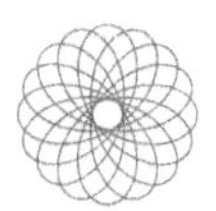

REPROGRAMACIÓN DE LAS CREENCIAS Y LA MENTE SUBCONSCIENTE

Como hemos pasado la mayor parte de la vida bajo el control del ego, tenemos una larga lista de respuestas «automáticas» para muchos de los aspectos repetitivos a los que nos enfrentamos (nuestros retos vitales). Estos aspectos se cruzan en nuestro camino cuando crecemos espiritualmente, y las respuestas del ego, que son automáticas al principio, difieren de nuestras respuestas como seres espirituales ante las mismas situaciones. Precisamos, por tanto, de un modo de interrumpir las respuestas automáticas y dejar paso a las respuestas espirituales. Podemos hacerlo, pero no sin iniciar el proceso de reprogramación a partir del punto en que se originaron nuestras respuestas. Tenemos que cambiar nuestras creencias fundamentales.

Recuerda que, durante la mayor parte de nuestras vidas, es el ego el que establece nuestras creencias fundamentales. No sorprende que, al crecer, descubramos que esas creencias ya no nos sirven. Modificar las respuestas resulta mucho más fácil una vez que cambiamos las creencias fundamentales, porque nuestras respuestas emanan de nuestras creencias. Las creencias existen primero, y las creencias fundamentales empiezan a cambiar a medida que crecemos espiritualmente. Por suerte, hay una forma de que las creencias se vuelvan sistemáticamente más espirituales, lo cual también vuelve más espirituales las respuestas a los desafíos de la vida.

Para conseguirlo, recurriremos a una fuente que hemos usado antes: un libro del maestro espiritual Randall Monk titulado *Herramientas maestras de vida para la era de la ascensión*. Te proporcionaremos un pasaje para empezar, pero te recomendamos encarecidamente que sigas todo el proceso del libro. Este proceso comenzará reprogramando tu mente subconsciente con los principios espirituales que estás aprendiendo a través de la mente consciente. Esto influirá positivamente en tus respuestas a los desafíos, porque cada vez serán más espirituales.

El inicio del proceso es completar las siguientes preguntas y ejercicios, y dejar por escrito las respuestas en un diario. Puedes hacer esto más de una vez, y quizá te plantees hacerlo habitualmente, o al menos cada varios meses. La constancia con estas preguntas y ejercicios es una forma estupenda de demostrarte a ti mismo que estás haciendo un progreso espiritual real. He aquí las preguntas y ejercicios:

- ¿Qué tipo de energía estoy emitiendo? ¿Qué estoy generando? Piensa en ello cada vez que interactúes con otros, y piensa también en cómo te tratas.
- Busca la lección espiritual que hay dentro de cada desafío cuestionándote por qué respondiste tal y como lo hiciste.
- Delega la situación en un poder superior y confía que en que de todo se hará cargo perfectamente.
- Céntrate en la solución y no en cosas que puedan salir mal.
- Recurre a la voz interior. Sé amable y cortés contigo mismo, nunca negativo ni hiriente.
- Expresa o visualiza el resultado que deseas en cada situación, así como el beneficio espiritual que quieres alcanzar.
- Emprende la acción que sea necesaria y sigue emprendiendo acciones para lograr tu objetivo.
- Aprecia lo que tienes, aprecia incluso lo que quieres aunque todavía no obre en tu poder.

- Sonríe. Sí, sonríe. Sonreír proporciona muchos beneficios físicos y emocionales.

Completar esta lista sirve para sustituir tu sistema actual de creencias basadas en el ego por el sistema de creencias de naturaleza espiritual que estás aprendiendo. La razón de que esto funcione es que lo estás aplicando directamente a situaciones de tu vida, aquí y ahora. No es solo una teoría ni tampoco solo una idea. Son acontecimientos vitales que brindan una oportunidad de aprender y en los que aprendes a aplicar herramientas espirituales, en vez de instrumentos del ego. El resultado final será una desviación de tu sistema de creencias para acabar cortando las conexiones con tu conducta basada en el ego y con todos los que respaldaron esa conducta en el pasado. Entonces serás capaz de conectar totalmente con tu espiritualidad, con las personas y seres espirituales que te apoyan en tu crecimiento espiritual. Aunque requiera cierto trabajo, es bastante fácil conseguir dicha reprogramación de este modo y ocurrirá sin tensión ni estrés innecesarios.

Verdades cósmicas reveladas, pg. 85:
Hemos hecho hincapié en la importancia de volver a un «ser soberano»; en esencia, a reclamar y reintegrar todas las múltiples facetas de la cualidad de ser, un requisito para el proceso de «vuelta a la unicidad» de las masas. Empieza por cortar todas las ataduras energéticas que has establecido con otros a lo largo de tus muchas vidas; rompe, igualmente, todos los acuerdos que ya no sirvan a tu bien supremo, acuerdos establecidos en el pasado, presente o futuro de esta o cualquier otra realidad.

(Nota: El proceso de cortar las ataduras energéticas y romper los viejos acuerdos constituye una diferencia espiritual muy positiva. Entre las meditaciones grabadas existe una meditación «para romper acuerdos». O, si quieres más orientación e información sobre este tema, Ronna y Randy celebraron un seminario web titulado 'Managing Life's Challenges', que incluyó una meditación para hacer exactamente lo que necesitas. Hay disponible una reproducción del seminario web, además de un libro electrónico de acompañamiento, en www.StarQuestMastery.com).

DESARROLLO DE LOS SENTIDOS ESPIRITUALES

Contar con sentidos espirituales y usarlos NO constituye una medida de tu avance espiritual. Los que consideramos sentidos espirituales –clarividencia, clariaudiencia, clarisciencia y claricognosciencia– son, sencillamente, nuestros atributos naturales como espíritus. Sin embargo, son muchos los que desconocen cuáles de esos sentidos espirituales, si es que hay alguno, pueden ser nuestro bagaje de herramientas espirituales durante esta vida específica.

Aunque no sepamos cuál de estos sentidos se manifiesta en nuestra vida presente, tendemos a ser más sensibles a la energía espiritual, al menos en algunos aspectos, a medida que se elevan las frecuencias de las firmas energéticas y de la «canción del alma». Por tanto, es muy probable que hagas al menos cierto uso de tus sentidos espirituales, aunque, como todos somos diferentes, comparar tus puntos fuertes y dones con los de otros es una pérdida de tiempo y esfuerzo. La senda de otra persona difiere de la tuya, por lo cual, lo que necesita en su haber probablemente sea distinto de tu bagaje de herramientas. Y así es como debe ser, porque quiénes somos y lo que podemos llegar a ser es elección del Creador, y el Creador nos proporciona los mejores instrumentos para hacer el trabajo. Por lo tanto, tus capacidades, sean cuales fueren, te fueron concedidas por el Creador para que tengas la mayor posibilidad de éxito.

Sin embargo, hay cosas que sí podemos decir para aprender más sobre el uso de las herramientas, y esta sección trata de darte un punto de partida para que te encamines en la dirección correcta, si no lo estás ya. Echemos un vistazo a nuestros sentidos espirituales primarios con un poco más de detalle.

Clarividencia

Por alguna razón, son muchos los que tienen la clarividencia en más alta estima que otras facultades. La clarividencia, el sentido de visión espiritual, es sin duda útil, pero bajo ninguna circunstancia representa el pináculo de los sentidos espirituales. Todos son útiles y los tendremos en la medida en que los necesitemos, aunque son muchos los que creen que no tienen visión espiritual y quieren tenerla, pese a que posean todo un abanico de sentidos espirituales más adecuados para ellos.

Además, son muchos los que creen no ser capaces de «ver» nada y, sin embargo, perciben más de lo que se dan cuenta. A menudo buscan claves visuales que son las mismas que emplean para ver con los ojos físicos, y es relativamente raro ver cosas del mismo modo si son físicas o espirituales. La mayor parte del tiempo nuestros sentidos espirituales, procedentes de nuestros cuerpos espirituales, actúan a través de la conexión espiritual con la conciencia. Esto significa que la visión espiritual percibe de modo distinto que la vista física, lo cual con frecuencia significa que los clarividentes perciben ambos sentidos de la vista al mismo tiempo. Esto quizá resulte confuso, razón por la que muchos creen que no pueden ver lo espiritual, porque intentan percibir con los ojos físicos información visual de sus cuerpos espirituales.

Cómo mejorar la clarividencia

Con frecuencia es cuestión de discernir las señales y confiar en ti mismo y en lo que percibes. He aquí varias cosas para aprender a discernir lo que ves:

- Presta atención a los cambios de energía de tu entorno. Estos cambios a menudo se enmascaran inicialmente como percepciones físicas, razón para estar muy atentos a cualquier percepción que se acompañe de hormigueo o zumbidos. Este tipo de vibración con frecuencia enmascara señales espirituales bajo un disfraz físico.
- Cuando sientas la vibración, respira hondo, cierra los ojos, exhala y relájate. A continuación,

manifiesta tu intención: «Soy capaz de ver espiritualmente todo lo necesario para mí y lo que me procura el bien más alto».

- Tal vez seas testigo de que la vista física se superpone a la visión espiritual; cuando esto ocurra, y siempre que sea seguro y práctico hacerlo, cierra los ojos físicos para reducir la competencia visual. Con el tiempo, tal vez quieras abrir los ojos pasados unos momentos a fin de practicar la percepción simultánea de ambos tipos de visión.

- Fíate de las impresiones que recibas. No podemos dejar de recalcar su importancia. Cuando no confiamos en lo que percibimos, generamos dudas que reducen la capacidad de percibir espiritualmente.

- Practica la visión de las dimensiones espirituales cerrando los ojos, respirando hondo, relajándote y manifestando tu intención de ver la dimensión que hayas elegido (por ahora lo mejor será limitarse a las cuarta y quinta dimensiones, aunque será más fácil comenzar por la cuarta). Una vez manifestadas tus intenciones, toma notas de todo cuanto cambie en tu visión espiritual, o de cualquier impresión que tengas, visual o no. Puedes emplear una pequeña grabadora en lugar de tomar notas si dispones de una.

- Recoge tus impresiones en un diario, o guarda los ficheros de audio para volver a escucharlos. Busca patrones, pensamientos o ideas que se repitan. Esos patrones repetidos son aspectos de las dimensiones espirituales con los que sintonizas constantemente, y empezar a reconocer dichos patrones sirve para aprender a confiar en tus impresiones. Con el tiempo, lo más probable es que llegues a aceptar que al menos algunas de las impresiones que recibes de tus sentidos espirituales son reales.

Por favor, recuerda que todos percibimos las cosas de un modo un poco diferente, así que no desfallezcas ni dudes de ti mismo si no ves lo que ve otro. Después de todo, dos testigos del mismo acontecimiento físico también suelen describir cosas diferentes. Es bueno tener distintas percepciones porque la otra persona y tú podéis sintonizar fácilmente con distintas frecuencias espirituales. En tal caso tiene sentido que las cosas parezcan diferentes. Recuerda también que la gente se centra en lo que le parece importante y lo que le *interesa* ver, y ese también es un factor. Con cierta práctica y confianza en ti mismo percibirás todo lo que necesitas para cumplir tu papel espiritual.

Clariaudiencia

Clariaudiencia es la facultad espiritual de la audición. La comunicación espiritual auditiva se produce a muy distintos volúmenes, desde un mero susurro hasta una voz alta y autoritaria. Lo más probable es que la mayor parte del tiempo (sobre todo al principio) percibas susurros.

El problema de muchos con los susurros es que a menudo los confunden con los propios pensamientos. Debemos aprender a diferenciar entre nuestros pensamientos y los susurros intuitivos o clariaudientes. Por suerte, se destacan varios aspectos en estas formas de comunicación externa y, una vez se reconozcan, aprenderemos a usarlos mejor y fortalecer esta facultad. Veamos unas cuantas formas de diferenciar los susurros clariaudientes de nuestros propios sentimientos:

- A menudo contienen información nueva. Si el pensamiento contiene información que desconocías, o se manifiesta en un estilo de pensamiento inusual, entonces es probable que sea comunicación clariaudiente.

- Los susurros ofrecen una orientación clara que sientes que debes resistir. Esto quizá parezca contraintuitivo, pero a menudo la resistencia procede del ego si la comunicación es con el Yo superior o con guías angélicos.
- Es información o indicio de que una parte de ti sabe que es correcta, pero te impide que entres en acción el modo en que otros puedan reaccionar, percibirte o criticarte. Así es como se reconocen las admoniciones espirituales y es tu ego el que se resiste a responder a la acción cuando la llamada es del espíritu.
- Tienes una sensación imperiosa de que tus pensamientos y tu diálogo interno te transmiten algo que debes hacer. Quizá no sepas del todo por qué necesitas emprender esa acción, pero la comunicación siempre será positiva, afectuosa y nunca hiriente ni destructiva. Todo lo que sea hiriente o destructivo procede del ego y no del espíritu.

Cómo mejorar tu clariaudiencia

Hay otras señales y claves, pero nuestro objetivo aquí es que te encamines en la dirección correcta, y estos son medios habituales con los que esta facultad empezará a desplegarse. Recuerda que todos somos diferentes, por lo que es posible que experimentes alguna variante de estos elementos que estamos describiendo y no necesariamente igual a como los presentamos aquí.

El proceso que te ofrecimos en el epígrafe de clarividencia para que mejorases tus sentidos espirituales también te servirá con la clariaudiencia, con solo unas pocas adaptaciones.

- Presta atención a los cambios de energía de tu entorno. Estos cambios a menudo se enmascaran inicialmente como percepciones físicas, razón para estar muy atentos a cualquier percepción que se acompañe de hormigueo o zumbidos. Este tipo de vibración con frecuencia encierra señales espirituales bajo un disfraz físico.

- Cuando sientas la vibración, respira hondo, cierra los ojos, exhala y relájate. A continuación, manifiesta tu intención: «Soy capaz de oír espiritualmente todo lo necesario para mí y lo que me procura el bien más alto».

- Tal vez oigas literalmente una voz que suena como si se originase en tu cabeza y que se parece a tus pensamientos normales, tal vez un poco exótica, como si no fuera totalmente tuya. Si así la percibes, acepta ese pensamiento en vez de dudar de él.

- Fíate de las impresiones auditivas que recibas. No podemos dejar de recalcar la importancia de esto. Cuando desconfiamos de lo que percibimos, generamos dudas que reducen la capacidad de percepción espiritual.

- Si es posible, lleva un diario con anotaciones sobre cualquier información espiritual que recibas. En ese diario, busca patrones, pensamientos o ideas que se repitan. Anota también los nombres, sobre todo los nombres que se repitan. Esos patrones repetidos son aspectos de las dimensiones espirituales con los que sintonizas constantemente, y reconocer dichos patrones sirve para aprender a confiar en tus impresiones, hasta que aceptes que al menos algunas de las impresiones clariaudientes son reales.

Verdades cósmicas reveladas, pg. 190:
Empieza a confiar en tu intuición y en tu orientación interna. Si los pensamientos son inspiradores, afectivos y expanden la conciencia, entonces sabes que te nutres de la sabiduría del Yo superior, de los guías angélicos y de tus profesores maestros. Te susurran y nunca permitirán que yerres el camino. Estas voces serán más fuertes a medida que perfecciones tus destrezas comunicativas telepáticas con el Yo superior y los seres de los reinos superiores de conciencia.

Verdades cósmicas reveladas, pg. 87:
Muchos de vosotros estáis comenzando a desarrollar las capacidades inherentes de clarividencia (visión clara) y clariaudiencia (audición clara); sin embargo, os sentís incómodos con los poderes extrasensoriales adicionales o desconfiáis de ellos y, por tanto, rechazáis la mayor parte de la información interna que recibís. Es hora de que todos desarrolléis y uséis las «sensaciones superiores» y, cuanto antes hagáis esto, más rápido alcanzaréis el autodominio.

Clarisciencia

Clarisciencia es la facultad de percepción espiritual clara. Las personas con una elevada clarisciencia son *empáticas* y muchas sienten lo que experimentan otras personas hasta el grado de que sus percepciones se parecen a las suyas propias. Como es de imaginar, a alguien que sea relativamente novato en espiritualidad y crecimiento espiritual esto le puede resultar muy desconcertante. Por eso es aconsejable que quien lo intente esté a buenas con sus sentidos espirituales, sobre todo los empáticos, a fin de hallar un guía o mentor que les facilite las cosas.

La facultad de la clarisciencia no se limita a la empatía y a experimentar lo que sienten otras personas. La clarisciencia emana de la percepción de energía espiritual, luego también incluye la energía espiritual de lugares y situaciones. Un clarisciente siente la energía espiritual que emana de las personas y eso le permite experimentar las sensaciones y emociones de la otra persona. Cuando sienten que la energía está desubicada, la mayoría de los clariscientes sintonizarán primero con las vibraciones globales, sean positivas o negativas. Después puedes aprovechar para captar impresiones sobre acontecimientos que ocurrieron en esa ubicación específica.

Los clariscientes también perciben la energía de las situaciones, lo cual se parece a percibir la energía de los lugares y acontecimientos. Las situaciones tienden a ser un poco más complejas, porque la energía de una situación y sus acontecimientos comprende también la energía de las sensaciones y emociones de las personas implicadas, y esto puede resultar confuso al principio. Sin embargo, como ocurre con cualquier otra capacidad novedosa, la práctica mejorará la capacidad de los clariscientes para discriminar y entender las distintas cosas que perciben.

Cómo mejorar la clarisciencia

Igual que sucede con las otras facultades espirituales, un poco de observación y atención selectiva dará muchos frutos con el fin de desarrollar las capacidades espirituales. Por favor, acuérdate de usar siempre tus capacidades por el bien supremo de todos y no para impresionar a alguien. Estas son capacidades que el Creador ha procurado como parte de la experiencia de la vida física y de la consumación de nuestra misión espiritual; por eso es mejor asumir una actitud humilde ante todas las empresas espirituales. Todos tenemos libre albedrío y disponemos de nuestros dones a voluntad, pero servir al ego no es servir al Creador. La opción espiritual más elevada a la que podemos aspirar es buscar la perfección del Creador.

Hay unas cuantas cosas que puedes hacer para mejorar tu clarisciencia. Identificarás muchas de ellas porque hay mucho en común cuando tratamos de mejorar cualquier facultad espiritual.

- Presta atención a los cambios de energía de tu entorno. Estos cambios a menudo se disfrazan inicialmente de percepciones físicas, razón para estar muy atentos a cualquier percepción que se acompañe de hormigueo o zumbidos. Este tipo de vibración con frecuencia enmascara señales espirituales bajo un disfraz físico.
- Cuando sientas la vibración, respira hondo, cierra los ojos, exhala y relájate. A continuación, manifiesta tu intención: «Soy capaz de sentir espiritualmente todo lo necesario para mí y lo que me procura el bien supremo».
- Probablemente experimentes múltiples cosas entremezcladas. Algunas serán sensaciones y emociones internas, por lo que el proceso resultará más fácil si no tienes ninguna sensación o emoción en desequilibrio sobre las personas, la situación o el lugar.
- Para distinguir tus sensaciones de las de otras personas, situaciones o ubicaciones, determina si el centro de atención son las sensaciones o emociones que experimentas. Es probable que tus sensaciones personales se localicen centralmente en tu núcleo, y en algún punto del centro de energía solar y, posiblemente, en tu corazón sagrado. Las otras sensaciones y emociones que experimentes muy probablemente sean más periféricas; quizá parezca

que se originan en la cabeza o en el chacra del tercer ojo o, posiblemente, en el chacra de la garganta. E incluso es posible que se centren fuera del cuerpo y que las sientas atravesando tu campo de energía.

- Una vez sepas discernirlas, repara en que tus sensaciones y emociones personales tienen una resonancia que se adecua a las tuyas, porque *son* tuyas. Las sensaciones y emociones de fuentes externas te resultará por lo menos que están un poco desafinadas y tal vez incluso te causen discordancia si son negativas. Con algo de práctica, estarás más capacitado para discernir lo que experimentas.

- Practica durante el día la clarisciencia cuando vayas a diversos lugares dedicando un momento al llegar para captar la sensación general que percibes. Si es posible, quédate quieto y cierra los ojos un momento para minimizar las distracciones. Repara en la apariencia de los pensamientos, sensaciones y emociones en la periferia de tu campo energético.

- Confía en las impresiones que experimentas. No podemos dejar de subrayar la importancia de esto. Cuando no nos fiamos de lo que percibimos, generamos dudas que disminuyen nuestra capacidad para percibir espiritualmente. Una mayor confianza significa una mayor comunicación.

- Si es posible, recoge tus impresiones en un diario o crea ficheros de audio de tus impresiones para volver a escucharlos. Busca patrones, pensamientos, sensaciones o emociones que se repitan. Esos patrones repetidos son aspectos de las dimensiones espirituales con los que sintonizas constantemente y empezar a reconocer dichos patrones permite aprender a confiar en la información que recibes a través de tu capacidad de clarisciencia.

Claricognosciencia

Como quizá ya imagines, la claricognosciencia –la facultad *espiritual de saber*– es una capacidad muy útil. Gracias a la claricognosciencia, las personas saben cosas sin saber cómo estas llegaron a su conocimiento. La información, habitualmente información necesaria en ese momento concreto, parece «manifestarse» espontáneamente en la mente. Es como recordar algo que en primera instancia no sabías.

Como la información recibida por los claricognoscientes es en esencia una «descarga directa», puede resultar algo difícil practicar esta capacidad. Después de todo, la información penetra o no, ¿no? Bueno, realmente hay un par de cosas que podemos hacer para favorecer este proceso, y una es preparar la mente y la conciencia para que sean un receptáculo abierto y claro a fin de crear un «espacio abierto» en la conciencia que acomode nueva información. Una forma estupenda de hacerlo es adquirir dominio sobre el diálogo interior como observador imparcial, tal y como mencionamos en la sección dedicada a la meditación. Lo segundo que podemos hacer, que puede resultar mucho más duro, es confiar en la información que recibimos *siempre que la recibamos*. Esto significa que inicialmente aceptamos como cierto todo cuanto recibimos y *luego* examinamos la información con el radar del corazón para verificarla.

La razón por la que lo hacemos es que parte de la información recibida podría proceder del ego, enmascarada como una fuente espiritual acreditada. Aceptar inicialmente todo como cierto enseña a la conciencia a aceptar el conocimiento directo como un medio para aprender nueva información. A continuación, permitimos al radar del corazón que haga su trabajo y determine si la información es aceptable. Con el tiempo, tu capacidad de discernimiento aumentará en precisión, pero tendrás que fiarte al principio para acostumbrarte a trabajar con ella. Ambas cosas te ayudarán a ser un receptáculo claro y a mejorar tu capacidad para usar la claricognoscienicia, siempre y cuando sea una de tus capacidades espirituales activas.

Las capacidades espirituales no miden el progreso espiritual

Recuerda que estar en posesión o carecer de capacidades espirituales no es una medida de nuestro progreso o «nivel» espiritual. Sin embargo, en general, tendemos a ser más sensibles o conscientes de las energías espirituales a medida que crecemos. A un verdadero Yo maestro espiritual no le conciernen, por lo general, las facultades espirituales que posea o no. En último término no es importante, porque un verdadero Yo maestro confía en que el espíritu le proporcionará todo lo necesario en cualquier situación. Esto significa saber con certeza que siempre contarás con los pertrechos espirituales que necesitas para hacer lo espiritualmente correcto en cualquier circunstancia.

> *Que haya luz,* pg. 20:
> A medida que te acostumbres a observar el mundo desde un punto de vista más elevado, apreciarás las líneas energéticas del futuro probable que están generando quienes te rodean con sus acciones y pensamientos positivos y negativos.

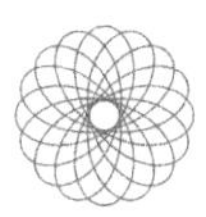

VERDAD PERSONAL Y DISCERNIMIENTO

El discernimiento es importante en la espiritualidad. Por *discernimiento* entendemos la capacidad de diferenciar lo que es espiritualmente correcto y lo que no. Esta es la facultad que aplicarás para separar tu verdad de toda la información espiritual que encuentres. Tu verdad espiritual es exclusivamente tuya y *solo* tú puedes identificarla. Nadie más puede decirte cuál es tu verdad y, cuando digo «nadie», es *nadie»*.

El término *«nadie»* comprende a profesores y mentores espirituales, también los mensajes del arcángel Miguel. Nada está exento de que apliques el discernimiento para entresacar tu verdad espiritual, y cualquiera que te diga lo contrario te está engañando. No quiere esto decir que no puedas aprender de profesores y mentores espirituales. Simplemente tienes que adoptar un enfoque que incorpore tu discernimiento personal.

Cuando aprendas de profesores, no es necesario, ni siquiera acertado, aceptar a ciegas todo lo que digan, porque su senda será, cuanto menos, ligeramente distinta de la tuya. Tampoco es acertado descartar todo cuanto digan, porque su intención es que avances por la espiral de ascensión. Una postura juiciosa sería aceptar la verdad de lo que tu discernimiento encuentre aceptable y al menos prestar cierta atención a la información que tal vez no se avenga con tu discernimiento. Parte de esa información quizá se concilie con tu discernimiento; otra nunca lo hará, pero es importante no omitir lo que podrían ser futuras lecciones y sabiduría descartando permanentemente la información que no coincida con tu discernimiento actual. A medida que crezcas, esta información podría encerrar un nuevo significado, lo cual nos lleva a preguntarnos: ¿cómo agudizar el discernimiento?

> *Tu búsqueda sagrada,* pg. 30:
> Recuerda, te hemos dicho que la confianza o fe ciegas no son un atributo deseable en un maestro espiritual. A medida que accedas a la maestría espiritual dejarás de aceptar lo que otros dicen sin buscar su validación por parte de tus facultades mentales y su confirmación por el radar del corazón.

Aprende a usar tu discernimiento personal

Todos contamos con un medio interno de saber lo que es correcto para nosotros y lo que no. Incluso si no estás seguro de cuál es tu indicador interno ahora mismo, el indicador sigue ahí y continúas obteniendo sensaciones específicas cuando las cosas se avienen con la verdad, y otras sensaciones cuando algo no concuerda. Ya has experimentado ambas sensaciones.

Cuando algo coincida con tu verdad –y recuerda que cada uno siente las cosas a su modo–, percibirás cierto sentido de *rectitud*. El modo en que esto se manifiesta es distinto en cada uno de nosotros, por lo que no podemos decirte cómo percibes tú la rectitud. Pero sí sabemos a ciencia cierta que la estás experimentado, porque todos hemos pasado por la experiencia de creer que estábamos en lo cierto sobre algo, para luego acabar confirmándolo. Tu discernimiento es el que te comunica lo que necesitas saber.

Empieza a prestar más atención cuando percibas esa sensación, pues te ayudará a ser más consciente y a que aprendas a fiarte más de la sensación, ya que ahora la percibes conscientemente, y también su resultado, sea o no cierta esa sensación.

La información que no se aviene con tu verdad personal opera en gran medida de la misma forma. Tendrás la sensación de que «no parece cierta», o experimentarás cierto nivel de aversión respecto a esa nueva información. Se parecerá mucho a otras situaciones similares del pasado, cuando oíste algo, no creíste que fuera cierto y más tarde descubriste que la información era errónea. Ese mismo proceso sirve para identificar tu verdad personal, porque la información espiritual que no se avenga con tu verdad personal generará la misma sensación. Solo necesitas percibir de manera más consciente esta sensación a fin de usarla en tu beneficio espiritual.

Sabemos que son cosas sencillas y algunos lectores quizá se pregunten si tales cosas tienen realmente tanto eco. La verdad es que sí, porque las raíces de la verdad son sencillas. Ego y mente complican las cosas más de lo que realmente son la mayor parte del tiempo. Con demasiada frecuencia tendemos a descartar las aproximaciones sencillas por otras más complejas porque erróneamente creemos que complejo significa «más profundo». Ese pensamiento es erróneo y la complejidad se cruza en nuestro camino cuando intentamos determinar lo que nos está diciendo el discernimiento.

Verdades cósmicas reveladas, pg. 88:
Respecto a asuntos importantes, y antes de emprender ninguna acción sobre lo que te haya dicho o dado alguien, pide siempre que se valide la información en la expresión física, de modo que sepas que la información es exacta.

Verdades cósmicas reveladas, pg. 267:
Buscar y vivir tu verdad es tu alianza con nuestro Dios Padre Madre, y es la senda para llevar una vida armoniosa y fructífera.

El radar del corazón

A través de sus mensajes, el arcángel Miguel suele hacer referencia al «radar del corazón». Nuestro radar del corazón es la fuente de discernimiento, por lo que verificar la información con ayuda del discernimiento forma parte de la confirmación de la información espiritual con el radar del corazón. El radar del corazón, que forma parte del corazón sagrado, también desempeña otras funciones. Cuando se trata de identificar nuestra verdad, el radar del corazón también conecta con la mente sagrada, porque toda verdad espiritual que aceptemos se integrará en nuestra perspectiva espiritual, lo cual implica tanto al corazón sagrado como a la mente sagrada.

Verdades cósmicas reveladas, pg. 267:
Pasar de un juicio a un discernimiento significa hacer elecciones con la sabiduría de la mente sagrada y la compasión del corazón sagrado.

Necesitamos integrar estas verdades para aprender a vivir la vida de acuerdo con nuestra verdad mientras avanzamos por la senda del autodominio. El conocimiento intelectual no es suficiente para hacer la transición al autodominio, por lo que es necesario integrar nuestra verdad totalmente para que forme parte de cómo vivimos la vida y no solo sea un ejercicio mental. De este modo serviremos de ejemplo y seremos «mostradores del camino» para otros, y durante el curso natural de nuestras vidas seguro que encontramos personas que observan cómo la vida fluye plácidamente a nuestro alrededor mientras nos encargamos de los problemas que van surgiendo. Esto en ocasiones despierta su descontento divino, iniciándolos en su senda espiritual.

Es importante recordar que nuestra verdad personal nos pertenece solo a nosotros. Es más que cierto que encontrarás personas cuya verdad discrepe de la tuya. No están equivocados. No solo tú estás en posesión de la verdad. Ambos tenéis razón. Deja que los demás tengan su verdad, del mismo modo que querrás que los demás te dejen tener la tuya. Cada uno sigue su senda espiritual, elegida por el Creador; recuerda, pues, que todas las personas cuya perspectiva difiera de la tuya también representan al Creador.

Verdades cósmicas reveladas, pg. 267:
La práctica del discernimiento requiere el uso de la sabiduría y la inteligencia avanzada almacenadas en la mente sagrada. Sin embargo, no juzgues a aquellos cuya verdad no se acomode a la tuya. Discernimiento es decidir cuál es tu verdad personal, la verdad que establece las reglas y la sabiduría con las que vives.

Secretos del autodominio, pg. 50:
A menudo te suministramos nueva información que debe ser aceptada o rechazada por tu don del discernimiento. Para que la aceptes como verdad deberás entenderla totalmente y asimilarla para que forme parte de tu filosofía de vida; seguidamente deberás llevarla a la práctica.

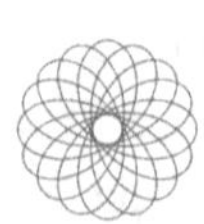

COMPRENSIÓN DE LOS HACES DE LUZ DE SABIDURÍA

Los haces de luz de sabiduría contienen información. Es casi seguro que será información nueva, información que ahondará tu comprensión y conexión espirituales. La mayoría de los haces de luz se guardan en la mente sagrada y se abren cuando la firma energética y la canción del alma sintonizan la misma frecuencia.

A primera vista, la información de los haces de luz parece difícil de diferenciar de la claricognosciencia. Existen varias diferencias para distinguir una de la otra. Veamos unas cuantas afirmaciones sobre la información obtenida mediante claricognosciencia:

- Aunque quizá no sepas cómo sabes alguna información que simplemente pareces «recibir», la información claricognosciente tiende a versar sobre una situación o circunstancia inmediatas.
- El alcance de la información claricognosciente tiende a ser limitada y a asociarse con esa circunstancia específica o con circunstancias afines (aunque el conocimiento se use más adelante).
- La información claricognosciente se suele presentar como información que surge de manera espontánea en la conciencia, sin que sepas cómo la has adquirido.

Por otra parte, la información contenida en los haces de luz de sabiduría tiende a presentarse de forma un poco distinta:

- Aunque la información que recibas de los haces de luz sea pertinente para una situación o circunstancia inmediatas, los haces tienden a contener más información de un contexto más amplio para que puedas ver cómo encaja en el panorama general.
- El mayor alcance de la información se aplicará a todo un segmento o categoría de tu vida, y parte de la información tal vez incluso verse sobre la base o propósito de tu vida.
- Cuando la información de un haz de luz penetra tu conciencia, por lo general no se trata solo un elemento o unos cuantos elementos relacionados. Lo más probable es que recibas la información, el contexto de la misma y también información relacionada o complementaria. Aunque no la entiendas toda o no en ese momento, junto con la información habrá una certeza de la que sabrás y entenderás lo que necesitas saber del haz siempre que lo precises.

Procedencia de los haces de luz

Los haces de luz son información de una frecuencia más alta que se escogen en el almacén universal de todos los datos integrados por el Creador para este universo. La información que necesitas (importante para cumplir tu misión espiritual) es seleccionada por aspectos espirituales superiores a ti mismo con la ayuda de tus asesores espirituales, que luego se agrupa en haces rodeados de energía espiritual de una frecuencia específica. Esta es la frecuencia que sintonizará tu firma energética o tu canción del alma para abrir el haz.

Algunos de esos haces de luz están presentes en tu mente sagrada (además de incorporados a otras estructuras espirituales) cuando te encarnas por vez primera. En otras ocasiones, «se descargan» otros haces de luz en momentos apropiados cuando nos aproximamos a la frecuencia espiritual en la que los necesitamos.

Cómo es recibir información de un haz de luz abierto

Cuando un haz de luz «abierto» se despoja de su membrana de energía espiritual, tal vez experimentes uno o más tipos de «iluminación». Lo más probable es que solo una pequeña parte de la información penetre tu mente consciente al abrirse y que el contenido completo del haz no se manifieste enseguida. Probablemente obtengas la información restante poco a poco, a medida que la necesites. Por tanto, incluso si gran parte de la información se mantiene latente para entrar más tarde en tu mente consciente, al menos parte de la información penetrará tu conciencia cuando se abra el haz. Si no estuvieses listo para la información o si no la necesitases aún, no habría razón para que el haz se abriese.

Una vez se abra el haz, recibirás nueva información, nueva sabiduría o comprensión sobre algo que ya sabes. Podría ser conocimiento que no supieras que tenías y que se manifiesta de repente en tu mente, aportando una certeza de verdad (como todavía tienes que aceptarla como *tu* verdad, asegúrate de darle una oportunidad). Si no es un nuevo conocimiento, es probable que sea un momento de sorpresa porque adquieres al instante un conocimiento más profundo de un concepto que aprehendiste mentalmente, aunque no de un modo espiritualmente profundo. Adquirirás un conocimiento mucho más profundo de la causa y efecto respecto a ese concepto y es probable que descubras que eres más sabio que antes.

Historia de Kevin:

Tuve una experiencia espiritual muy profunda en febrero de 2000 en la que hubo mucha energía espiritual negativa implicada. Ahora los detalles carecen de importancia, pero la experiencia me dejó espiritualmente yermo. Perdí el sentido de lo espiritual y desapareció todo lo que me definía espiritualmente. Llegado a ese punto supe por qué la mayoría de las personas se sienten tan aisladas y solas.

Pasados unos días comencé a apreciar cambios. Sentí como si me hubiesen rehecho de manera diferente a como era antes de lo sucedido. Recibí mi primer haz de información espiritual, mi primera «descarga directa» una vez que concluyó mi reconstrucción espiritual. «Vi» el contenido del haz en mi conciencia como una película proyectada a cámara rápida. Hubo partes que vi perfectamente, pero otras muchas pasaron demasiado rápido. De algún modo supe que las partes que no había visto bien se volverían visibles cuando las necesitase. También supe que este cambio solo era parte de un proceso más largo, un proceso que me llevaría cierto tiempo entender.

Recuerda que se trata solo de pautas

Todos seguimos nuestra propia senda espiritual, por lo que no te podemos dar todos los detalles de cómo se manifestarán estos aspectos en tu caso. Sin embargo, la idea básica es la misma para casi todos nosotros. Es ese terreno común el que intentamos describir para que reconozcas sus elementos cuando sucedan y no estés totalmente desprevenido. Queremos que dispongas de conocimientos básicos y capacidad de interpretación, y dicho fundamento básico te ayudará a mantener la calma y el temple mientras estos procesos se desenvuelven.

Una vez cubiertos los aspectos básicos, estarás en mejor disposición de prestar atención al proceso sin sentirte abrumado y apreciarás más los matices únicos de cada caso. Así superarás cada paso del proceso de crecimiento sin perder el equilibrio y sin alejarte demasiado del centro.

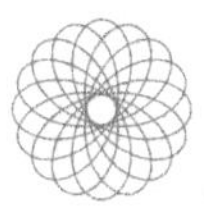

EL PODER DE ACEPTACIÓN

La aceptación es espiritualmente esencial. Sin aceptación no hay medio viable de mantener tu Yo espiritual en equilibrio y centrado, pues todo aquello que el ego no acepte causará desequilibrio y desarmonía. Sin cierto grado de aceptación es muy probable que el ego se mantenga al mando y pase tiempo antes de que el alma asuma el poder.

La razón por la que sucede de este modo es porque el ego, cuando está al cargo, quiere *seguir* al mando. No renuncia fácilmente al control, y aceptar que hay cosas fuera de nuestro control es uno de los primeros pasos para aprender a rendirse al espíritu.

La aceptación también nos enseña paciencia. Nos permite reconocer que hay un orden superior y que no necesitamos tener una visión completa del panorama para cumplir nuestro papel. Con el tiempo, a medida que veamos los frutos de nuestra paciencia aprenderemos a confiar en que el espíritu está obrando en nuestra vida y en las vidas de los que nos rodean. Depositar tu confianza en el espíritu favorece la aproximación a él y nuestro crecimiento espiritual.

Cómo aceptar mejor las cosas

Es importante comprender que la falta de aceptación es producto del ego y de los juicios que emitimos. Juicios de valor y aceptación no coexisten, por lo que un paso útil en la aceptación es superar nuestra tendencia a juzgar a los demás y no tomar decisiones sobre una situación sin contar con toda la información necesaria. Cuando tomes una decisión informada, que no sea por un juicio precipitado sino porque eliges la mejor línea de acción posible en ese momento.

Si has aplicado algunos de los principios de este libro, habrás tenido al menos cierta práctica controlando tus juicios de valor y mitigando los efectos del ego. Todo cuanto hayas hecho servirá al proceso de aprendizaje de la aceptación. Veamos cómo progresar y aprender aceptación:

- Permite a los demás tener su propio punto de vista. Acepta que su punto de vista es tan válido como el tuyo y que es tan justo para ellos como el tuyo para ti. Acepta que tienen el mismo derecho a tener su propia perspectiva que tú a la tuya.
- Asume que nunca conocerás toda la información en cualquier circunstancia, y acepta que hay factores que desconoces y que influyen en lo que otras personas hacen.
- Aprovecha esta comprensión para librarte de tus juicios sobre los demás y sus circunstancias.
- Acepta que cualquier juicio al que llegues podría cambiar fácilmente; de hecho, es posible que cambie una vez que sepas más sobre las personas y circunstancias. Eso significa que tu juicio de valor tiene posibilidades de estar equivocado, o al menos de ser incompleto.
- Haz cuanto puedas por favorecer el sentido de paz interior. La aceptación resulta más fácil cuando te

sientes en paz con el mundo y sus acontecimientos. Eso no significa que te tengan que gustar todos esos acontecimientos. Contén tus juicios de valor y acepta que cumplen un propósito del que no eres consciente.

Otro aspecto de la aceptación es permitir que todas las situaciones de la vida se desarrollen sin intentar que todo se adapte a cierto molde, es decir, sin intentar conseguir siempre lo que quieres o lo que crees que es mejor. Si dejamos vía libre al espíritu para que obre en nuestras vidas, a menudo obtendremos mejores resultados porque dimos un paso atrás y dejamos que las cosas sucedieran. Esto solo ocurre cuando poseemos cierto grado de aceptación y paciencia.

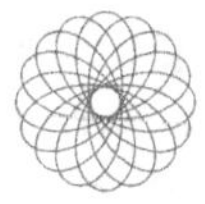

EQUILIBRIO

Muchos autores espirituales han subrayado la importancia de mantener cierto equilibrio. Pero ¿qué es el equilibrio y por qué es tan importante?

Como probablemente hayas adivinado, estar en equilibrio consiste en no desviarse del centro de la senda espiritual. Es un estado espiritual estable en que tu perspectiva se centra entre los extremos de lo negativo y lo positivo. (Lo extremadamente positivo es un estado de desequilibrio llamado *manía*). Alguien equilibrado se siente estable y seguro; siente de forma correcta que se necesitaría considerable energía para que alguien lo expulsara de su centro. Al incorporar una sensación de paz a este estado de estabilidad, se consigue una aproximación incluso mayor al equilibrio espiritual.

A medida que te sientes más conectado con toda vida, con el universo, con Dios Padre Madre y con el Creador, la paz de tu centro comienza a dejar paso a la serenidad. Una vez alcances la serenidad, tendrás el corazón centrado, firme, en paz, en una urdimbre de dicha y con la sensación de estar conectado a todo. Este relato se aproxima mucho a la descripción del equilibrio espiritual, pero incluso esta tampoco se aproxima a la realidad.

La comprensión de esta idea básica deja entrever por qué es tan importante el equilibrio. El sentido del equilibrio atañe a la percepción de nuestro centro interior como seres espirituales. Es un destello de nuestra esencia divina.

Evocación de un sentido de equilibrio espiritual

Del mismo modo que establecemos unos cuantos niveles para describir el equilibrio, ayudaremos a los lectores a desplegar varias niveles para iniciar su experiencia personal sintiéndose espiritualmente en equilibrio.

Empecemos por tu pasado. Es muy probable que hayas experimentado un estado de equilibrio en algún momento de tu vida, aunque fuese brevemente e incluso si no lo supiste ver. Sin embargo, es bastante probable que hayas tenido más experiencias de equilibrio de las que te hayas dado cuenta. Piensa un momento en tu vida y tu pasado. Piensa en momentos en que tu vida pareció fluir bien, casi naturalmente.

Piensa en lo bien que fueron las cosas durante esas experiencias y en cómo te sentiste. Concédete volver a experimentar brevemente esos momentos.

¿Percibes las emociones? ¿Te acuerdas de alguno de los pensamientos? ¿Cómo te sentiste? ¿Pareció alterarse el tiempo? ¿Experimentaste una sensación interior de expansión? ¿Pareció que todo fluía naturalmente y que todas las elecciones que hiciste, o al menos la mayoría de ellas, fueron correctas? Si contestas positivamente a alguna, a la mayoría o a casi todas estas preguntas, enhorabuena: ese estado «de flujo» solo puede proceder del equilibrio. Luego ya sabes lo que es estar en equilibrio.

Ahora, todo cuanto necesitas es ahondar en el recuerdo de esos acontecimientos específicos del pasado hasta que sientas al menos algunos matices y detalles de esas experiencias pasadas. Una vez lo hagas, recrearás mentalmente y a voluntad el recuerdo de estar en equilibrio, evocando cómo te sentiste durante una experiencia de tal naturaleza. Es cuestión de repetir la recreación hasta que la mente subconsciente reconozca que quieres evocar en la mente consciente el recuerdo de la experiencia, y no te llevará mucho tiempo. Para conseguir un buen comienzo, practica este proceso de recreación tres veces al día durante una semana.

A continuación, cuando te sientas en desequilibrio, da mentalmente la orden de «parar», interrumpe lo que esté pasando y recrea tu recuerdo del equilibrio. Con el tiempo, pasarás menos tiempo en desequilibrio y más en equilibrio. Incluso alcanzarás bastante rápido ese estado en que el equilibrio te resulte natural y normal, porque lo es.

Cuando estás en equilibrio estás centrado. Cuando estás centrado, tu centro está en paz, luego es fácil desprenderse del desequilibrio del ego y mantenerse en paz. Cuando estás en equilibrio, estás preparado para aprender e integrar nuevas ideas espirituales.

Llegados a este punto, es probable que sea bastante evidente que las emociones te desequilibran si el ego controla tu vida. Este proceso se desarrolla con más facilidad si ya te has esforzado por domar el ego. También resulta más fácil si no te recreas en sensaciones y pensamientos negativos, y descubres que la capacidad de perdonar desempeña un papel útil en el desarrollo del equilibrio espiritual.

Como es probable que te hayas dado cuenta, estás edificando una «morada» espiritual y queremos que esa morada tenga unos cimientos sólidos. Por eso te procuramos estas técnicas y también es la razón por la que recomendamos encarecidamente una práctica sistemática de las meditaciones guiadas que subrayamos en la sección sobre el «proceso recomendado» y que están disponibles a la venta para su descarga en www.StarQuestMastery.com.

Estar espiritualmente en equilibrio es esencial para el crecimiento espiritual. Es el único punto en que eres capaz de una quietud suficiente como para una conexión completa con tu poder divino. Estar centrados nos alinea perfectamente con nuestro centro divino, que es nuestra célula divina del núcleo diamantino. Es durante esta alineación perfecta cuando resulta más fácil que nuestro Dios Padre Madre, y el Creador a través de ellos, toquen nuestra conciencia e iluminen con su luz nuestra senda, regalándonos más claridad y reforzando nuestro deseo espiritual de reunirnos con ellos.

Que haya luz, pg. 19:
Lo que buscas es la senda del medio, la del equilibrio, lo cual supone armonizar todas las facetas del ser: cuerpo físico, cuerpo emocional, cuerpo mental y cuerpo etérico, para que su resonancia sea compatible y se complementen y refuercen.

Secretos del autodominio, pg. 35:
Una de las cosas más importantes para iniciar el proceso de recuperación del equilibrio y la armonía en la realidad que has creado es aplicar la *ley del perdón* a todas tus creaciones e interacciones erróneas. Se acelerará de inmediato el proceso de *retorno al centro*, porque borrará o romperá las ligaduras energéticas con el plexo solar de otras personas, y también anulará las radiaciones de ida y vuelta de cualquier sistema de creencias de la conciencia colectiva que hayas hecho propias. Se suprimen así los patrones vibratorios que has intercambiado o sumado, o en los que has participado, con lo cual te permiten adentrarte en un proceso de *estado de gracia*.

Secretos del autodominio, pg. 50:
En el proceso de retorno al equilibrio y a la armonía debe haber un equilibrio en todo. En todo pensamiento y en todo cuanto haces existe un *intercambio de energía*. Si constantemente das a otra persona sin recibir a cambio alguna forma de energía positiva se produce un desequilibrio que se manifiesta pronto como resentimiento o culpa, y a menudo en un sentido de superioridad o inferioridad. En tales condiciones resulta imposible irradiar amor incondicional a otra persona.

Verdades cósmicas reveladas, pg. 269:
Como Yo maestro te esforzarás por dar amor, tanto en tu mundo interior como exterior; si niegas cualquiera de ellos, ya no serás totalmente consciente y te desequilibrarás. No se te ha pedido que te retires

a un santuario remoto para alcanzar la iluminación, sino que crees un santuario sacro, una columna de refinadas frecuencias de luz a tu alrededor, para que no importe dónde vayas porque siempre llevas contigo tu espacio sagrado.

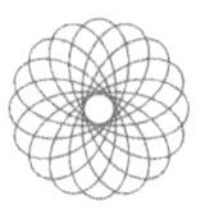

EL PODER DE LA GRATITUD Y EL APRECIO

La gratitud influye de muchas formas. Espiritualmente, experimentar gratitud eleva la frecuencia de la firma energética y potencia nuestro crecimiento espiritual. Por sí sola es una buena razón mantener una actitud de gratitud y de sabios es hacerlo. Sin embargo, la gratitud hace aún más por nosotros.

En alguna de sus raíces más profundas, la gratitud surge de *apreciar el poder de Creación*. La gratitud da gracias al Creador por nuestra existencia y le hace una sutil promesa de que aprovecharemos nuestra existencia positiva y sabiamente. Por eso ya apuntamos en *Espiritualidad unificada del Creador* que nuestra máxima expresión de libre albedrío es la elección de cumplir la misión del Creador. Esa elección proviene de nuestra promesa al Creador.

Diferentes niveles de gratitud

Hay muchos niveles de gratitud, y la gratitud sincera siempre conlleva energía espiritual positiva. En las dimensiones espirituales inferiores, como la tercera y la cuarta, probablemente todos hayamos experimentado gratitud por algo que hayamos recibido o porque nos fueran bien las cosas en la vida. Este nivel de gratitud influye en la firma energética y puede cambiar de un momento a otro, basándonos en lo que nos sucede y los que sucede a nuestro alrededor.

Por otra parte, la gratitud *espiritual* es mucho más profunda y abarca mucho más. Además de la gratitud por lo que tenemos, por lo que recibimos y por lo que nos va bien en la vida, con esa gratitud espiritual también manifestamos gratitud por las cosas que parecen *no* ir bien y todas las circunstancias que representan. Echemos un vistazo más de cerca.

Gratitud espiritual

Cuando la gratitud es espiritual, agradecemos *todo* lo que nos pasa en la vida, sea positivo o negativo. Damos gracias por todo lo que hemos aprendido y hemos llegado a conocer en nuestra senda; agradecemos las lecciones que nos enseñaron, por muy difíciles que fuesen, e incluso estamos agradecidos por todas las cosas que *no* sabemos. Damos gracias por todo lo que hemos hecho bien y ha salido bien, y también por nuestros errores y las cosas que aparentemente han resultado mal. Agradecemos todo lo que tenemos, y también lo que no. ¿Reparas en cuál es el hilo conductor aquí? La gratitud espiritual se aplica a toda la Creación, con independencia de nuestra perspectiva.

Tal vez quieras pasar un tiempo reflexionando sobre este concepto, porque este nivel de gratitud es importante para nuestro ser espiritual. Forma parte de nuestro equilibrio, forma parte de nuestra serenidad, forma parte de nuestra unidad, forma parte de nuestro Yo espiritual. Si te parece que estamos «mareando» el concepto es porque así es. Nuestro lenguaje no es capaz de describir el estado espiritual, pero lo usamos de la mejor forma posible para mostrar la senda que hay a tu disposición. Se puede usar como un mapa, que representa el terreno sobre una página lisa pero es incapaz de representar la realidad tridimensional. En el mejor de los casos te mostraremos la dirección, pero eres tú quien debe transitar la senda.

Sentir gratitud

Empieza con algo tan sencillo como cultivar la gratitud como una presencia constante en tu vida. Adquiere el hábito de sentir gratitud hasta que sea algo que hagas con naturalidad, como un «reflejo» espiritual positivo. Por suerte, hacer esto también es igual de sencillo. El maestro espiritual Randy Monk lo expresa así en uno de sus libros:

> *Herramientas maestras de vida para la era de la ascensión,* pg. 121:
> Da gracias por los pequeños milagros de la vida. Da gracias por esas pequeñas cosas: la comida, el agua que bebes, el aire que respiras, todo lo que te hace sentir bien. Cuanto más aprecies estos y otros dones, más incrementarás tus vibraciones y mejor suerte tendrás.

Algo que querrás evitar es sentirte mal si te olvidas de sentirte agradecido, incluso si es solo por un rato. Esa negatividad socava gravemente tus esfuerzos por sentir gratitud, así que, en lugar de negatividad, siente gratitud por este recordatorio y haz de la gratitud tu mejor compañera. Si lo logras, seguro que tu percepción del mundo será cada vez más positiva, al tiempo que tu firma energética y tu canción del alma ascenderán a frecuencias superiores de vibración.

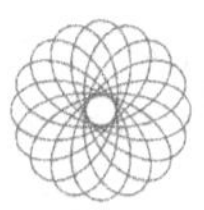

ESTADO DE INOCUIDAD

El estado de inocuidad es el estado natural del Yo divino. Como tal, el Yo divino está en perfecta armonía con nuestro universo, con nuestro Dios Padre Madre, y con nuestro Creador. Recrear ese estado mientras estamos sobre la Tierra en un cuerpo humano es mucho más difícil, pero vale la pena intentarlo por sus ventajas.

El estado de inocuidad comprende el estado de gracia, en que dejamos de generar karma porque, al ser inocuos, no generamos energía negativa ni infringimos ninguna ley espiritual al interactuar con otras personas. Si otra persona infringe una ley espiritual en cualquier situación de la que formemos parte, recuerda que ella es en último término responsable de sus propias acciones y consecuencias. Esas acciones crean karma y, si eso sucede, será algo entre la otra persona y el espíritu. Como el arcángel Miguel nos ha dicho muchas veces, solo somos responsables de nuestro crecimiento espiritual y del de nadie más.

¿Qué significa «inocuo»?

Desde el punto de vista humano, la respuesta a esta pregunta podría parecer prolija y compleja. Sin embargo, desde un punto de vista espiritual, la respuesta es concisa y breve. Para ser realmente inocua, toda acción y elección serán por el bien supremo de todos. Algo hecho por el bien supremo no generará ninguna energía negativa, se ajustará a todas las leyes espirituales, seguirá la voluntad del espíritu y será edificante para todos. Lograr todo esto es muy difícil mientras vivimos en la conciencia de la tercera o cuarta dimensión dentro de un cuerpo, por lo que hasta que empecemos a expandir nuestra conciencia en los inicios de la unidad no entenderemos lo que hace posible la inocuidad. Incluso así, podemos seguir intentando ser inocuos.

Cómo esforzarse para lograr la inocuidad

No es necesaria una inocuidad completa en todo cuanto hacemos para obtener cambios positivos. Toda mejora que logremos nos acerca a ella, y estar más cerca de la inocuidad supone que estamos más cerca de seguir al espíritu en todos los aspectos de la vida. Veamos algunos aspectos que te ayudarán a conseguir la inocuidad:

- Sigue esforzándote por liberarte del control del ego y por no hacer juicios de valor.

- Descubre más aspectos positivos en la vida. Una perspectiva más positiva ayuda a reducir el número de elecciones negativas que hacemos.

- Sé consciente de cómo afectan nuestras opciones a los que nos rodean. Piensa también en los efectos a largo plazo, no solo en los inmediatos. Un conocimiento más profundo de su causa y efecto ayuda a que tomemos mejores decisiones, lo cual reduce los resultados negativos de dichas decisiones; reducir esos resultados negativos aumenta nuestra inocuidad.

- Mantén la calma y el equilibrio interiores. Somos mejores y más claros receptáculos del espíritu cuando estamos en equilibrio, lo cual nos habilita para tomar mejores decisiones.

- Sé más reflexivo en las decisiones que tomas. Haz una pausa antes de reaccionar y tómate tiempo para elegir el resultado que provea el bien supremo para todos. Si haces esto con cada decisión importante, pronto adquirirás el hábito de tomar todas las decisiones basándote en el bien supremo para todos.

- Examina tus hábitos por si alguno no se basara en la búsqueda del bien supremo. Como probablemente implique a la mayoría de ellos, tal vez exija cierta búsqueda en tu alma, pero será tiempo bien invertido porque así eliminas hábitos negativos y se acelera el progreso de tu crecimiento espiritual.

- Sé bondadoso con la gente. La inocuidad es propia de la bondad, pues ninguna emoción negativa es realmente inocua.

- Sé bondadoso contigo mismo. La inocuidad también te atañe, luego tratarte con bondad forma parte de ser realmente inocuo.

La inocuidad desempeña diversos e importantes papeles en nuestro proceso de crecimiento espiritual, lo cual incrementa nuestra vibración espiritual. Como tal, es importante para nuestro proceso de ascensión, porque aumentar la frecuencia de las vibraciones forma parte esencial de muchos cambios espirituales, como abrir el corazón sagrado y la mente sagrada, para reintegrar fragmentos espirituales y cimentar nuestro cuerpo luminoso ascendente. Todos dependen de elevar la frecuencia de la energía espiritual y, a su vez, elevar la frecuencia depende de la inocuidad.

Verdades cósmicas reveladas, pg. 337:
Mantener un estado de inocuidad es la base del proceso de ascensión.

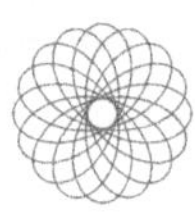

REINTEGRACIÓN ESPIRITUAL

Hay numerosos niveles en el proceso de reintegración espiritual, aunque la esencia del proceso es que recuperemos toda la energía emitida de forma inadvertida, sea en el mundo o conectando con personas. Considéralo algo así como recoger nuestros «desperdicios» espirituales.

Cuando vivimos en la conciencia de la tercera dimensión, la mayor parte de la energía que emitimos, se dirija a las personas o al mundo, procede de frecuencias de tercera dimensión. Suelen ser los primeros fragmentos de energía que retornan durante nuestro proceso de reintegración. Una vez han vuelto todos los fragmentos de tercera dimensión, a continuación son los fragmentos de la cuarta dimensión los que retornan. Muchas de las energías de tercera y cuarta dimensiones son negativas por lo que, en cierto sentido, la primera parte del proceso de reintegración consiste en limpiar el desorden espiritual que creamos antes de avanzar con nuestro crecimiento espiritual.

Como se ve, los fragmentos de tercera y cuarta dimensiones se reintegran a través del plexo solar. Al hacerlo, estamos limpiando la «contaminación espiritual», porque la llama violeta transmuta los fragmentos cuando los reintegramos; estamos pues eliminando esa energía negativa del entorno sin retenerla en nuestro campo energético. Y ¿qué ocurre a continuación, después de que las energías negativas se reintegren?

Echemos un vistazo al diagrama, que es un fragmento de uno de los diagramas presentes en el séptimo libro de Ronna sobre mensajes del arcángel Miguel, *Magia y majestad de la humanidad ascendente*. Ese texto explica plenamente el diagrama completo:

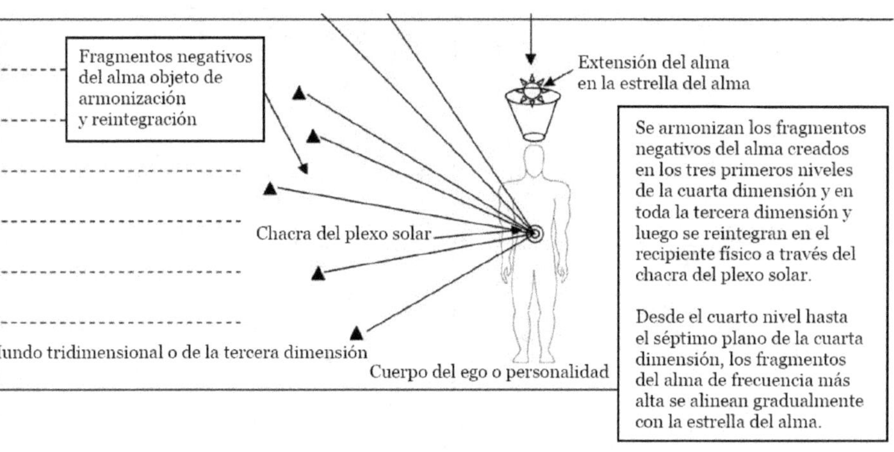

Integración de energías de frecuencia superior

Una vez se reintegran del todo las energías negativas, comenzamos a integrar fragmentos de frecuencia más alta que elevan la velocidad de vibración de nuestra firma energética y de la canción del alma. Nuestro Yo superior es quien organiza y genera estos fragmentos de frecuencia superior. La mayoría de estos fragmentos son energía de nuestro propio Yo del alma y cumplen el propósito de aumentar nuestra vibración. No obstante, en cierto momento también recibimos experiencias de otros miembros de la familia del alma como contribución a nuestro crecimiento espiritual. A cambio, nosotros también les aportamos algunas de nuestras experiencias a otros miembros. Estos fragmentos de nuestra familia del alma son un «cable» espiritual que nos echan para que nos beneficiemos de sus experiencias espirituales. A menudo se manifiestan como recuerdos de cosas que no hemos hecho. Sentir tales recuerdos puede ser un poco desconcertante, sobre todo las primeras veces. Veamos otro fragmento de un diagrama, también de *Magia y majestad de la humanidad ascendente*, para ilustrar este proceso:

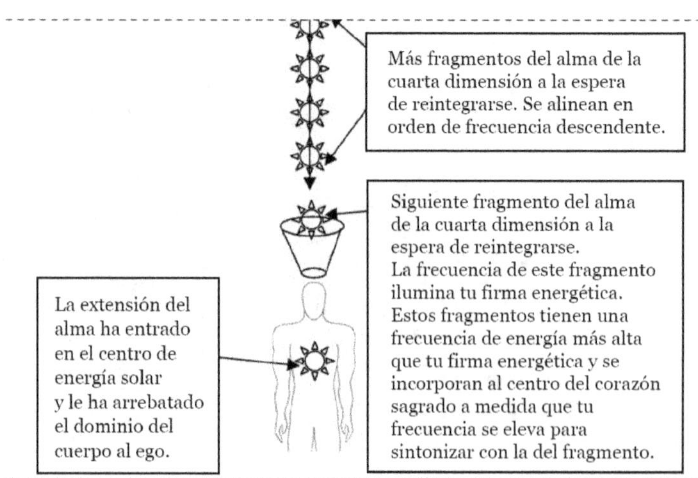

Como se ve, este proceso es muy distinto al de la reintegración de energías negativas. Con el tiempo, este proceso nos permite establecer una conexión directa con nuestra «tríada sagrada», que es el punto inicial del autodominio espiritual. Hallarás más información y detalles sobre estas conexiones y este proceso en los libros *Espiritualidad unificada del Creador* y en *Magia y majestad de la humanidad ascendente*.

Cómo favorecer la reintegración

Aunque el conocimiento sea útil, favorecer la reintegración exige cierta acción deliberada por tu parte. Tu acción se encamina a aumentar la vibración de la energía espiritual. Esta integración es más uniforme si te centras en ella. Por tanto, todo cuanto hagas por elevar las frecuencias de tu firma energética y de la canción del alma es algo que quieres que se repita con constancia. Veamos una lista de cosas que puedes hacer y que probablemente resulten muy útiles:

- Trata a los demás y a ti mismo con amabilidad y respeto. Resulta más fácil elevar tu frecuencia si no se sobrecarga de energía negativa.
- Dirige tu vida con honradez e integridad. Estos atributos espirituales y la aplicación de tus cualidades espirituales en todos los aspectos de la vida son los que te ayudan a propagar tu espiritualidad a otras áreas de la vida.
- Medita y haz ejercicios espirituales que favorezcan la limpieza de energías negativas e integren frecuencias más altas. Ejemplos son «El flujo de luz divina» y «Reunifica tus Yoes espirituales», ambos presentes en *Tu búsqueda sagrada*. Otros dos son «Siete esfe-

ras cristalinas», de *Programando tu destino*, y «Célula divina del núcleo diamantino», tomado de *Que haya luz*. Estas y muchas más meditaciones guiadas están disponibles a un modesto coste en las descargas de audios de www.StarQuestMastery.com.

- Usa consistentemente las técnicas de respiración sagrada, de las que te hablaremos en el siguiente apartado de este libro.

Recuerda que se trata de un proceso y que vivirás mesetas donde no parecerá que suceden muchas cosas. En esos momentos de sosiego, estarás muy ocupado a nivel espiritual integrando energías y frecuencias recién descargadas, y eso puede derivar en alguna forma de desequilibrio en tu vida física, a menudo sin causa discernible. En tal caso, asegúrate de obtener la ayuda que creas necesaria, aunque es probable que la mayoría de estos desequilibrios se resuelvan solos. Los desequilibrios tal vez lleguen y desaparezcan sin orden, concierto ni causa. Con independencia de lo que surja o de cuál sea la causa, la mejor opción siempre será mantenerse en calma y centrado, con la conciencia equilibrada. Deja que el espíritu obre a través de ti corrigiendo las cosas de la mejor forma posible para todos.

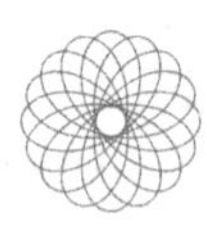

TÉCNICAS DE RESPIRACIÓN
SAGRADA

Aunque la respiración es sin duda importante, los beneficios de la respiración profunda son menos evidentes. En la respiración profunda los pulmones recogen más oxígeno, pero eso no es todo. La inhalación dura más, también la exhalación, y el momento entre cada respiración es más largo. Esto es importante porque estas diferencias nos permiten usar respiraciones más largas en nuestro beneficio espiritual.

En el caso de respiraciones más hondas y lentas, vinculamos la capacidad de usar la energía espiritual con la respiración, lo que incrementa nuestra capacidad para captar energía espiritual mientras respiramos, y nos permite aprender a usar energía espiritual sincronizada con nuestra respiración.

Inhalar energía espiritual con la respiración eleva la frecuencia de nuestra firma energética y de la canción del alma; con el tiempo ayuda a activar estructuras espirituales del cuerpo que necesitan una frecuencia superior para abrirse y activarse como el corazón sagrado, la mente sagrada y el chacra de la ascensión.

Te contaremos los aspectos básicos de distintas respiraciones espirituales, aunque tal vez quieras más información de la que incluimos aquí. Hallarás más información sobre la respiración sagrada en diversos mensajes, en particular en estos libros y programas: *Tu búsqueda sagrada, Secretos del autodominio, Convertirse en un maestro alfa* y el programa

Búsqueda de la maestría. Los libros, junto con el CD y las versiones descargables de *Convertirse en un maestro alfa* están a la venta en www.StarQuestMastery.com. La versión descargable de *Búsqueda de la maestría* está disponible en www.TimelyGuidance.com.

Las cinco técnicas de respiración de las que te hablaremos son la Respiración infinita, la Respiración sagrada, la Respiración infinita con la Flor de la vida, la Respiración de acordeón y la respiración de rejuvenecimiento 5×5. El empleo de cada una de estas técnicas acelera el crecimiento espiritual y algunos aspectos del crecimiento espiritual avanzan con más rapidez si las usas. Son bastante sencillas, pero no dejes que su sencillez te engañe; son más importantes y útiles de lo que aparentan. Echemos un vistazo primero a la Respiración infinita.

La Respiración infinita

La esencia de la Respiración infinita es sencilla: respiras rítmicamente y generas un flujo de energía espiritual en un signo infinito que, en su punto más alto, cursa por encima del chacra de la coronilla y, en su punto más bajo, por debajo del chacra raíz. Esto crea un flujo de energía básica que con el tiempo armoniza tus chacras, potencia tu energía espiritual y transmite el exceso de energía armónica compartiéndola con el mundo. Veamos las directrices básicas del arcángel Miguel para practicar la Respiración infinita. Estas instrucciones aparecen en:

Programando tu destino, pg. 189:
Respira hondo y centra tu conciencia en el centro de energía solar (el timo, el corazón, y el área del plexo solar), al que ahora nos referimos como CES. Visua-

liza, sin importar cómo lo percibas, tu CES llenándose de partículas de luz divina de Creación. Mientras respiras hondo, siente la energía acumulándose y recorriendo tu espalda o médula espinal. Esta energía permea al bulbo raquídeo, donde se conectan la médula espinal y la porción inferior del encéfalo, el cual contiene centros nerviosos que controlan la respiración y la circulación, y que también conecta el chacra de la ascensión. La energía de la luz discurre por el chacra de la ascensión y por la nuca trazando un arco de unos quince centímetros por encima de la porción más alta de la cabeza y que desciende por delante de la cara y entra de vuelta en el CES. Prosigue su periplo por la espalda o la columna vertebral y sale del cuerpo por el chacra raíz, de vuelta al CES adquiriendo más energía, luz y potencia con cada respiración.

Continúa el proceso de respiraciones rítmicas hondas mientras visualizas este signo infinito de luz y potencia que traza un arco cada vez más elevado por encima de la cabeza y a nivel más profundo de la Tierra, volviendo a tu CES con cada ciclo de respiración rítmica. Sigue con el proceso mientras sea cómodo, sabedor de que, a medida que incorpores más de esas preciosas partículas de luz, acelerará mágicamente el proceso de limpieza y purificación de cualquier energía discordante en tu recipiente físico para luego llenar los espacios vacíos con sustancia de luz del Creador. También tendrás cada vez más acceso a las formas de pensamiento de nueva creación de las dimensiones superiores, anclándolas a tu realidad física y también a lo profundo de la Tierra. Tu amada Tierra se beneficiará en gran medida del proceso mientras compartes con ella estos maravillosos dones de Creación. Y, a su vez, fortalecerá y armonizará su conexión contigo, puesto que juntos os ocupáis de la misión que Dios Padre Madre tiene de crear el Paraíso en tu planeta.

Puedes usar la Respiración infinita a diario si lo deseas, e incluso más de una vez al día. Sigue la dirección que recibes del Yo superior y sigue cualquier instrucción que recibas mientras empleas la Respiración infinita durante cualquier meditación guiada. La Respiración infinita se emplea en muchas circunstancias, siempre y cuando sigas prestando atención a lo que estés haciendo físicamente. Asegúrate de no desviar la atención de tus tareas mientras practicas la Respiración infinita. Si es posible, espera a poder usar con seguridad esta respiración con la atención que requiere. Si crees que debes practicar esta respiración de inmediato, por favor, interrumpe tus actividades físicas si es posible. Por lo general, sin embargo, es mejor practicar la respiración infinita y cualquiera de las otras respiraciones sagradas (sobre todo al principio) cuando estés en condiciones de sentarte en silencio libre de distracciones.

Verdades cósmicas reveladas, pg. 139:
Imagina que la respiración infinita que inhala tu sistema contiene trillones de diminutas partículas subatómicas adamantinas de amor o luz, y que el activador energético es el amor. Luego la fórmula es sencilla: centra la intención en lo que quieras crear, llénate del elixir de vida e imprégnalo de amor puro extraído de tu corazón sagrado. Queridos amigos, es una fórmula mágica que no falla.

Veamos un diagrama que te muestra la apariencia de la Respiración infinita. Este diagrama procede del programa.

Búsqueda de la maestría:

Respira luz al inhalar y amor al exhalar con la respiración infinita. Al hacerlo, de tu centro del corazón sagrado irradian las partículas adamantinas de vida o luz que has extraído de la Fuente creadora, y se acumulan y multiplican por mil. Este bendito elixir ayudará a la humanidad y a la Tierra, reforzará la determinación y dedicación de las almas rectas y entregadas, y gradualmente privará de medios a los que solo estén interesados en el poder, el control y la dominación de las masas.

Respiración infinita I

Verdades cósmicas reveladas, pg. 328:
Respiración infinita: Son muchas las formas para crear un patrón circular que siga la luz del espíritu, abriendo así la conexión entre el corazón sagrado, la mente sagrada y el centro pineal. Practica la respiración mientras describes un pequeño signo de infinito desde la mente sagrada hasta el bulbo raquídeo, que abrirá el chacra de la ascensión en la base del cráneo y dilatará aún más la vía entre la mente sagrada y el corazón sagrado.

Magia y majestad, pg. 125:
Cuando practicas el ejercicio de respiración infinita, respiras a través del corazón sagrado, lo cual genera un flujo continuo de energía cósmica por el cuerpo físico. Este proceso inunda el sistema de partículas adamantinas de la luz del fuego sagrado.

Secretos del autodominio, pg. 71:
La espiritualidad madura no es una experiencia inconsciente. Debes desarrollar una divinidad autosuficiente para respirar constantemente la rica respiración pránica de vida o partículas adamantinas de esencia del Creador, de modo que recibas sustento espiritual del río de vida a través del octavo chacra, la estrella del alma. La potenciadora respiración infinita abre las vías que conducen a los niveles multidimensionales de la conciencia creadora.

Magia y majestad, pg. 22:
Alcanzarás la tranquilidad de espíritu respirando de manera consciente a través del corazón sagrado (respiración infinita), que deviene una respiración natural una vez se asienta el patrón en tu recipiente físico

y practicas la técnica hasta que se convierta en un hábito. Es de vital importancia que aprendas a respirar de forma consciente.

La Respiración sagrada

La respiración sagrada en su forma más sencilla es honda y rítmica, pese a lo cual sus beneficios son significativos. Debes incorporar afirmaciones y visualización, y recurrir a la energía del punto de quietud para anclarte energéticamente en las frecuencias espirituales superiores y en las frecuencias de energía terrestre. Estableces así un flujo de energía que se sirve de ti como canal para las partículas adamantinas, algunas de las cuales podrás emplear tú mismo y otras las compartirás con la Tierra y la gente que te rodea.

Esta respiración se usa en cualquier momento, cualquier día, e incluso múltiples veces al día. Deja que el Yo superior sea tu guía en esto y aprovecha esta respiración con tanta frecuencia como tu espíritu te diga que es adecuado para ti. Veamos las instrucciones para practicar la respiración sagrada:

Secretos del autodominio, pg. 20:
En el pasado, hemos hablado de la *Respiración rítmica*, que podría llamarse *Respiración sagrada*. Cuando se practica con regularidad, esta técnica dota de energía a tu forma corporal y mejora tu salud, ya que proporciona a tu ser físico partículas radiantes de luz divina, necesarias para la longevidad y un funcionamiento óptimo. También es una forma eficaz de irradiar llama violeta o partículas adamantinas de luz en el mundo en beneficio de todos. La Respiración sagrada consiste en una respiración

honda, que comienza en la porción inferior del abdomen. Respira hondo y lentamente mientras visualizas la respiración surgiendo lentamente del chacra de la coronilla. Cuando hayas llenado los pulmones al máximo, aguanta la respiración el mismo tiempo que duró la inhalación. Visualiza una bola de luz que desciende lentamente por tu columna de luz mientras exhalas gradualmente, metiendo estómago mientras aguantas la respiración el mismo tiempo antes de iniciar la siguiente inhalación. Deberías expresar tus intenciones (afirmaciones) antes de iniciar la respiración sagrada, como al irradiar la llama violeta o partículas adamantinas de luz en el mundo, o cualquiera de las sucintas afirmaciones que has expresado.

Para adquirir al principio el ritmo de este tipo de respiración, quizá quieras inspirar mientras cuentas hasta cinco o siete, aguantar el mismo tiempo, espirar y aguantar el mismo tiempo hasta que te sientas cómodo con el proceso. Las cuatro funciones tendrán la misma duración y el movimiento será armónico, fluido y sin esfuerzo. También es una maravillosa actividad grupal y un poderoso método de difundir la llama violeta y la luz divina del Creador. A medida que te acostumbres a la respiración honda y rítmica, dejarás de sentirte bien con las técnicas de respiración corta y superficial que usan las masas.

La promesa dorada, pg. 225:
Acuérdate de respirar hondo y practicar la respiración sagrada a diario hasta que sea algo natural y apreciado. La respiración honda y rítmica, la inclusión de prana de vida dorado o blanco, es uno de los mayores dones que puedes otorgarte.

La Respiración infinita con la Flor de la vida

Esta técnica respiratoria recurre a la Respiración infinita para crear «depósitos» espirituales que contienen partículas adamantinas de doce atributos espirituales específicos. La Flor de la vida se forma a nivel del corazón sagrado y se compone de «pétalos» de seis signos de infinito diferenciados y dispuestos horizontalmente.

La práctica de esta técnica respiratoria activa los siguientes atributos dentro de ti:

1. Paz
2. Sabiduría
3. Intuición
4. Creatividad
5. Inspiración
6. Dicha
7. Autodominio
8. Equilibrio y armonía de todas las cosas
9. Abundancia
10. Humildad
11. Buena salud o vitalidad
12. Compasión

Esta secuencia se seguirá al menos una vez, aunque nada malo se deriva de practicar esta técnica más de una vez. La primera creará los «depósitos» y posteriormente te ayudará a mantenerlos llenos. Veamos las instrucciones de la Respiración infinita con la Flor de la vida (que también se llama la Rueda del Creador):

Búsqueda de la maestría:

- Haz doce respiraciones infinitas plenas y a continuación mete estómago y tensa el periné mientras inhalas y aguantas la respiración un momento o dos.
- Exhala y, cuando vuelvas a inhalar (decimotercera), fíjate en cómo fluye la primera mitad del signo de infinito de tu centro de energía solar (centro del corazón sagrado) por el lado anverso de tu cuerpo. El patrón infinito es ahora horizontal en vez de vertical.
- Inhala y observa el segundo bucle extendiéndose desde el dorso de tu cuerpo hasta completar el signo infinito. Aguanta un instante la respiración para hallar otro punto de quietud.
- Sigue respirando de este modo hasta que hayas completado seis signos de infinito, superponiéndose unos con otros.
- Al exhalar el último bucle, mete estómago, tensa el periné y aguanta la respiración un momento antes de volver a la respiración normal.
- Observa cómo se abren los doce pétalos del signo de infinito formando una flor alrededor del corazón sagrado.
- Luego inhala y exhala conscientemente mientras visualizas la esencia de la Creación fluyendo hacia el mundo fuera de ti.

Dedica unos momentos a completar este proceso reverencial prestando atención al centro del corazón sagrado, de modo que sientas allí la plenitud y el amor incontenible que se derrama por tu cuerpo, porque ahora estás conectado al río de vida que contiene un aporte inagotable de partículas adamantinas.

La Respiración de acordeón

Esta técnica respiratoria propagará más energía espiritual en forma de partículas adamantinas. Estas partículas acaban distribuidas por todos tus chacras y se inicia así un proceso llamado «Apertura de los siete sellos de conciencia superior». Existe un ejercicio espiritual grabado para la Respiración de acordeón titulado *08_Respiración de acordeón*. La Respiración de acordeón atrae partículas adamantinas situadas por encima del chacra de la coronilla hasta el chacra raíz, lo cual ayuda a mezclar tu frecuencia de energía con la frecuencia de las partículas. Este proceso, acompañado de amor incondicional, activa las partículas adamantinas para que las uses tú y otros seres espirituales, como los ángeles, cuando envíes una porción de las partículas activadas a ubicaciones específicas de las dimensiones espirituales. Te hablaremos de esas ubicaciones más adelante en este libro.

He aquí las directrices para la Respiración de acordeón:

Secretos del autodominio, pg. 190-192:
Comienza por estas cuatro afirmaciones:
- YO SOY un ser de fuego sagrado
- YO SOY la pureza del deseo de Dios
- Mi mente está limpia; mi corazón, puro
- YO SOY un sol de Dios

Practica seis a doce respiraciones infinitas, siguiendo la dirección del Yo superior. (Así comienza el flujo de partículas adamantinas).

Pon una mano en la cintura y expulsa el aire de los pulmones.

Céntrate en el chacra del plexo solar e inhala. Al inhalar, contrae la musculatura abdominal sin que resulte molesto, sintiendo los músculos de la base de la pelvis contrayendo el área de tu chacra raíz.

Haz una breve pausa, este es el punto de quietud. Exhala.

Esta es la forma de respiración. Ahora incorporaremos los componentes de energía.

Estarás atrayendo partículas y expresando afirmaciones durante las nueve a doce respiraciones siguientes. Selecciona tres o cuatro afirmaciones de esta lista, repitiendo cada afirmación tres veces. O crea la tuya propia usando la fórmula que sigue a la lista. Afirma «YO SOY»:

Amor divino	Inteligencia divina
Abundancia divina	Fe divina
Armonía divina	Éxtasis divino
Amor en acción	La belleza de Dios
Creatividad de Dios	Voluntad divina
Poder de Dios	Inspiración divina
Luminosidad de Dios	Perfección divina
Serenidad de Dios	Dicha divina
Gratitud divina	Verdad divina

O crea la tuya propia usando estas plantillas:
«YO SOY el/la (________________) de Dios», o
«YO SOY» el/la (__________________).

Inicia otras seis a doce respiraciones, pero en esta serie céntrate en respirar y en el flujo de partículas adamantinas.

Mientras inhalas y tensas los músculos abdominales, siente descender las partículas adamantinas por tu chacra de la coronilla desde las dimensiones superiores, al mismo tiempo que sientes un flujo ascendente de partículas procedentes del chacra de la raíz y la Tierra.

Ambos flujos confluyen en el corazón sagrado, suministrando energía espiritual a tus cuatro sistemas corporales inferiores: físico, emocional, mental y etérico.

Con el tiempo incorporarás un «diezmo» para compartir con la Tierra y otros seres espirituales el exceso de partículas adamantinas activadas. Aunque hay unas pocas cosas que necesitamos contarte antes, puedes añadir esto correctamente.

Este proceso, complejo en apariencia, es probable que te sorprenda por lo rápido que te acostumbras a él. Ahora pasaremos a la última técnica de respiración sagrada de la lista.

La Respiración de rejuvenecimiento 5×5

Esta respiración recurre inicialmente a la Respiración infinita, aunque concluye conectándote con la energía de las dimensiones espirituales y también con la energía terrestre. Estas energías colman tu Flor de la vida y esta respiración se acompaña de afirmaciones que reconducen parte de esa energía recibida en tu propio beneficio.

El formato básico son cuatro respiraciones infinitas y el establecimiento de conexiones con una quinta respiración. A continuación, repite cinco veces esta secuencia de cinco respiraciones. Estarás incorporando afirmaciones una vez completes todas las series. Veamos las instrucciones según aparecen en *Secretos del autodominio*:

Secretos del autodominio, pg. 212 y 213:

1. La respiración de rejuvenecimiento se practica con la boca cerrada y respirando solo por la nariz. Estarás reuniendo una aportación de partículas adamantinas de la luz del fuego sagrado. Algunas partículas adamantinas procederán del átomo simiente de Kundalini, presente en el chacra raíz, y otras aflorarán al portal posterior de tu corazón sagrado a través de los rayos principales.

2. Las primeras cuatro respiraciones son respiraciones infinitas, manteniendo el signo de infinito dentro de los confines del cuerpo físico. Estas cuatro respiraciones serán tan hondas como sea posible y algo forzadas. Siente la vibración de los músculos del estómago mientras tiras de ellos hacia arriba y adentro durante la inhalación, y empújalos hacia fuera durante la exhalación.

3. Primeras cuatro respiraciones: inhala la Respiración infinita procedente del centro de energía solar ascendiendo hasta el chacra de la coronilla y manteniendo el bucle del infinito dentro del cuerpo.

4. Conforma el bucle inferior al exhalar, acabando en el chacra de la raíz y conteniendo el bucle entero dentro de los confines del cuerpo.

5. La quinta respiración es una respiración larga y lenta, no una Respiración infinita. Para esta respiración, visualiza una doble hélice o dos espirales entretejidas surgiendo del chacra de la raíz y ascendiendo hasta salir por el chacra de la coronilla a donde llegue el bucle durante la inhalación. A continuación, al exhalar, observa el bucle trazando un arco de vuelta y una espiral por el

chacra de la coronilla, a través del cuerpo, saliendo del chacra raíz y descendiendo de la tierra hasta donde llegue durante el bucle de la exhalación, para luego retornar al centro de energía solar.

6. Cuatro respiraciones infinitas y una respiración espiral forman una serie de cinco. Practica cinco series de esta respiración.

7. Después de estas cinco series, pronuncia las siguientes afirmaciones como una serie, usando la respiración de acordeón para instilar la energía de tales afirmaciones en tu Flor de la vida y Rueda del Creador. Pronuncia toda la serie tres veces.

YO SOY joven	YO SOY fuerte
YO ESTOY sano	YO SOY afectuoso
Mi mente está limpia	Mi corazón es puro
YO SOY una luz de Dios	

Llevará solo un poco de práctica el que te acostumbres y te sientas cómodo con estas técnicas respiratorias. Es probable que tu cuerpo se sienta y comporte mejor cuando incorpores una respiración más honda a tu vida, y tal vez incluso descubras que tu pensamiento es más agudo y más claro. También ayuda al crecimiento espiritual, dado que la claridad de pensamiento beneficia a todos los aspectos de la vida.

Verdades cósmicas reveladas, pg. 272:
La respiración consciente con intención pura podría llamarse Respiración del alma y, una vez conectada con el flujo de vida o luz a través de las Ciudades de Luz, el ejercicio de Respiración infinita y la secuenciación binaria tendrás una suministro inagotable de flujo de vida y rayos de luz diamantina dentro y a través de ti.

Magia y majestad, pg. 108:
Aprende a usar y perfeccionar el ritmo de Respiración sagrada. La Respiración infinita es un componente vital del proceso de transformación. Durante los años pasados, hemos añadido elementos más importantes a las técnicas avanzadas que incorporarás con el fin de desarrollar y proclamar el autodominio, información vital que tienes que integrar y luego compartir con aquellos que transitan la senda detrás de ti.

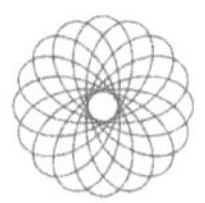

ENTONACIÓN

La entonación es el proceso de usar la capacidad de hablar con el fin de generar frecuencias de energía espiritual. La entonación permite obtener el beneficio completo de estas energías, puesto que vocalizar esos tonos es una forma de acción espiritual. Comprender y usar las leyes de manifestación incorpora poder y mejora la función de las vibraciones que estás entonando.

Resulta difícil describir cómo suena algo. No podemos reproducir sonidos en una página ni podemos oír tus esfuerzos para poder ofrecerte sugerencias útiles, pese a lo cual contamos con información para seguir adelante y cierta orientación que esperamos te sea útil mientras aprendes a usar la entonación. Hallarás más información en varios libros de Ronna, aunque la mayor parte de lo que aquí compartimos procede de su libro *Programando tu destino*.

Entonación y chacras

La entonación se suele aplicar en las meditaciones en que intervienen los chacras, puesto que en ellos hay almacenadas partículas adamantinas. La meditación encauza energía de los chacras y la entonación dota a los chacras de un estímulo sinérgico: la energía de los chacras amplifica tu entonación y tu entonación amplifica la energía de los chacras.

Incorpora la entonación a cualquier meditación que se centre en los chacras, o céntrate en la entonación mientras te limitas a ser consciente del chacra relacionado. Veamos un ejemplo sencillo y una meditación básica para iniciarte. Trabajaremos directamente con este esquema, extraído de *Programando tu destino*:

Programando tu destino, pg. 154:
8. Chacra de la estrella del alma blanco iridiscente: «OM» O «AUM»
7. Chacra de la coronilla blanco matizado de violeta: «II»
6. Chacra del tercer ojo dorado/blanco: «EY»
5. Chacra de la garganta violeta/azul intenso: «AY»
4. Chacra del corazón rosa/violeta pálido: «AA»
3. Chacra del plexo solar dorado: «OU»
2. Chacra del sacro rosa/naranja: «UU»
1. Chacra raíz violeta: «JA»

Para practicar esta meditación básica, empieza por centrarte en cada chacra, comenzando por el chacra raíz. Si no estás usando meditaciones grabadas, practica esta meditación las primeras veces con los ojos abiertos para leer el sonido. Haz esto tantas veces como necesites y cierra los ojos cuando tengas los tonos bien memorizados. Te puedes sentar cómodamente, pero no practiques esta, ni ninguna otra meditación, mientras haces algo más que requiera tu atención, como conducir o manejar cualquier tipo de máquina.

- Empieza respirando hondo o practica unas pocas respiraciones infinitas y relájate. Centra tu atención en el chacra raíz. Practica unas pocas respiraciones y siente la energía del chacra. Luego entona «JA» todo el tiempo que puedas, o hasta que tengas una sensación de terminación.
- Ahora dirige la atención al chacra del sacro y entona «UU».
- Céntrate en el chacra del plexo solar y entona «OU».
- Céntrate en el chacra del corazón y entona «AA».
- Céntrate en el chacra de la garganta y entona «AY».
- Céntrate en el chacra del tercer ojo y entona «EY».
- Céntrate en el chacra de la coronilla y entona «II».
- Céntrate en la estrella del alma y entona «AUM».

Es esta una sencilla introducción al proceso de entonación. Como el proceso es muy experimental, aprenderás más sobre entonación llevándolo a la práctica que leyendo sobre ello. No todo el mundo se siente cómodo al principio y tal vez quieras esperar hasta que nadie pueda oírte antes de intentarlo, si bien te animamos a que te esfuerces por intentar entonar en voz alta. Los beneficios valen la pena el esfuerzo, y con el tiempo probablemente encuentres más formas de incorporar la entonación a tus prácticas espirituales diarias.

Verdades cósmicas reveladas, pg. 139:
AUM es el sonido sagrado de la Creación. JA es el sonido del corazón sagrado. OM es el sonido de la mente sagrada.

Programando tu destino, pg. 69:
Para desprender la vieja energía dañada (habitualmente detectada en el corazón, la garganta, el plexo solar, los «redaños» o en el área de los hombros y el cuello), aprende a usar lo que llamamos «PAU». Respira muy hondo y, con una expulsión forzada del aire, emite un «PAU» en voz alta que proceda del diafragma. Cuando lo hagas correctamente, sentirás ondas de energía por todo el cuerpo. Esto significa que habrás desprendido parte de la energía atrapada en el cuerpo.

Secretos del autodominio, pg. 46:
Hasta cierto grado, los sonidos de entonación inician el proceso de liberación de formas de pensamiento discordantes o inarmónicas procedentes de los chacras, y al final estos vórtices etéreos de energía irradian energía de fuerza vital y frecuencias específicas tal y como se diseñaron originalmente. El proceso es muy gradual, porque las energías desequilibradas se impulsan a los cuatro sistemas corporales: físico, mental, emocional y etérico; y, por último, al mundo a través de la ley del círculo o en un patrón de infinito.

La promesa dorada, pg. 199:
Mediante la respiración sagrada, la entonación, la visualización y la intención, el proceso se acelera en gran medida, permitiendo al Yo Soy Presencia ac-

tivar también muchos de los chacras inferiores del cuerpo e iniciar el proceso de sintonización con los cinco chacras superiores de la conciencia galáctica. De este modo construyes tu cuerpo de luz cristalina integrando más del Yo divino.

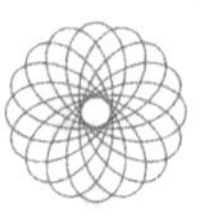

EXTRACCIÓN DE ENERGÍA DEL PUNTO DE QUIETUD

Como quizá recuerdes de la lectura de *Espiritualidad unificada del Creador*, el punto de quietud es el punto de equilibrio entre la inhalación y la exhalación. Es el ahora eterno; el instante de existencia real entre lo que llamamos pasado y futuro. La energía del punto de quietud es la energía de creación; es el potencial puro no manifestado del Creador. Es el instante en que estamos más cerca que nunca (mientras estemos encarnados) de la poderosa energía de Creación.

También es el instante en que nos abastecemos de esa energía pura de creación, aunque sigamos encarnados en un cuerpo físico. Son muchas las cosas de este mundo y de nuestras vidas cotidianas normales a las que podemos destinarla. Después de todo, es la energía de creación que subyace a la energía de todo lo espiritual en nuestras vidas. Solo la usaremos para propósitos espirituales.

Algunas de las cosas en que la podemos usar son: manifestación, sanación espiritual, aprovisionamiento de nuestra abundancia, elevación de nuestra frecuencia, repartición del exceso de energía por el mundo que nos rodea, y cualquier otro propósito espiritual positivo que se nos ocurra. Naturalmente, resulta mucho más fácil abastecerse como espíritus de energía de creación, aunque podremos usar esta energía si damos los pasos necesarios. Veamos esos pasos básicos:

- Establece tu intención. Se crea así un punto de anclaje en el momento ahora para lo que quieras lograr. Recuerda que lo que desees conseguir o manifestar se alineará con la voluntad divina, destinándose a conseguir el bien supremo de todos.
- Es muy probable que esta intención se experimente como un punto de arraigamiento o estabilidad. Quizá sientas quietud mientras todo lo demás fluye a tu alrededor. Repara en esa sensación. Esto o algo parecido es lo que buscarás siempre que accedas al punto de quietud.
- Refuerza tu plan o manifestación con sensaciones y emociones. Así se abren y estabilizan tus canales de energía para acomodar el flujo de energía creadora.
- Lo más probable es que sientas que se acumula energía potencial del Creador. Dirige la energía según sea necesario y apropiado para tus circunstancias.

Es difícil explicarte el modo en que esta experiencia se manifestará específicamente porque todo el mundo es diferente y también sus circunstancias. No obstante, es probable que experimentes al menos una versión de los pasos enumerados arriba y, con suerte, algo lo bastante parecido como para que lo reconozcas. Por cierto: permite que la energía del Creador fluya al ritmo que quiera. No hay necesidad de extraer más energía o hacerlo más rápido. Si permites que siga su curso natural, el Yo superior gestionará la experiencia y nada saldrá mal gracias a medios de protección integrados en el sistema.

Si obras de otro modo –por ejemplo, accediendo a más energía de la que quiera fluir por ti o más rápido de lo que quiera fluir–, estarás interfiriendo deliberadamente con el proceso natural y experimentarás las consecuencias en los hombros. Ten paciencia, deja que todo siga su curso, acepta este don en su justa medida y por el bien supremo de todos. Estas son las claves para acceder con éxito al potencial no manifestado de energía creadora en el punto de quietud de creación. No es coincidencia que estas también sean algunas de las claves del autodominio.

Verdades cósmicas reveladas, pg. 241:
De vez en cuando haz una pausa entre la inhalación y la exhalación, que es el punto de quietud de creación, un momento de perfecta sintonización con Todo Lo Que Es.

Que haya luz, pg. 277:
Como hemos recalcado una y otra vez, mantente en el ahora o punto de quietud de perfección y, al hacerlo, céntrate en lo que ocurre en el momento. Todo momento, todo pensamiento, todo suceso tiene enorme importancia, porque, a un ritmo asombroso, recibes tesoros de nueva sabiduría, nuevas revelaciones, nuevos poderes de razonamiento, nuevos dones, y debes estar abierto para recibirlos.

Verdades cósmicas reveladas, pg. 272 y 273:
El silencio del punto de quietud es un espacio de energía ilimitada. La energía concentrada, más la in-

tención centrada, logra una unión consciente y perfecta con Todo Lo Que Es. De ahí el dicho: «Quédate quieto y sabrás que soy Dios». Nuestro Dios Padre Madre te habla a través de esa apacible voz interior. Tu Yo más extenso en forma espiritual siempre intenta encaminarte en la dirección correcta.

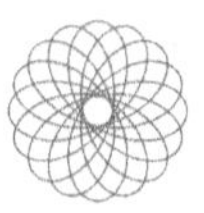

ENCAUZAR LA ENERGÍA DE LOS SENTIMIENTOS Y EMOCIONES

Nuestras emociones y sentimientos, positivos y negativos, son células de energía que nutren cuanto sucede en nuestras vidas. Aunque tomemos decisiones a la hora de trazar un curso, la rapidez del desplazamiento por ese rumbo a menudo está determinada por la fuerza de los sentimientos. Los sentimientos más poderosos «nos empujan» con más fuerza, de modo que cubriremos más terreno cuando algo despierte en nosotros sentimientos vigorosos. Antes de llegar demasiado lejos, echemos un vistazo a la diferencia entre emociones y sentimientos para estar seguros de que hablamos de lo mismo.

Las emociones son respuestas internas a lo que nos rodea que a menudo percibimos como sensaciones físicas. Los sentimientos son el modo en que expresamos las emociones, por lo que son la manifestación externa de las sensaciones internas. Quizá resulte confuso, pero un ejemplo servirá para aclararlo. Digamos que pruebas un zumo por vez primera y no te gusta. Piensas: «¡Qué mal sabe!». Ese disgusto es una emoción. Es nuestra respuesta interior al sabor del zumo. Lo que viene a continuación es el sentimiento: «¡No volveré a beberlo!».

Veamos un ejemplo de algo positivo. Piensa en alguien a quien quieras o ames profundamente. Es una emoción poderosa. Al pensar en esa persona y en tu amor, te vienen otras cosas a la mente. Esas otras cosas son sobre todo sentimientos. Quizá estés orgulloso de esa persona y lo que sientas sea orgullo. Tal vez lleves tiempo sin verla y la eches de menos. Echar de menos también es un sentimiento.

Veamos un ejemplo más. Alguien a quien quieres te rompe el corazón. Ese desengaño es una emoción. Los sentimientos, que varían de una a otra persona, podrían ser muchos. «¡No sé cómo vivir sin él o ella!». «¡Jamás volveré a querer a nadie!». «Nunca fue lo bastante buena para mí». «No era lo bastante bueno para él o ella». «La vida que conocí ha terminado». «Ahora llevaré la vida que quiero». Todo esto son sentimientos y, como ves, son muy variados.

Los sentimientos y las emociones proceden del ego o del alma: de nuestro Yo como espíritu. Las emociones y los sentimientos del ego son muy distintos de los sentimientos y emociones espirituales, puesto que muchos de los sentimientos del ego pertenecen a frecuencias de energía negativa. El problema es que todas las emociones y sentimientos —positivos y negativos— son como motores que nos mueven por una senda de consecuencias negativas; por eso queremos asegurarnos de que la fuerza conductora sea tan positiva como sea posible. Ya te proporcionamos algunas ideas para controlar los sentimientos negativos en *Espiritualidad unificada del Creador*, a partir de la página 226. Tal vez quieras revisar esas ideas si hay sentimientos negativos que siguen interfiriendo con tu crecimiento espiritual. Echemos un vistazo ahora al modo de encauzar la energía de las emociones y los sentimientos.

Encauzar nuestra energía natural

Podemos conseguir que la energía de los sentimientos obre a nuestro favor. Es aconsejable poner a trabajar solo la energía de los sentimientos positivos; por eso nos centraremos en ellos. Encauzar la energía emocional nos ayuda con la manifestación, es decir, con conseguir y mantener una perspectiva positiva, transformando el conocimiento en sabiduría, y luego en discernimiento, que sirve para muchos otros propósitos espirituales.

El proceso básico que estamos compartiendo contigo es algo que tendrás que hacer siempre, es la versión con «ruedines» para encauzar la energía de los sentimientos y que llegues a entender el proceso. Una vez lo entiendas, el objetivo es que ya no precises del método. Esperamos que sea algo parecido a aprender a conducir. Al principio tienes que prestar atención a los detalles y te parecerá que tienes que ocuparte de demasiadas cosas. Una vez te familiarizas con el proceso, descubres que puedes hacerlo casi sin pensar. Veamos los pasos iniciales para encauzar tu energía emocional:

- Manifiesta mentalmente tu intención, la razón por la que encauzas esta energía. Podría ser manifestación, sanación espiritual, abundancia o cualquier otra razón espiritual. Recuerda que tus elecciones se deben alinear con la voluntad divina y encaminarse al bien supremo.
- Practica varias respiraciones hondas y lentas, o varias respiraciones infinitas. Mientras practicas las respiraciones, selecciona un recuerdo positivo de tu

pasado, de un suceso o circunstancia que evoque el sentimiento que usarás para acceder a esta energía. Mantén en mente el recuerdo de ese sentimiento. Después de varias respiraciones, detén la respiración y aguanta unos segundos. Mientras aguantas la respiración vuelve a experimentar ese recuerdo y siente su energía mezclarse con la energía del momento ahora. Así la energía pasa del recuerdo al ahora.

- Visualiza tu propósito, lo que quieres lograr. Siéntelo, conócelo, oye o di palabras afines, genera sonidos o imágenes que representen tu propósito y experiméntalo de tantas maneras como puedas.

- Con intención y, percibiéndola de todos los modos posibles, siente cómo alimentas la energía obtenida de tu sentimiento y cómo se infiltra en el ahora y en tu propósito. Tal vez se parezca a la percepción a través de tus manos del paso del agua de una manguera.

- Observa mientras la imagen que representa tu propósito se transforma en lo que quieres como resultado de este flujo de energía.

- Si lo deseas, termina el proceso con afirmaciones apropiadas, de las que hablaremos en la sección siguiente.

Tal y como sugerimos con anterioridad, hallarás información más detallada sobre este tipo de proceso en el libro de Randall Monk *Herramientas maestras de vida para la era de la ascensión.*

Acuérdate de practicar este proceso hasta que te sientas cómodo con los pasos y estos fluyan de forma automática. Una vez llegado a ese punto, será muy fácil acceder a la energía de tus sentimientos y darles un uso espiritual positivo en tu vida. La energía de esos sentimientos, en cualquier caso, fluirá por el mundo. No hay ninguna ley espiritual que nos impida usar nuestra propia energía para crecer espiritualmente. Después de todo, el crecimiento espiritual mientras experimentamos el mundo que nos rodea es la razón por la que estamos aquí. Además de hacer todo lo posible por alinear nuestra voluntad con la voluntad divina y por el bien supremo de todos, seguimos el plan que el Creador nos tiene destinado y no creamos karma ni infringimos ninguna ley espiritual.

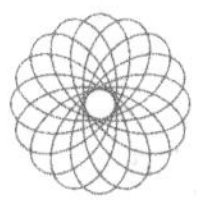

AFIRMACIONES Y PLEGARIAS DE CREACIÓN

Estamos bastante seguros de que la mayoría de nuestros lectores han oído de las afirmaciones y entienden que las afirmaciones son declaraciones positivas concebidas para producir lo que deseamos. Aunque esto sea bueno, pensamos que podemos ir un poco más allá y ayudarte a hacer afirmaciones espiritualmente más poderosas.

Estamos buscando un medio por el cual mejorar las afirmaciones. Sigue en fase de desarrollo, por lo que para estar seguros, como con cualquier otra cosa, tú decidirás si es lo mejor para ti y adaptarás el proceso para que te convenga una vez conozcas sus aspectos básicos. Dimos en llamar a esas afirmaciones mejoradas «plegarias de creación». Las afirmaciones seguirán siendo las raíces de las plegarias de creación, pero hemos añadido algunos componentes específicos para ayudarte a obtener más beneficios de tus afirmaciones.

La estructura de una plegaria de creación nos resultará muy familiar. Incluye una afirmación, el nuevo pensamiento que quieres introducir, pero impregnado de sentimiento para que tus afirmaciones jamás se vuelvan «rutinarias». También estaremos invocando designios divinos en vez de imponer límites a nuestras peticiones diciéndole al universo lo que creemos que es mejor. Veamos los pasos, que no son muchos:

- Selecciona o escribe una afirmación que represente el cambio que queremos hacer. Nada de «qués» exactos ni de «cómos» específicos.
- Extrae la energía de un sentimiento apropiado, accediendo al punto de quietud.
- Plantéate, de la forma que puedas, vivir como si se hubiera manifestado tu plegaria de creación.
- Invocad el Plan divino para garantizar que nuestra voluntad se alinea con la voluntad divina y que nuestra petición representa el bien supremo para todos.

Veamos un ejemplo sencillo y breve de plegaria de creación: «Supremo Creador y Dios Padre Madre, por favor, haz de mí tu instrumento por el bien supremo». Aunque está claro que no se centra en las necesidades humanas, no deja de ser una plegaria de creación. El cambio, al menos desde nuestro punto de vista, es la energía que sustenta la petición: «por favor, haz de mí tu instrumento...». A continuación, concita energía del punto de quietud que potencie tu deseo de cumplir este papel; por ejemplo, amor incondicional de nuestro Dios Madre. Crea una imagen que para ti represente las condiciones que tendrá tu vida una vez se manifieste la plegaria de creación. Céntrate en resultados generales y no específicos de cómo lograste tu objetivo. El plan está representado en «...por el bien supremo». Repítela hasta que adquieras la sensación de que tu plegaria está completa y de que has realizado una plegaria de creación.

Echemos un vistazo a otra plegaria de creación básica para asegurarnos de que la idea queda clara. Veamos otro breve ejemplo: «Acepto mi derecho de nacimiento a la abundancia natural como una chispa divina del Creador Supremo». En este caso, el cambio que queremos es «aceptar nuestro derecho de nacimiento a la abundancia natural». Podemos impregnar esta declaración con energía del punto de quietud, potenciada por sentimientos procedentes de recuerdos en que recibimos abundancia de cualquier tipo. Acuérdate de crear una o más imágenes –«películas» cortas– que representen una manifestación exitosa de esta plegaria de creación. En este caso, el plan es «como la chispa divina» e invoca nuestra perfección como chispa del Creador.

Repara en que no estamos poniendo condiciones a estas declaraciones, y que no limitamos nuestra petición de abundancia a un tipo específico. Estamos incluyendo toda la abundancia natural que el universo nos tiene reservada y es apropiada para nuestra vida actual y nuestra misión espiritual. Al hacer esto, nuestro Yo superior y los guías angélicos son libres de darnos lo que más necesitamos, basándose en su superior perspectiva, aunque tal vez no sea lo que creemos necesitar o lo que más queremos. En cualquier caso, muéstrate agradecido por todo lo que recibes, sabedor de que es lo mejor para ti en este momento.

Cuando mantenemos el sentido general de las plegarias de creación, la energía espiritual generada por el proceso puede ser dispensada libremente por nuestros ayudantes y guías angélicos según necesiten usarla, lo cual es mejor que dedicar tiempo y esfuerzo a generar energía espiritual que no sea posible dedicar a ayudar directamente. Es mucho esfuerzo para tan poco o ningún beneficio y al final no nos desembarazamos del problema. Mantener aspectos específicos innecesarios fuera de las plegarias de creación resuelve ese problema y permite al Yo superior y a los guías hacer lo que necesitan para ayudarnos, razón por la cual hacemos las plegarias de creación en primera instancia.

Plegarias de creación y manifestación

Ahora que hemos examinado los aspectos básicos, veamos el modo en que las plegarias de creación se integran en el proceso de manifestación. A modo de recordatorio, veamos los pasos de manifestación que enumeramos en *Espiritualidad unificada del Creador*, entregados por el arcángel Miguel y que aparecen en el libro de Randall Monk *Herramientas maestras de vida para la era de la ascensión*:

1. Actúa como si tuvieses derecho a toda la belleza y abundancia del universo y que se estuviera vertiendo en una medida ilimitada hasta que de veras comience a pasar.
2. Tus pensamientos son más poderos de lo que crees. No dejes que la mente divague y reproduzca una y otra vez los pensamientos de duda, negatividad, etc.
3. Accede a la sustancia de fuerza vital primaria que te permite aprovecharte de tus energías de manifestación.
4. Ten muy claro lo que quieres manifestar. Siente la intensidad en el Yo del alma, no en el Yo-Ego.
5. Debes estar seguro de que tus deseos están en armonía con el Yo superior. Cede al bien supremo de ti

y de otros («Para mi bien supremo y para el bien supremo de todos»). No siempre puedes ver el panorama general, y tampoco quieres limitar tu presencia divina a cómo se manifestarán tus sueños.

6. A continuación, escucha esa voz interior. Escúchala para recibir orientación y esperar milagros.

7. Entra en acción a medida que la senda te sea revelada.

Cuando lees esta lista, ves de forma evidente que las plegarias de creación se acomodan a este proceso. Cuando agregues plegarias de creación a tus esfuerzos de manifestación, puedes añadir un poco más de detalle, siempre y cuando este cumpla los parámetros que te proporcionamos antes, sin dictar específicamente el modo en que algo sucederá, ya que interferiría con el proceso. Veamos un proceso que puedes seguir para establecer tu plegaria de creación:

1. Determina lo que quieres manifestar.

2. Establece una intención que aporte esta manifestación, o algo mejor —sea cual fuere el bien superior para todos—, a tu realidad.

3. Crea una imagen, una sensación, un conocimiento o un registro en audio (o tantos sentidos espirituales como seas capaz de gestionar) a modo de representación espiritual del momento en que sabrás cómo se manifiesta con éxito esta plegaria de creación.

4. Selecciona un sentimiento apropiado al que acceder mientras llevas a la práctica tu plegaria de creación.

5. Escribe la plegaria de creación, o busca una que ya exista y sea adecuada.

Una vez esté todo listo, prueba el siguiente protocolo para usar tu plegaria de Creación:

1. Establece tu intención para manifestar tu plegaria de creación.

2. Accede a la energía del punto de quietud usando tu sentimiento preseleccionado.

3. Conserva en la mente la representación espiritual que has elegido para tu plegaria de creación y conéctala con la energía del sentimiento.

4. Recita tu plegaria de creación, en silencio o en voz alta, dependiendo de las circunstancias y de tu nivel de comodidad.

5. Sigue conservando claramente en tu mente el sentimiento y lo que representa una exitosa manifestación de tu plegaria de creación mientras la repites. Intenta hacer esto varios minutos o más, hasta 15 minutos si es posible.

6. Intenta hacer esto al menos una vez al día durante no menos de tres semanas, pasado lo cual libérala en el universo y pasa a la siguiente plegaria de creación.

7. Mantente abierto a cualquier orientación interna que se manifieste en tu vida, revelando acciones que tal vez tengas que asumir para que se manifieste tu objetivo.

8. Emprende la acción cuando recibas orientación.

Este formato básico se puede adaptar y aplicar con virtualmente cualquier plegaria de creación. Y, para hacerlo más fácil, hemos incluido distintas afirmaciones que a lo largo de los años ha pronunciado el arcángel Miguel para comenzar con las plegarias de creación. Pero, antes de eso, hablemos un poco de las plegarias de creación y la sanación espiritual.

Plegarias de creación y sanación espiritual

Es muy raro que una persona sane espontáneamente en el plano físico. En su mayoría las sanaciones espirituales nos ayudan a curarnos mejorando los procesos naturales y dispensándonos la orientación que necesitamos para completar nuestra sanación. Estos procesos pueden ser cualquier cosa que haya a nuestra disposición e incluyen tratamiento médico convencional, tratamientos médicos alternativos, alguna otra forma de sanación espiritual o una combinación de distintas formas de sanación, incluso algo que no hayamos probado antes o hayamos evitado en el pasado. Lo que resulta crítico es que escuchemos la orientación de nuestro cuerpo elemental y a nuestros guías espirituales y emprendamos la acción en base a esa orientación. Esa orientación es la ayuda que pedimos cuando generamos visualizaciones y acometemos el proceso de las plegarias de creación.

También es importante disponer de las plegarias de creación para una sanación espiritual *general* y no específica. Es de vital importancia porque, como seres humanos encarnados, no tenemos suficiente perspectiva para entender los niveles más profundos de causalidad. Quizá nos centramos en lo que percibimos como un problema e inadvertidamente ignoramos el problema real. Kevin hizo esto mismo mientras se centraba en algunos detalles para aplicar las plegarias de creación. Sus plegarias se centraron en el síntoma, aparentemente un problema en sus pulmones. Mientras estaba centrado en los pulmones, estos parecieron mejorar un poco, aunque el problema de Kevin continuó agravándose con el tiempo. Eso sucedió en parte porque su corazón era la fuente real del problema y su trastorno respiratorio solo un síntoma.

La razón de que compartamos esta anécdota es porque Kevin no contaba con la perspectiva necesaria para saber cuál era el problema real subyacente. No hay forma de saber si esto supuso alguna diferencia, pero sí sirve para recalcar que realmente no podemos saber con certeza cuál es el problema real. Por eso la energía para la sanación general a través de las plegarias de creación tal vez tenga un impacto más deseable, y quizá sea la forma más eficaz de concentrar esa energía.

Por esa razón, recomendamos encarecidamente que afines algunos detalles para lo que desees lograr con las plegarias de creación encaminadas a la sanación espiritual. A fin de ordenar nuestras ideas sobre lo que queremos conseguir, te proporcionamos una lista de preguntas «iniciales» para continuar. Siéntete libre de añadir más preguntas a esta lista si eso te ayuda. Responder a estas preguntas te ayudará a elegir la mejor sensación para este propósito y a crear la mejor plegaria de creación, si es que escribes la tuya. Veamos una lista corta de preguntas iniciales:

- ¿Cómo seré cuando tenga una salud perfecta?
- ¿Cómo será mi vida?
- ¿Por qué quiero una salud perfecta?
- ¿Cuál es la razón de este deseo?
- ¿Por qué esto es importante para mí?
- ¿Cuáles serán mis sentimientos cuando tenga una salud perfecta?

Siente ahora esos sentimientos. Experiméntalos tan plenamente como puedas.

Si te ayuda, deja por escrito todos los detalles de esta experiencia.

Otro punto a tener en cuenta es que cualquier plegaria de creación centrada en la sanación espiritual involucrará al cuerpo elemental y también implicará restablecer tu proyecto de cuerpo etérico a su forma perfecta. Esa es la plantilla energética de tu cuerpo físico y tu cuerpo elemental hará esto por ti.

Está claro que la sanación espiritual es un tema demasiado amplio como para ahondar en él aquí, pero Kevin tiene alguna reflexión más para nuestros lectores basado en décadas de experiencia y en su exposición a distintos niveles de sanación espiritual, que compartirá después de esta sección del libro. Tal vez sea posible destilar este amplio tema de una forma relativamente simple y compacta que casi todo el mundo pueda seguir, mientras aprendemos más sobre esta importante capacidad natural.

Diversas afirmaciones para diversos propósitos

El arcángel Miguel nos ha ofrecido muchas afirmaciones a lo largo de los años y vamos a compartir una sucinta muestra que puedes usar como base para tus plegarias de creación. Abarcan una variedad de circunstancias, aunque, debido a las limitaciones de espacio, solo ofreceremos un modesto número de ellas para que empieces. Encontrarás más en los libros de mensajes y recuerda que también puedes escribir las tuyas propias.

Empezaremos con unas pocas de *La promesa dorada*, páginas 99 a 102, que pertenecen a Yo Soy Presencia:

El poderoso Yo Soy Presencia de Dios habita en mí, y yo solo creo bien para mí, mis seres queridos y mi mundo.

El YO SOY salud perfecta que se manifiesta ahora en todos los órganos y partes de mi cuerpo. Mi cuerpo de luz irradia en el mundo de las formas.

YO SOY una criatura de Dios y solo me afecta lo que es puro, bueno y fruto del amor. Emito energía a través de mi Yo Soy Presencia para guiar, proteger y nutrir a los que amo. YO SOY amor perfecto en acción y actuaré con discreción y sin juicios de valor al tratar a cuantos me rodean. Ojalá mi Yo divino brille a través de mí.

Tu búsqueda sagrada, pg. 88:
A diario me esforzaré por contener más de mi Yo divino. YO SOY una criatura de Dios y proclamo ahora mi derecho de nacimiento.

Caminaré en paz y compartiré luz, amor y dicha con todos.

Trataré de que mi visión sea clara y siempre pugnaré por la elección más elevada.

Abrazaré todo instante como un regalo de potencial no manifestado.

Tu búsqueda sagrada, pg. 211:
El poder que subyace en las imágenes mentales positivas es el poder creativo que manifestó el Omniverso y todo lo que contiene. A diferencia del Creador Supremo, generas imágenes mentales imperfectas o destructivas, pensamientos producto del miedo, la culpabilidad, el fracaso, el rechazo; sentimientos de falta de valía que distorsionan cuanto creas o dejas entrar en tu mundo. Como reza el dicho: «El universo se reorganiza para adaptarse a tu imagen de la realidad». Así como pienses y creas, así será tu mundo o creación.

Verdades cósmicas reveladas, pg. 284 y 285:
La provisión universal es ilimitada, y la belleza, la riqueza y la abundancia forman parte de mi derecho divino de nacimiento.

El Creador Supremo es la fuente de mi provisión y prosperidad.

La abundante riqueza del universo fluye ahora a través de mí.

Sostendré la abundancia delicadamente en las manos, tomando lo que necesite y dejando que el sobrante fluya libremente hacia otros, garantizando así una provisión inagotable de todas las cosas buenas.

YO SOY merecedor de abundancia, y por tanto dispongo ahora de las oportunidades financieras más beneficiosas.

La abundancia en todas sus formas fluye por mí fácilmente en la vía perfecta de Dios.

Verdades cósmicas reveladas, pg. 217:
Afirmación: «Ahora pongo mi yo-ego bajo el control del Yo superior, y a través de nuestros esfuerzos unificados, en lo sucesivo solo crearemos belleza, armonía y equilibrio interior y a nuestro alrededor».

Verdades cósmicas reveladas, pg. 228:
Afirmación: «Por la presente me ciño la brillante armadura espiritual y acepto los dones y responsabilidades de un maestro ascendente de cocreación. Dedico mi vida y todo mi yo a la gloria de Dios/Diosa/Todo Lo Que Es, y a la manifestación del Cielo en la Tierra. ¡Que así sea!».

Verdades cósmicas reveladas, pg. 241:
Cambia tus pensamientos y podrás cambiar tu mundo. Convéncete de que vivirás cada día al máximo y da gracias por todos los dones grandes y pequeños y por los milagros de que eres testigo. De vez en cuando, haz una pausa entre inhalación y exhalación, el punto de quietud de creación, un momento de sintonización perfecta con Todo Lo Que Es.

Programando tu destino, pg. 57 y 58:
YO ESTOY encapsulado en una esfera dorada de luz creadora y solo energías de armonía y amor pueden penetrar esta esfera.

YO SOY un ser de fuego violeta y libero, y transmuto mi pasado, presente y futuro con la llama violeta.

YO SOY poderoso, afectivo, sabio, rico y controlo mi destino.

YO SOY responsable de mis percepciones y sentimientos.

YO ESTOY esbelto y sano, y elijo manifestar un cuerpo sano, bello y vibrante.

Programando tu destino, pg. 106, 107 y 108:
Yo emito amor, paz y dicha, y actúo como un catalizador para despertar a todos los que conozco.

YO ESTOY en perfecta armonía con mi conciencia creadora y Yo Soy Presencia.

YO SOY feliz, afectuoso y pacífico, y solo comparto mi sabiduría hasta el grado que me permite el espíritu.

Veo belleza en toda las personas, todas las cosas y en toda la Creación de Dios.

Me libero de todo miedo, de todos los juicios de valor, supersticiones, dogmas, limitaciones y restricciones que me mantienen atrapado en una realidad tridimensional.

Destello vitalidad, siempre a la expectativa de un tesoro y de cualquier oportunidad de expresar mi conciencia siempre en expansión.

Siempre procuro ser auténtico y estar centrado en el corazón, así como armonizar mis deseos con los del espíritu.

Programando tu destino, pg. 148:
Dejo que el abundante bien del universo se manifieste a través de mí en mi mente, emociones, cuerpo y asuntos.

Bendigo todas las fuentes y canales de prosperidad.

Mantengo una actitud de gratitud por todos los milagros y la abundancia en mi vida.

Programando tu destino, pg. 204 a 207:
YO SOY energía generadora de una salud perfecta, abundancia, dicha, paz y perfección en mi vida. Tengo la energía para reconocer la perfección en mí mismo, en todas partes y en todos los que me rodean.

Atraigo la abundancia de Dios hecha visible en mi vida y para mi uso.

Divina Presencia, vierte tu luminosidad a través de esta mente y este cuerpo, sanando, perfeccionando, facultando y siempre dirigiendo todos mis pensamientos y acciones a través de mi Yo Soy Presencia.

Mi presencia perfecta asume el control de esta situación y resuelve todas las discordias y negatividad.

Yo siempre tomo la decisión correcta y emprendo la acción adecuada.

YO SOY amor perfecto en acción y recurriré a la discreción y ausencia de juicios de valor al tratar con quienes me rodean. Ojalá mi Yo divino brille a través.

Secretos del autodominio, pg. 7:
Un decreto o una afirmación es una plegaria con energía. Se debe tratar de una afirmación concisa y positiva expresada con confianza, y con la garantía de que se manifestará en la forma adecuada y en el momento apropiado. Si la afirmación se hace con una intención afectuosa por el bien supremo, estarás alineando tu voluntad con la del Yo superior, y la ley universal garantizará que tus pensamientos y aspiraciones de cocreador se combinen con las de una mentalidad parecida. Por tanto, aumentarán en fuerza y energía. La meditación silenciosa es tratar de escuchar una respuesta del Yo superior, de tu ángel guardián o del Espíritu Santo.

Secretos del autodominio, pg. 36:
Una buena afirmación para recordar y usar es: «Asumo la totalidad de mi realidad divina. Hay poder en la humildad. Hay poder en el perdón. Hay poder en la gratitud. El amor es el poder que contiene todas las virtudes y cualidades de la conciencia divina».

Magia y majestad, pg. 111:
Tus afirmaciones sobre la respiración de vida siempre deben incluir: «Mi petición es por el bien superior y por el resultado más alto y benevolente para la humanidad, la Tierra y toda la Creación».

¿Qué ocurre si después de todo esto las afirmaciones no funcionan?

Si sigues estos pasos sin ver resultados, hay una razón «muy probable» por la que esto ocurre. Esa razón más probable es que existe un pensamiento oculto ocupando el espacio de tu afirmación y que dicho pensamiento no es desalojado. Tu mente subconsciente tal vez se esté aferrando a algo que impide que tu mente consciente alcance su objetivo. Aunque no contamos con ninguna forma real de ayudarte a descubrirlo, te sugerimos que eches un vistazo a tus pensamientos profundos situados en un segundo plano y que están detrás de lo que intentas lograr con tus afirmaciones. Si la afirmación te empuja a un pensamiento contradictorio que lleva ahí mucho tiempo, lo más probable es que tus afirmaciones «reboten contra él» y fracasen.

Si indagaste lo bastante hondo, quizá desenterrases el pensamiento que te está reteniendo. Una vez quede al descubierto, tendrás que remplazarlo por las afirmaciones positivas de tus plegarias de creación. Puede ser algo tan sencillo como reconocer el pensamiento que te limita y anteponer la intención de remplazar ese pensamiento por tu afirmación. Si haces esto, tendrás mucha más posibilidad de éxito. Existe un proceso que destacamos y que puede ayudarte a encontrar y sustituir los pensamientos que interfieren con tu afirmación. Los llamamos «pensamientos saboteadores», y el proceso forma parte de una próxima sección del libro. Empezaremos a describir este proceso en la página 207.

Hay muchas circunstancias en la vida que se benefician de las afirmaciones y plegarias de creación, así que no seas tímido a la hora de escribir las tuyas propias. Puedes comenzar por algunas de las afirmaciones de este capítulo para acostumbrarte al proceso, aunque es probable que te beneficies más de plegarias de creación concebidas a medida de tu situación concreta. Siempre y cuando te acuerdes de alinear tu voluntad con la del espíritu mediante una petición de bien supremo para todos, básicamente estarás actuando con riesgo nulo. Si te centras en el bien supremo, lo peor que puede ocurrir es que no consigas nada. Hazlo bien y tendrás al espíritu de tu parte, listo para cambiar el mundo por ti.

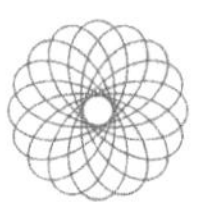

OTRA PERSPECTIVA SOBRE LA SANACIÓN ESPIRITUAL

En vez de aportar cualquier información específica sobre el proceso de sanación, en esta sección compartiré (Kevin) mi perspectiva actual sobre la sanación espiritual. Me parece que tal vez sea el momento de redefinir nuestras ideas acerca de la sanación espiritual y decir que la sanación espiritual, que ha evolucionando en cierto grado, está lista para evolucionar a un sistema menos fragmentado a medida que evolucione nuestra espiritualidad. Esta sección abordará dicho tema, aunque realmente no ofrezco ningún consejo en firme sobre cómo conseguir este objetivo. Es algo que todos necesitamos aceptar como colectivo espiritual. Todos necesitamos contribuir a la siguiente fase de la sanación espiritual, en gran medida porque todos estamos cambiando. A medida que evolucionamos a seres espirituales diferentes, y a medida que nuestros cuerpos evolucionan para acomodar nuestros cambios espirituales, es probable que necesitemos distintas formas de sanación para afrontar esos cambios.

De una u otra forma, mi implicación con la sanación espiritual abarca décadas. A grandes pinceladas, he trabajado con Reiki, he equilibrado y reparado chacras, y me he dedicado a la sanación usando el campo de energía humano. Con el tiempo mis esfuerzos en el campo de la sanación espiritual evolucionaron a un método que me pareció adecuado y que llamé equilibrio «a nivel del alma», donde mediante clarividencia identifiqué errores en el campo energético y en el sistema de chacras, e inicié su corrección a nivel del alma. Recientemente, y basándome en mis propios esfuerzos espirituales para sanarme a mí mismo, me di cuenta de que todo esto se quedaba corto porque todavía dependemos de nuestras percepciones personales e intentamos, al menos en cierto grado, dirigir lo que sucede.

Por lo general, formulamos nuestras opiniones y luego nos dedicamos a corregir lo que creemos que está mal. Me resulta evidente que al hacer esto nos engañamos a nosotros mismos y a los demás, porque no disponemos de suficiente perspectiva mientras estamos en el cuerpo como para realmente escudriñar los niveles multidimensionales más profundos de la causalidad. Por eso quizá no estemos haciendo lo correcto, o al menos parece como si la mayor parte del tiempo no estuviésemos aportando la forma más eficaz de sanación espiritual. Por tanto, gran parte del esfuerzo dedicado a la sanación espiritual se despilfarra y nuestra energía se malgasta en cierto grado.

Aunque sé que el espíritu intervendrá y cogerá el testigo, los seres espirituales tienen que actuar dentro de los límites del libre albedrío, lo cual deja margen a errores que podemos corregir cambiando de método.

He comenzado a preguntarme si la forma más cierta de sanación espiritual mientras ocupamos el cuerpo físico será una forma que no intente dirigir las fuerzas del Cielo, y que simplemente prepare nuestro camino para recibir su ayuda después de pedirla y acordarla. Si ese fuera el caso, entonces las plegarias de creación resultarían una forma muy poderosa de sanación espiritual.

Incorporar plegarias de creación a un proceso de sanación espiritual más completo tal vez sea una forma incluso superior de sanación espiritual. En este proceso puedes acudir a una pirámide espiritual especial (hablaremos más de pirámides en la sección siguiente), ofrecer energía de amor para fortificar el proceso, invocar el Plan divino correcto y permitir a las fuerzas espirituales que tengan una perspectiva más elevada actuar en tu nombre, mientras emprendes las acciones necesarias en el mundo físico. Su perspectiva más elevada les confiere capacidad para entender los niveles más profundos de causalidad y establecer las condiciones apropiadas con que obtener el mejor resultado para el bien supremo de todos. A continuación, y esta podría ser la parte más importante, necesitarás un puesto de observación para obtener una orientación intuitiva, de modo que emprendas acciones específicas para que esa sanación se manifieste aquí en la Tierra.

Sin duda algunos de nosotros estamos aportando nuestro granito de arena y parece haber llegado el momento de contribuir con más piezas y usar la energía espiritual con más eficacia y para proveernos de una mejor salud física.

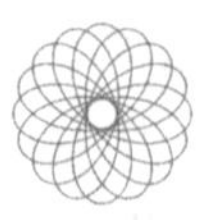

PIRÁMIDES ESPIRITUALES

Como sin duda te habrás dado cuenta, el crecimiento espiritual requiere de cierto esfuerzo y «trabajo». Como sucede normalmente, resulta más fácil concluir un trabajo si dispones de suficiente espacio para hacerlo y si ese espacio cuenta con los instrumentos correctos. Para nuestros propósitos, un espacio adecuado para el trabajo espiritual adopta la forma de pirámide. La razón por la que usamos pirámides es que constituyen una de las formas espirituales fundacionales de nuestro subuniverso. Esto significa que poseen propiedades que las convierten en el espacio correcto para hacer el trabajo. Veamos unas cuantas razones por las que usamos pirámides como espacio para el trabajo espiritual:

- Como es una forma fundacional de nuestro subuniverso, la pirámide es un conducto de las frecuencias de energía que necesitamos para trabajar como sanadores espirituales.
- La forma de la pirámide contiene energía espiritual que amplifica nuestros esfuerzos espirituales.
- Las pirámides de trabajo básico ya han sido diseñadas, por lo que todo lo que necesitamos es modificar un prototipo ya existente en lugar de «construirlo» desde cero.

Por si te sientes preocupado o empiezas a hacerte preguntas, que sepas que no, no te vamos a mandar a un almacén de maderas con una lista de material para que construyas pirámides en casa y en el jardín. Estas pirámides existen en las dimensiones espirituales de las que te hablamos en *Espiritualidad unificada del Creador*, estando la mayoría de ellas en los subplanos inferiores de la quinta dimensión (aunque tus pirámides espirituales personales también se puedan situar en los subplanos superiores de la cuarta dimensión).

Ya existe cierto número de pirámides. A la mayoría de ellas pueden acceder muchas personas, y, en ocasiones, todo el mundo. Para tu uso personal, «te harás» con un prototipo del almacén cósmico cuando necesites una pirámide para algún propósito espiritual. Recurrirás a la intención para hacerlo y luego a la visualización para modificarla a conveniencia, dependiendo de su propósito. La razón por la que esto funciona es que la intención y la visualización son creaciones de la quinta dimensión.

Aunque haya un gran número de pirámides, solo te hablaremos de unos pocos tipos porque son pirámides que usarás con frecuencia, o incluso a diario:

- Tu pirámide personal
- Tu pirámide de trabajo
- Pirámides grupales para clases y otro tipo de trabajo espiritual
- Pirámide mundial
- Pirámide de los servidores del mundo
- Pirámide la unidad

Echémosles un vistazo con más detalle.

Tu búsqueda sagrada, pg. 185:
Las energías piramidales son una fuerza vital, tanto en los planos etéreos de expresión como en los planos físicos. Allí habita la conciencia manifiesta del Creador, así como el campo energético que contiene toda la sustancia de la fuerza vital primaria pura que

será necesaria para transformar la Tierra y todas las formas de vida. También cuentas con formas piramidales de conciencia lumínica en tus cuerpos que se activan mientras equilibras los patrones de frecuencias internas y comienzas a fabricar tus recipientes de luz.

Tu pirámide personal

Esta pirámide, tal y como suena, es para tu uso personal en el transcurso de una parte de tu trabajo espiritual y tus meditaciones. Otros aspectos de tu trabajo espiritual y los ejercicios pueden implicar a otras personas, para lo cual dispondrás de otra pirámide. Esta pirámide es tu espacio personal; por eso, una vez que dispongas de los elementos básicos, créala y decórala como quieras.

El prototipo básico de esta pirámide ya cuenta con una forma; cuando necesites «crear» tu pirámide personal, todo cuanto realmente harás será sacar un prototipo del almacén cósmico y hacerlo tuyo. El proceso es sencillo y solo requiere una corta meditación durante la cual te sientas en silencio, practicas unas cuentas respiraciones infinitas y te relajas, y expresas tu intención de manifestar tu pirámide personal. De eso se trata. Una vez hayas hecho eso, se habrá manifestado, aunque lo haga con un modelo «prefabricado», lo cual es un tanto simple. Tal vez prefieras que la pirámide sea sencilla o tal vez quieras invertir algo de tiempo y adecuarla a tus preferencias.

El modelo «prefabricado» presenta unas pocas características estándar. En el centro de la pirámide hay una mesa redonda de cristal. Tal vez también quieras una o dos sillas de cristal cerca de la mesa, pero no demasiadas porque dispondrás de una pirámide diferente cuando trabajes con otras personas. Es probable que los únicos seres que puedan entrar en tu pirámide personal sean tus guías angélicos o maestros ascendidos, así que quizá quieras una silla extra para ellos o que se queden de pie, siendo ambos casos adecuados para ellos. Siempre puedes hacer que se manifieste una silla cuando la necesites.

Encontrarás una llama violeta de pequeñas dimensiones bajo la mesa y –sobrevolando el medio de la mesa, ensamblado en la cúspide de la pirámide– un largo cristal de cuarzo acabado en punta por ambos extremos, llamado cristal «generador».

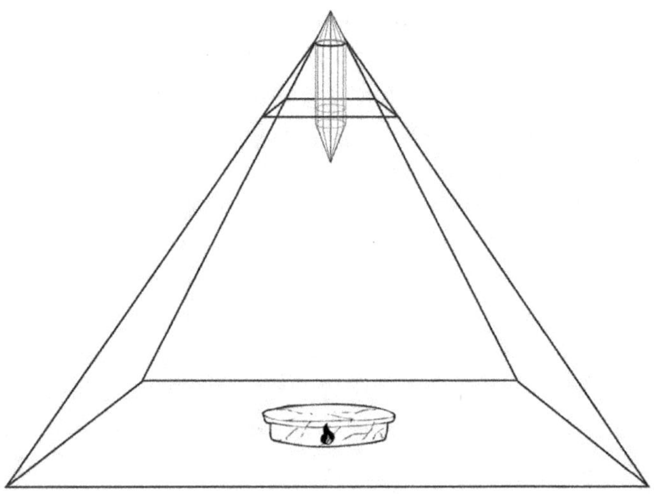

Ahora echemos un vistazo a tu pirámide de trabajo.

Tu búsqueda sagrada, pg. 117:
Queridos amigos, disponeos a pasar tiempo a diario en vuestra pirámide de luz o energía. Acostumbraos a percibir energías refinadas, a que vuestras cargas

parezcan más ligeras y a que empecéis a abrigar esperanza en vuestros corazones. Servíos del coraje y el refuerzo para superar los ensayos y pruebas de la vida diaria. Recibiréis toda la luz o amor divinos que seáis capaces de integrar. Ayudad a quienes forman parte de vuestra vida y buscan la «senda», irradiando amor y comprensión, y bendiciéndolos con la llama violeta transmutadora. Desprendeos de cargas y preocupaciones, dejadlas con nosotros en la pirámide, queridos corazones, y descubriréis que vuestra carga en la vida parece considerablemente más ligera.

Que haya luz, pg. 211:
En el entorno sagrado de la pirámide de luz nos es posible irradiar nuestra esencia hacia ti y unirnos allí contigo. Tus guardianes, guías y maestros están esperándote y también puedes invocar a cualquiera de los amados seres de luz, los maestros o avatares de quienquiera que desees que se una a ti.

Tu pirámide de trabajo

Esta es la pirámide que emplearás para labores espirituales y que involucra a otras personas y ciertos ejercicios espirituales. Al igual que tu pirámide personal, puedes cambiarla según tus preferencias y gustos. Es un poco distinta de la pirámide personal en que el escenario por defecto presenta varias sillas alrededor de la mesa de cristal. Aparte de esto, su forma básica es muy parecida a tu pirámide puersonal. Este es el aspecto de tu pirámide de trabajo:

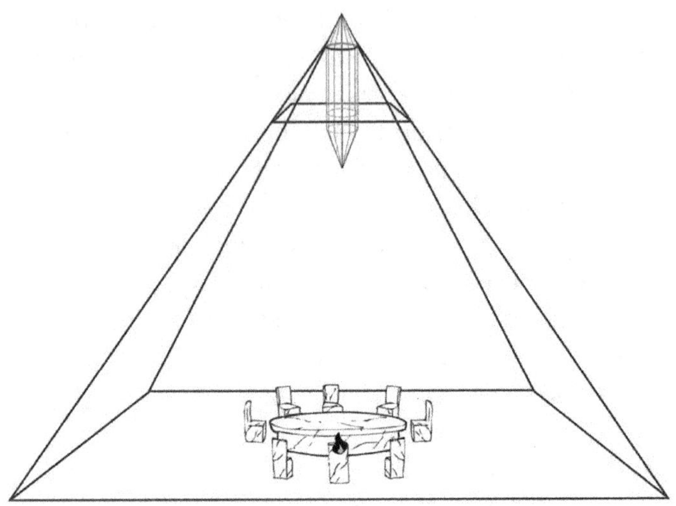

Ten presente que cualquiera de estas pirámides se pueden personalizar a tu gusto. A modo de ejemplo, Kevin describirá la aproximación a su pirámide y nos contará un poco sobre cómo su mujer Linda ha personalizado la suya.

Verdades cósmicas reveladas, pg. 70:
Cuanto más tiempo pases en tu pirámide de la cuarta dimensión, más rápido tendrás acceso a áreas de patrones de frecuencia incluso más altas, e incluso a mayores aspectos y cualidades de la conciencia creadora. Proyectar tu conciencia en la pirámide antes de dormir es un modo excelente de acelerar el proceso y acostumbrarse a la existencia en ese ambiente rarificado.

Verdades cósmicas reveladas, pg. 140:
Visualiza una réplica etérea de ti mismo yaciendo sobre la mesa de cristal [de tu pirámide]. Permanece-

rá allí cuando estés centrado en tu cuerpo físico y te fundirás con él cuando visites tu pirámide y te tumbes sobre la mesa de cristal. Cada vez que te fundas con esa faceta de ti mismo en quinta dimensión, absorberás más de las frecuencias refinadas de luz que se han ido integrando en tu réplica etérea durante tu ausencia.

Nota de Kevin

Mi concepción de la pirámide es muy sencilla. De hecho, solo empleo una pirámide y es muy austera en su forma básica. Sencillamente adapto sus contenidos a lo que necesito en cada momento, una suerte de adaptación «sobre la marcha» a lo que necesito en ese momento.

Mi mujer, por otra parte, se aproxima más al otro extremo del espectro. No solo su pirámide está mucho más decorada, sino que ha hecho de ella un lugar donde los antiguos miembros «peludos» de nuestra familia pueden vivir todo el tiempo que quieran. El interior se parece mucho a nuestra casa, por lo que tiene un toque familiar. Pero no se paró ahí a la hora de darle un toque personal.

Su pirámide cuenta con un jardín exterior para que se diviertan los animales. Incluso tiene «terminales» de transporte para los amigos que quieran visitarla: una estación de tren monorraíl y un embarcadero. Es un espacio acogedor, amistoso y siempre hay a mano réplicas etéreas de sí misma y de mí.

Como puedes ver, la concepción de una pirámide puede ser muy distinta. Tan solo necesitas decidir lo correcto para ti.

Pirámides grupales

Una pirámide grupal es sencillamente una pirámide de trabajo que proporciona espacio para que un grupo de personas se den cita para un propósito espiritual específico, como acudir a una clase o a un congreso, a un grupo que trabaja en un proyecto espiritual específico, o incluso a un grupo que quiere mantener contacto espiritual con frecuencia. Se parece a una pirámide de trabajo, aunque a menudo es más grande, con una mesa más amplia y más sillas. Es adaptable a cualquier forma que el grupo necesite. Veamos qué aspecto tiene, aunque seguro que ya te resulta bastante familiar:

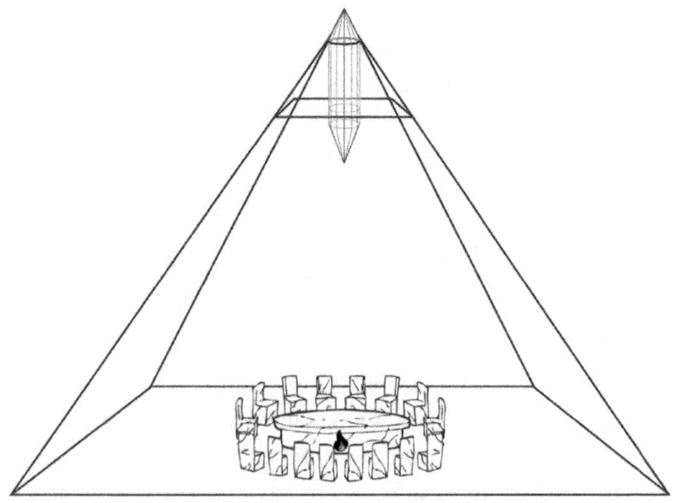

Estas son las tres pirámides de dimensiones personalizadas. Hay muchas otras pirámides, pero solo sacaremos a colación unas pocas más. Las siguientes pirámides son mucho más grandes y tienen una finalidad más específica. Comencemos por la pirámide del mundo.

Que haya luz, pg. 240:
Al constituir grupos de alma, a menudo tienes una sensación de gran paz y concordia, un sentimiento de pertenencia a un grupo, y así es. Estás restableciendo la conexión con tus grupos de alma y compañeros de tarea y, al mismo tiempo que os reunís en vuestras pirámides de luz, extraéis complejos patrones geométricos de Creación avivando y reforzando los acuerdos que establecisteis mucho tiempo atrás.

Pirámide del mundo

Esta pirámide de gran tamaño contiene una réplica de la Tierra rodeada por gran número de asientos como los de un estadio. Incluso hay una gran llama violeta debajo de la réplica. Es un lugar adonde acude la gente con sus cuerpos espirituales para compartir, con la Tierra y con todos, algo de su energía espiritual activada. La energía espiritual activada es lo que los ángeles, divas y elementales usan para ayudarnos a nosotros y a la Tierra.

Está abierta a todo el mundo que tenga algo que compartir. Es adaptable y puede aumentar de tamaño si son muchas las personas que quieren compartir su energía espiritual al mismo tiempo. Su empleo es tan sencillo como tener la intención de estar ahí, recurriendo a la respiración infinita y observando mientras parte de la energía espiritual –de la cual ya hablamos en *Espiritualidad unificada del Creador* como partículas adamantinas– fluye fuera de ti y a la réplica de la Tierra. Puedes acudir allí de vez en cuando, o a diario si lo deseas. De ti depende. Veamos una imagen de la pirámide del mundo:

La razón por la que enviamos energía a la Tierra cuando estamos en la pirámide del mundo es porque esta energía ayuda a sanar la Tierra y a sus habitantes de todo el mal que la humanidad ha traído con su energía negativa. Todos nosotros, y también los seres espirituales, necesitamos energía espiritual pura y limpia para que la Tierra recupere el equilibrio en paz y armonía. Como todos hemos echado una mano en la creación del problema, parece justo que todos echemos también una mano para solucionarlo.

Verdades cósmicas reveladas, pg. 256:
Una plegaria del arcángel Miguel para usar en la pirámide del mundo: «Amado Dios Padre Madre, ruego por mi bien supremo, el bien más benevolente para la Tierra y toda la humanidad».

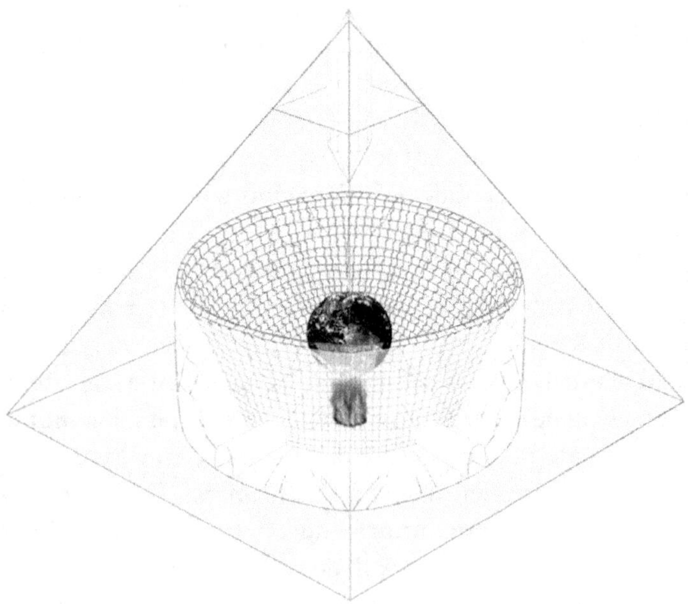

Pirámide de los servidores del mundo

La pirámide de los servidores del mundo es muy distinta de la pirámide del mundo. Como acabas de ver, la pirámide del mundo es una pirámide centrada en ayudar a la Tierra. La pirámide de los servidores del mundo es una pirámide grande compuesta de numerosas pirámides más pequeñas que se acoplan, siendo cada una un espacio de trabajo para un grupo con un propósito específico.

Aunque leer esto te deje atónito un momento, no es tan complejo como parece. En cierto modo, la pirámide de los servidores del mundo es como un gran edificio de oficinas. Hay muchos apartamentos pequeños trabajando juntos bajo el mismo techo, todos dedicados a distintos proyectos, que se conciertan para desarrollar un negocio exitoso. La pirámide de los servidores del mundo es así, pero en lugar de un negocio, tenemos grupos de personas y seres espirituales trabajando juntos en tareas comunes: en sus propias pirámides dentro de la pirámide de los servidores del mundo (como un despacho dentro de un edificio de oficinas): y todos esos objetivos ayudan a la Tierra y a sus habitantes.

A diferencia de la pirámide del mundo, la pirámide de los servidores del mundo no está abierta a todos. Tendrás que alcanzar cierto punto en tu percepción y crecimiento espirituales para participar con los grupos que trabajan en esta pirámide. Una vez llegados a ese punto (que varía algo de una persona a otra), tendrás la opción de elegir si quieres ayudar de este modo. Veamos el aspecto de la pirámide de los servidores del mundo:

Pirámide de la unidad

La pirámide de la unidad es, a la fecha de este escrito, un concepto bastante novedoso del arcángel Miguel. Tiene un diseño interior distinto que el de la pirámide personal o la pirámide de trabajo, y todas las pirámides de unidad se congregan en una gran pirámide grupal de unidad. Centraremos nuestra descripción en la versión personal de esta pirámide porque la versión grupal es en esencia una colección de pirámides personales. Para obtener más información y una meditación con que acceder a la pirámide de la unidad, adquiere en www.TimelyGuidance.com una copia del seminario web que dio a conocer esta pirámide. Se llama «Preparándose para vivir en un entorno de quinta dimensión». Esta información y meditación muy probablemente surgirán también en otros acontecimientos. Veamos una imagen de la pirámide de unidad:

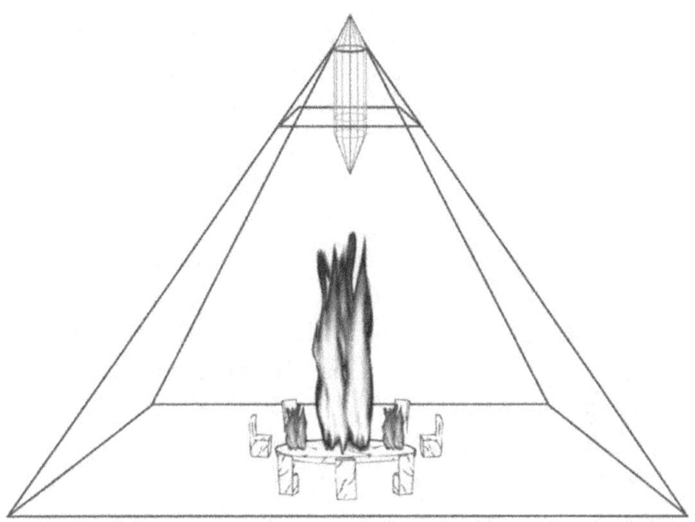

La pirámide de la unidad cuenta con un estrado en lugar de una mesa de cristal. Contiene un cristal generador en el vértice que alimenta una llama blanca de energía creadora que arde sobre la tarima. A ambos lados de la llama blanca arden llamas violetas más pequeñas. El principal uso de esta pirámide es transformar y transmutar circunstancias y aspectos negativos de los que nos queremos librar con la llama violeta, y luego remplazar esa energía negativa por energía creadora pura bañándote en la llama blanca. Estas llamas no emiten calor ni son destructivas; son frías, rejuvenecedoras y tonificantes.

Aunque te las puedas arreglar sin ellas, creemos que la mayoría de las personas disfrutan teniendo pirámides en que realizar su trabajo espiritual. Es agradable contar con espacio privado y es un lugar útil para guardar algunas herramientas espirituales que probablemente estés usando con regularidad. Lo mejor es que pueden ser tan minimalistas o lujosas como quieras. Si optas por usar más de una pirámide, te recomendamos encarecidamente que las hagas tuyas. Hazlas en sitios en los que te sientas cómodo y en los que quieras estar.

Tu búsqueda sagrada, pg. 237-238:
Cuando empezaste a declarar y dominar tus dones de manifestación, te diste cuenta de que los viejos métodos de crear o manifestar algo en el plano material requerían cantidades inmensas de energía controlada e intensa concentración. Sin embargo, al acceder a tu pirámide de energía o luz en quinta dimensión, sorteas toda la distorsión y restricciones de las dimensiones inferiores y el proceso se simplifica y acelera en gran medida. Cuentas, una vez más, con todas las herramientas necesarias para ser un maestro de cocreación y ayudar a sanar la Tierra y a que vuelva ser el paraíso prístino que fue en sus comienzos.

Tu búsqueda sagrada, pg. 186:
Acceder a tu pirámide de luz es el modo más rápido y seguro de abastecerte de la fuente divina de Creación. Visualiza miles de millones de cristalinas y diminutas pirámides de luz llenas de energía divina o conciencia de las vibraciones más altas que descienden, te rodean y llenan mientras suscitas nuevas formas, ideas e inspiración. Abastécete y usa la fuerza dinámica de la Mente Universal y emancípate de los confines de la Tierra y las limitaciones de las creencias conscientes de las masas.

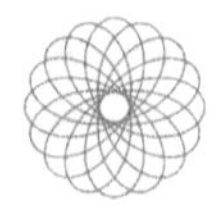

INTUICIÓN

No nos fiamos de la intuición y tememos lo que podría pasar si lo hiciésemos. Pensemos en ello un momento.

¿Qué pasaría si nos fiáramos de la intuición? Lo primero que hay que saber es que nuestra intuición siempre acierta. En lo que nos equivocamos a veces es en el significado, en lo que la mente consciente interpreta que es el mensaje. Eso significa que nuestra mente consciente acierta el resto del tiempo. Si nunca nos fiamos de la intuición, nunca aprendemos a interpretar el sentido de las sensaciones, sentimientos, emociones o la información. Si nunca le damos una oportunidad, nunca discerniremos las comunicaciones que interpretamos bien de las que interpretamos mal. Eso significa que la única forma de saber la diferencia es seguir nuestra intuición, siempre, y aprender sobre la marcha. ¿Qué ocurriría si lo hicieras?

> *Que haya luz*, pg. 294:
> Tu mente intuitiva, o esa vocecilla interior, siempre te indica la dirección correcta y te ayuda a optar por la decisión correcta si te tomas la molestia de escucharla.

> *Verdades cósmicas reveladas*, pg. 309:
> Intuición significa asimilar inmediatamente un concepto o cierta información sin un razonamiento consciente. Tu Yo superior te habla a través de la intuición y acaba despejando el camino a tu Yo divino

y a la sabiduría atesorada en los registros cósmicos. La intuición también te manda señales a través de un sentimiento de verdad o de que algo está bien, o de un sentimiento de miedo o desazón cuando algo está mal o no se alinea con la luz o verdad.

Acertar con la interpretación de las intuiciones

A largo plazo, la intuición te permite ser más preciso. Una vez que empieces a seguir tu intuición, aprenderás cuándo la interpretación es correcta y cuándo no. Que te equivoques no significará que debas dejar de confiar en la intuición, como tampoco que debas ignorar lo que interpretes erróneamente. En vez de no hacer caso o decidir que no te fías de la intuición remplaza lo que *pensaste* que quería decir la intuición por lo que *de verdad* te decía.

Este es un paso crítico. Todo aquello en lo que te equivocas es una oportunidad de corregir un error de percepción. Toda interpretación errónea que corrijas se sumará a la lista de lo que ahora sabes que está bien. Si obras de este modo, cada vez acertarás con más frecuencia. Acertar con más frecuencia hará que te sientas más cómodo fiándote de la intuición. Se establece así un círculo de autoafirmación que deja expedito el canal de comunicación espiritual con el Yo superior. En consecuencia, aprender a fiarte de la intuición deviene un poderoso instrumento para tu crecimiento espiritual. Describamos el proceso mediante una lista corta:

- Empieza por fiarte siempre de la intuición, con independencia del resultado.
- Si aciertas, da las gracias y muestra gratitud al Yo superior.

- Si te equivocas, muestra gratitud al Yo superior por brindarte la oportunidad de corregir tu percepción.
- Una vez resuelta la situación, anota en una hoja de tu diario –si es que lo tienes– la comunicación intuitiva original y lo que creíste que significaba.
- Pon por escrito lo que sucedió y lo que la comunicación significaba en realidad.
- Con tu intención, despréndete del pensamiento incorrecto, transmútalo con la llama violeta y remplázalo por el verdadero significado de la sensación física, la emoción, el sentimiento, la sensación visceral, la corazonada o pensamiento originales. La pirámide de unidad podría ser un sitio estupendo para hacer esto.
- Pon por escrito la intuición original y el nuevo significado para que ambos queden asociados.

Cada vez que hagamos esto deberíamos estar mejorando el historial de resultados acertados de nuestra intuición. Pero esto suscita una pregunta importante: ¿por qué tanta gente tiene miedo a equivocarse? ¿Qué tiene de malo equivocarse? Prestémosle atención a este tema un instante.

Verdades cósmicas reveladas, pg. 260:
Si te afanas conscientemente por estar centrado en tu corazón sagrado y recurres a la sabiduría iluminadora de la mente sagrada, nunca errarás el camino. Tu intuición será cada vez más sólida al aumentar tu confianza como Yo maestro, y siempre sentirás y sabrás qué decisión correcta tomar o qué camino seguir.

Equivocarse

El miedo a equivocarse hace que muchas personas no hablen claro. Y debemos preguntarnos por qué se enquistó tan profundamente ese miedo. Después de todo, si la decisión de la que eres responsable no implica nada primordial y no pone en peligro la vida de nadie, ¿cuáles son las consecuencias reales de equivocarse? Sospechamos que la respuesta para muchas personas es que no quieren quedar como estúpidas delante de otras. Sin embargo, esa percepción solo se encuentra dentro de sus cabezas.

Aunque es cierto que algunas personas creen realmente que los que se equivocan son estúpidos, seguro que esto no es extensible a la gran mayoría. Después de todo, todos los habitantes de este planeta hemos cometido errores. Los errores son un elemento importante de nuestro aprendizaje. Recuerda siempre que la idea que otra persona tiene de que eres estúpido sigue siendo un juicio de valor *en la mente de esa persona*, razón por la cual cualquier credibilidad que le concedas es una elección, *tu* elección. Tales creencias pueden ser difíciles de erradicar porque *eres la persona que le concedió ese poder*. Nosotros elegimos creer tales cosas, lo cual hace que eliminarlas sea un tira y afloja interior, y no puedes ganar sin perder a la vez. Lo mejor es evitar la situación, por lo que necesitamos un medio de liberarnos de esos pensamientos sin luchar. Por eso desglosamos el proceso en la página previa: su uso resulta muy útil porque te ayuda a remplazar las creencias erróneas evitando toda confrontación.

Entonces, ¿qué es *probable* que ocurra si te equivocas? Probablemente poco. Aprenderás algo nuevo, tal vez tengas algo más de trabajo y el mundo seguirá tirando. ¿Te resulta calamitoso? ¿Te parece lo bastante malo el que no quieras arriesgarte a sanar tus percepciones? La mayoría de las personas las desaprovecha, permitiendo que el miedo les impida sanarse y crecer. Interpretar mal las cosas forma parte esencial del proceso y equivocarse es una gran oportunidad de sanar tus percepciones. Luego, cada vez que tengas una corazonada, trátala como una oportunidad «suculenta», confía en ti, ayúdate y habla claro. Hay muchas posibilidades de que estés en lo cierto y aun así seguirás aprendiendo algo si resulta que estabas equivocado.

Antes de que dejemos esta línea de pensamiento, tomemos una vía aledaña y exploremos algo relacionado que te ayudará en este proceso. Echemos un vistazo a la razón por la cual la gente siente que tiene que aparentar ser inteligente.

La necesidad de parecer inteligente

No encararemos este asunto desde un punto de vista psicológico, sino desde una perspectiva espiritual. Parece ser que, en muchos casos, la gente necesita aparentar ser inteligente pues precisa de una valoración externa para apreciarse a sí misma. Busca fuera del Yo su valoración y autoestima. Sabemos que, como espíritus, nuestro verdadero valor es interno y eterno; emana de nuestro valor ante el Creador, que es inestimable, y así se crea nuestro valor respecto a toda la Creación. Sin esta conexión espiritual evidente, la única forma aparente para dar con el valor personal es a través de cómo nos valoran los demás, y una vez que esa valoración de los otros genera su valor personal en la mente de la persona, solo entonces justifica sus sentimientos de autoestima.

La falta de una conexión espiritual, por tanto, es culpable del miedo de muchas personas a estar equivocadas, razón por la cual buscan fuera de ellas mismas la validación de su valor personal con el fin de generar autoestima. Por suerte, aprender a tener intuición también deriva en una mayor conexión espiritual, lo cual ayuda a escoger el ritmo y la profundidad de nuestro crecimiento espiritual.

Verdades cósmicas reveladas, pg. 190:
Si los pensamientos que te vienen a la mente son inspiradores, afectivos y facilitan una conciencia en expansión, entonces sabes que te nutres de la sabiduría del Yo superior, de tus guías angélicos y de tus profesores maestros. Están siempre susurrándote y nunca dejan que te extravíes. Sus voces adquirirán fuerza a medida que perfecciones tus destrezas de comunicación telepática con el Yo superior y con los seres de los reinos superiores de la conciencia.

Secretos del autodominio, pg. 127:
Debes aprender a prestar atención a los impulsos de tu mente sagrada y tu corazón sagrado o a la aportación de la faceta prevalente del Yo superior, porque así es como aprenderás gradualmente a comunicarte con los seres de los reinos superiores y adquirir sabiduría cósmica.

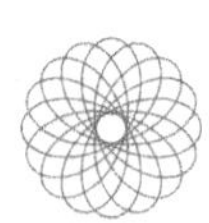

CONEXIÓN CON EL YO SUPERIOR, LOS MAESTROS ASCENDIDOS Y LOS SERES ANGÉLICOS

Nuestras conexiones espirituales son tan importantes como nuestra sangre vital. No podemos existir sin ellas, y nuestra vida es más rica y plena cuando somos conscientes de ellas. Nuestra vida se enriquece todavía más cuando aprendemos a usarlas.

Nuestra propia existencia responde a nuestra conexión con el Creador. Pero contamos con más conexiones a nuestra disposición, y esas conexiones nos ayudan en nuestra vida cotidiana. También nos ayudan a nuestro crecimiento espiritual. Estas conexiones adicionales son con el Yo superior, los guías angélicos, los maestros ascendidos, que están aquí para ayudarnos, y con otros seres espirituales que tal vez nos encontremos y nos puedan ayudar en nuestro periplo.

Es importante comprender que esas conexiones espirituales ya están ahí. No son algo que tengamos que crear, construir o solicitar. Ya contamos con ellas, e iniciamos el proceso de usarlas dejando simplemente que los seres espirituales sepan que eso es lo que queremos. Después de esto, todo lo que necesitamos es eliminar las interferencias aprendiendo a sintonizar y luego a subir el volumen.

> *Verdades cósmicas reveladas,* pg. 252:
> Al permitir que te guíe el Yo superior y al integrarte más plenamente con él, acudirán a tu mente más pensamientos inspirados. Hay muchas formas de que el espíritu se manifieste a través de ti; limítate a dejar que ocurra con naturalidad.

¿Con quién nos conectamos?

Gran parte de la comunicación espiritual emana del Yo superior, aunque, por raro que parezca, a menudo deriva de distintos aspectos de nuestro Yo superior. Esto significa que estamos conectando con más de un aspecto de nuestro Yo, y a menudo identificamos esas conexiones con seres diferenciados. Por ejemplo, la mayor parte del tiempo, al menos dos o más de nuestros «ángeles guardianes» son en realidad aspectos de nuestro Yo superior. Pueden tener distintos nombres y identidades, y por eso parecen seres diferentes. Incluso así, no dejan de ser extensiones de nuestra propia alma.

Pero no nos comunicamos solo con nuestro Yo. Algunas de nuestras conexiones espirituales son con miembros de nuestra familia del alma que no encarnan en cuerpos físicos. También conectamos y nos comunicamos con seres angélicos y maestros ascendidos. Estos seres por lo general solo existen en los mundos espirituales, aunque los maestros ascendidos posiblemente también podrían tener una existencia terrena. Sin embargo, en todos los casos conectamos, sobre todo al principio, del modo que nos resulta más cómodo y útil. Esto varía de una a otra persona y esta comunicación podría derivar de usar solo uno de los sentidos espirituales, o de una combinación de todos.

Solo a modo de recordatorio, los sentidos espirituales primarios son la clarividencia (visión clara), la clariaudiencia (audición clara), la clarisciencia (sensibilidad clara) y la claricognosciencia (conocimiento claro). Uno más que podemos añadir a esta lista y que no abordamos en la sección previa es el sentido cinestésico, es decir, la recepción de información al tocar un objeto o una persona. Se trata de la claricognosciencia procedente del tacto. Tengamos en cuenta el modo de hacer despertar y fortalecer estas conexiones.

Secretos del autodominio, pg. 80:
Tu propia alma y Yo superior ofrecen la dirección más apropiada e instrucciones sobre el mejor modo de alcanzar el autodominio y cómo cumplir tu misión terrena. A medida que desarrolles una relación íntima con estas *facetas más livianas del ser,* gradualmente desarrollarás más conciencia del alma y surgirán nuevos campos de oportunidad.

Verdades cósmicas reveladas, pg. 219:
Nosotros, los del reino de los arcángeles, irradiamos rayos de luz creadora refractada a través del universo. Esos rayos irradian las cualidades, atributos y virtudes que encarnamos como representantes de nuestro Dios Madre Padre, y están a disposición de toda la humanidad. Cuando centras la conciencia en cualquiera de nosotros, automáticamente te conectas con uno de nuestros millones de rayos de luz y somos conscientes de ti instantáneamente.

Que haya luz, pg. 241:
Es el momento, queridos, de mirar hacia dentro con el fin de recibir la orientación y ayuda más apropiada. Cuanto más tiempo busquéis respuestas y validación fuera de vosotros, más tiempo os costará conectar con vuestra propia fuente divina de sabiduría. Todos somos capaces de recibir nuestras propias respuestas, con ayuda del cuerpo elemental, el Yo superior, nuestros guías y profesores.

Establecimiento de conexiones

Naturalmente, establecer conexiones para comunicar con seres espirituales se produce después de haber extraído cierta utilidad a los sentidos espirituales. Se usan los sentidos espirituales para comunicar con seres espirituales, y hay unas cuantas cosas que se pueden hacer para iniciar este proceso:

- Limpia tu «antena» espiritual. Esa es la cara de tu conexión; el primer paso, como mencionamos, es ser capaces de usar al menos uno de nuestros sentidos espirituales. Una vez puedas hacer esto, «extiende» la antena dejando que los seres espirituales sepan que quieres comunicarte.

- «Extiende» la antena –como muchas otras cosas espirituales– con intención. Empieza con unas seis respiraciones infinitas, luego entra en un modo de meditación receptiva asumiendo un estado alfa.

- Una vez asumido el estado alfa, afirma tu intención de comunicar con seres espirituales. Indaga si hay seres espirituales cerca de ti que quieran comunicarse, y pídeles que se identifiquen. Espera en silencio. Incluso si sigues manteniendo un diálogo interior, es probable que un nombre quede enterrado en esa charla, incluso si no te has dado cuenta todavía. Si percibes un nombre, agradece a ese ser su deseo de comunicarse y sal del estado alfa asumiendo tu estado normal de conciencia de vigilia. Todavía no es el momento de iniciar una larga y dilatada conversación.

- Una vez de vuelta a tu conciencia normal, anota el nombre. A continuación, usa tu discernimiento y el radar del corazón para considerar si el nombre recibido es el ser espiritual adecuado para comunicarse en este momento. Si obtienes un «sí» claro, sáltate la siguiente orden y pasa a la que vaya a continuación. Si no captas nada claro, ve al siguiente paso.

- Repite la meditación comenzando con las respiraciones infinitas. Indaga de nuevo si hay seres espirituales que quieran comunicarse contigo y espera en estado alfa. Quizá recibas una respuesta clara, quizá no. Repite este paso hasta que la respuesta sea clara.

- Una vez obtengas una respuesta clara, es hora de iniciar una conexión.

- Para iniciar una conexión, siente la intención de conectarte, luego practica seis respiraciones infinitas. Deslízate a un nivel alfa y repite mentalmente el nombre que seleccionaste previamente. Haz una pausa y espera un momento. Sentirás o percibirás al ser con ese nombre, y sentirás que su energía se suma a la tuya, o no obtendrás una respuesta todavía. Si sientes que su energía se suma a la tuya, entonces es que has establecido una conexión que desearás explorar *lentamente* y con tiempo. Acostumbraos el uno al otro. No hay necesidad de precipitarse ni tampoco obtendrás ningún beneficio de apresurarte.

- Si no percibiste una conexión, repite mentalmente el nombre una y otra vez, y espera; haz esto tres o cuatro veces. Si ninguno de estos esfuerzos produce una conexión, vuélvelo a intentar más tarde. Si no tienes éxito con este nombre después de unos seis intentos, plantéate buscar el nombre de otro ser espiritual diferente.

Desde luego, si no quieres una conexión que establezca una comunicación activa, entonces el proceso para desarrollar tus sentidos espirituales y tu intuición es todo cuanto necesitas para recibir dirección espiritual del Yo superior y otros seres espirituales. Desarrollar estas conexiones crea una comunicación activa bidireccional que muchas personas que siguen una senda espiritual parecen querer. Pero no es algo para todo el mundo, así que sigue tu corazón, tu intuición y preferencias, y haz esto solo si es lo correcto espiritualmente. Si quieres más información sobre este tema, existe una gran cantidad de información y más fuentes en el libro de Ronna *Convertirse en un telépata cósmico/Abrirse al canal*, disponible en StarQuestMastery.com. Es un gran recurso si sientes que necesitas ayuda adicional o quieres desarrollar más seriamente tus conexiones espirituales.

Que haya luz, pg. 249:
Debes aprender a entrar en el «Silencio del Yo» a fin de conectar con el espíritu. Tu Yo superior y tu Yo divino esperan que te abastezcas del flujo de luz mágica de la conciencia divina. Percibimos los anhelos de millones de queridas almas que desean comunicarse con su Yo superior y con nosotros, y, sin embargo, qué sencillo es. Todo cuanto tienes que hacer es manifestar tu intención y luego guardar silencio y quietud interior de modo que podamos despejar las sendas y reforzar la conexión que ya está allí, una conexión que se ha atrofiado por desuso o un uso indebido.

Que haya luz, pg. 132:
Inicia el proceso de eliminar las distorsiones o interferencias que te alejan de una relación maravillosa con el Yo superior, tus guías y profesores, tus ayudantes angélicos, nosotros y, por último, el Yo divino.

Que haya luz, pg. 251:

Se te brinda toda oportunidad de abrir o despejar el camino a tu Yo más extenso, de modo que recibas información concisa, clara y crítica para el proceso de crecimiento y transformación. Pero debes empezar por escuchar los pequeños avisos que recibes durante el día o la noche, y, después de validarlos en el centro de tu corazón o alma, sigue la orientación que percibas apropiada. Esta orientación siempre debe ser efusiva, capacitadora y afectiva.

Secretos del autodominio, pg. 51:

No es posible conocer o sentir a nuestro Dios Padre Madre, ni al Creador, por una idea o teoría o pensamiento nebulosos. No basta solo con conocer o pensar en Dios; debes sentir la esencia, el amor incontenible del Creador en el centro del corazón sagrado. Entonces en tu mente ya no hay duda de que te has vuelto a conectar con tu Yo divino y con la unicidad de toda la Creación.

Magia y majestad, pg. 109:

A medida que sintonices con la intuición del Yo superior, empezarás a sentir la luz divina pulsando en tu corazón sagrado y comenzarás a centrarte en la chispa de la Creación dentro del centro del corazón sagrado de todas las personas que conozcas. Cuando lo hagas, automáticamente te esforzarás por no emitir juicios de valor y empezarás a fijarte en la naturaleza positiva de cada cual.

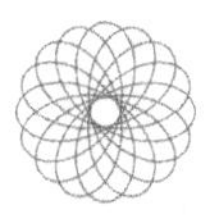

USO DE LOS RAYOS Y LOS RAYOS PERSONALES

Cuando únicamente poseemos un conocimiento mental de la energía espiritual en forma de rayos, perdemos sus beneficios reales. Los rayos están ahí para que los usemos en su forma espiritual correcta y en la vida cotidiana. Cada vez que manifestamos nuestra intención estamos manejando energía espiritual. Atraemos y compartimos energía espiritual siempre que practicamos la respiración infinita. Usamos energía espiritual siempre que practicamos cualquier tipo de cocreación.

Como quizá recuerdes de *Espiritualidad unificada del Creador*, cada rayo posee una función espiritual concreta. Cada vez que practicas un ejercicio espiritual encaminado a una acción, esa acción podría ser una función de un rayo, por lo que estás usando energía espiritual. Tanto si somos conscientes de ello como si no, usamos energía espiritual con frecuencia. Luego la principal pregunta no es si usamos energía espiritual, sino si la usamos correcta, consciente y sabiamente.

Decidirse a usar rayos

En realidad, decidirse a usar un rayo es relativamente sencillo. Como quizá sospeches, elegimos el rayo que necesitamos basándonos en lo que queramos hacer. A continuación, invocamos ese rayo limitándonos a centrar nuestra atención en él, pensando en él a través de su nombre o designación, o incluso visualizándolo de cualquier forma que podamos. Para tu conveniencia, te ofrecemos un resumen de los doce rayos galácticos y su propósito primario, extraído de *Espiritualidad unificada del Creador*:

- Primer rayo de voluntad divina: amplifica y multiplica las capacidades de manifestación. Activa la determinación y la voluntad de crear, y mejora el deseo y la capacidad de concentración. Es el rayo que promueve y da luz a nuevas ideas, y porta los pensamientos simiente de nueva creación. Sus cualidades son la verdad y la fe. Su color espiritual es el azul vibrante.

- Segundo rayo de iluminación y sabiduría: su principal interés es transformar el conocimiento en sabiduría y templar la sabiduría con amor y compasión. La energía del segundo rayo también nos ayuda a entender la ley de causa y efecto, y nos asiste en la senda de la iluminación. Hace crecer las semillas de nueva creación hasta que dan fruto. Su color espiritual es el amarillo.

- Tercer rayo de amor, tolerancia y gratitud: este rayo fortifica la tolerancia, el tacto y la paciencia, y atempera con sentido común la búsqueda intelectual. El tercer rayo aporta energía para que la humanidad refine y perfeccione los cuerpos emocionales. Su color espiritual es el rosa amelocotonado.

- Cuarto rayo de armonía y equilibrio: este rayo ampara la humildad y la armonía. Mejora la comunicación y claridad de nuestras acciones. El cuarto rayo también favorece las empresas artísticas. Su color espiritual es el rosa encarnado.

- Quinto rayo de ciencia, sanación y lógica: este rayo potencia la energía sanadora. También respalda la ciencia y el conocimiento, sobre todo por su pertenencia a la Creación. El quinto rayo sustenta el deseo de verdad y justicia. Su color espiritual es el verde.

- Sexto rayo de servicio, devoción, misericordia y gracia: este rayo armoniza la mente subconsciente con las mentes consciente y supra-consciente. Facilita la superación del dogma religioso en aras de la conciencia espiritual y la conciencia de unidad. Su color espiritual es el rojo.

- Séptimo rayo de purificación, transmutación y libertad: es el rayo de esta Nueva Era, y suscita la llama violeta transmutadora. Es el rayo de la invocación, que se manifiesta como la forma más elevada de servicio. Es el rayo de la transmutación consciente y la llama del perdón. Su color espiritual es blanco teñido de violeta.

- Octavo rayo: este rayo limpia todos los cuerpos, desde físicos hasta mentales, y los sistemas de chacras. Su color es el aguamarina avioletado.

- Noveno rayo: el noveno rayo ancla el chacra combinado del corazón y la garganta, y activa el timo (el centro de energía solar). Su color es el magenta.

- Décimo rayo: este rayo ancla el cuerpo de luz al cuerpo físico, acabando por fusionarse con tu Yo Soy Presencia (a través del rayo decimoprimero). Con él se accede a la paz y dicha eternas del Creador. Su color es el blanco perla teñido de oro.

- Rayo decimoprimero: es la conexión con tu divino Yo Soy Presencia. Este rayo también es una conexión con los aspectos divinos de Dios Madre. Su color es el melocotón iridiscente o rosa dorado.

- Rayo decimosegundo: este rayo ancla la conciencia de Cristo a la Tierra. Este rayo proviene del Creador y contiene todos los atributos de Dios Padre Madre. Su color es el dorado radiante opalescente.

Rayos personales adicionales

Además de los doce rayos galácticos, ahora disponemos de una serie flexible de rayos personales que se combinan de diversas maneras a medida que cambian nuestras necesidades, lo cual es útil, porque solo hay que determinar lo que necesitas hacer y el Yo superior y tus guías angélicos reunirán las frecuencias que precisas. Esto significa que no precisarás saber todos los detalles sobre los rayos. Con la ayuda de nuestro «respaldo» espiritual, siempre contamos con la mezcla perfecta de frecuencias de energía espiritual para lograr cualquier tarea. Hay una lista de instrucciones para estos rayos en el libro *Tu búsqueda sagrada*, que hemos espigado aquí porque es mejor y más eficaz reproducirla que tratar de parafrasearla. Esta lista de instrucciones del arcángel Miguel se encuentra en las páginas 222 a 226 del libro impreso, o en las páginas 98 a 100 del libro electrónico.

Mientras que a los rayos del sistema solar y la galaxia se les ha asignado un número del uno al doce, a los rayos nuevos de los que hablamos se los conocerá por sus cualidades de expresión. No te preocupes por los colores, porque pueden ser una mezcla de cualquiera o de todos los otros rayos, por mucho que quieras expresarlos. El artista eres tú, así como el constructor y calificador de estos rayos, y el potencial creativo es ilimitado.

Aunque puedes usar estos rayos (que podrían llamarse sub-rayos de los doce rayos galácticos), la diferencia, no obstante, es que todos tienen luminiscencia y energía procedente de la luz del Creador Supremo. Estos rayos se usan de una forma un tanto diferente a la de los siete rayos de tu sistema solar y los cinco rayos de la conciencia galáctica. Se emplean en una gran variedad de combinaciones y formas porque son energías muy especializadas.

• Comencemos por tu recipiente físico. Entra en la pirámide de luz y túmbate sobre la mesa de cristal. Reclama el rayo de salud y vitalidad para que te irradie; el rayo de belleza, juventud, coordinación, fuerza, potencia, actividad, elegancia, visión y audición con claridad, flexibilidad y cualquier otro atributo que te venga a la cabeza y mejore tu bienestar físico. Reclama y activa a la vez solo una o dos de las energías del rayo. Sabes que tu Yo Soy Presencia supervisará el proceso y asegurará que solo integres la cantidad adecuada de estas poderosas energías y no más. Tu deseo no debería ser solo una transformación acelerada, porque siempre se aplica la ley de tranquilidad y gracia. Queridos amigos, tenéis que disfrutar del proceso. La hora de las lecciones dolorosas, los traumas, el estrés y el fracaso puede acabar si permites que el proceso funcione contigo, saliendo del reino de la causalidad o del karma y adentrándote en los reinos en los que se aplica la ley de gracia.

• Ahora céntrate en el cuerpo emocional. Mientras permaneces de pie a la cabecera de la mesa de cristal, observa a tu cuerpo emocional manifestarse y cobrar forma sobre la mesa. ¿Qué apariencia tiene? Estúdialo un momento y observa los distintos matices, colores y formas que configuran tu cuerpo emocional. Tal vez te sorprenda lo que ves. Si tu capacidad de introspección no está activada, actívala, aunque, mientras tanto, limítate a intuir la forma y los colores. Pese a todo, lo que percibes es válido y, si sigues practicando, tus sentidos internos se agudizarán y centrarán. Podrías comenzar por pedir que se vierta sobre ti el rayo de amor puro del Creador y te colme limpiando todo sentido de incompetencia, culpabilidad, vergüenza y duda. Ahora, invoca el rayo de compasión, el rayo de merced y perdón, el rayo de receptividad, pasión, paz, armonía, benevolencia, intuición refinada, coraje, etc., y luego observa tu cuerpo emocional colmado de estas energías específicas mientras integras la máxima cantidad apropiada para ti en este momento concreto.

- Ahora céntrate en el cuerpo mental. Una vez más, sitúate a la cabecera de la mesa de cristal y observa a tu cuerpo mental manifestarse y adquirir forma sobre la mesa. ¿Qué apariencia tiene? ¿Es fuerte y bien definido o está enmudecido con colores abigarrados o distorsionados? Pregunta y observa el rayo de verdad, voluntad, valor, sabiduría, inteligencia, atención, creatividad, geometría, disciplina, organización, información científica, orden, el rayo de recibir, el rayo de dar o compartir, cada uno siguiendo su turno, surgiendo del gran cristal generador que cuelga del centro de la mesa. Tu Yo Soy Presencia filtrará la esencia de cada rayo, que incidirá sobre ti en su forma más pura.

  Tu pirámide se colmará con la esencia y energía de estos rayos que permean todo al interior. Sabes que aportas el don de cada rayo al reino en que resides físicamente. A ti te corresponde reclamar, usar y compartir, asumiendo realmente el papel de cocreador junto con el Creador Supremo y nuestro Dios Padre y Madre.

- También te puedes centrar en tu cuerpo etérico, que contiene el modelo de tu cuerpo de luz. El cuerpo etérico rodea al recipiente físico, así como a las distorsiones e imperfecciones instaladas allí antes de que se manifestasen en el recipiente físico. Ahora se invierte el proceso. La esencia de la Creación, perfeccionada a partir de la forma física, se almacena en el cuerpo etérico y una vez más colmarás esa parte de tu ser con luz perfecta, para que sea accesible a tu cuerpo físico. ¿Qué aspecto tiene tu cuerpo etérico? ¿Eres capaz de ver a través de las oscuras redes de energía distorsionada? ¿Hay zonas más densas y oscuras que otras? ¿Dónde están? Te mostrarán los puntos en que el cuerpo está desequilibrado y con mayor peligro y dónde es probable que experimentes la siguiente crisis de salud o enfermedad. Observa el rayo de luz inmortal de tu cuerpo que desciende y se fusiona con el cuerpo etérico. Un rayo de luz de tu Yo Soy Presencia sale del gran cristal, te rodea y te colma suavemente de la dulce esencia de amor.

Además, en un estado alfa leve, tal vez te quieras centrar en el cuerpo físico durante una o dos semanas mientras preparas el cuerpo para recibir y manifestar estas poderosas energías. Si, de la forma que sea, te sientas desorientado, sin arraigo o incómodo, interrumpe el proceso un día o dos antes de continuar. Deja que el espíritu sea tu guía y no conformes tu progreso ni lo transformes a imagen del de otra persona. Estás accediendo a tu propia inteligencia divina y estás activando tu propio genio creativo.

A diario, o con la frecuencia que puedas, dedica unos instantes a sintonizar con la inteligencia de tu recipiente físico y con tu cuerpo elemental. Se trata de tu mente subconsciente profunda que solo conoció la perfección al comienzo, a la que has programado con pensamientos negativos durante siglos, dando lugar a imperfecciones, molestias y enfermedades. Es un proceso relativamente largo, pero estás disolviendo los pensamientos negativos y instaurando una vez más el modelo de perfección, el cuerpo Kadmon de Adán y Eva. Es en parte la razón por la que experimentas tantos síntomas: desorientación, letargo, incapacidad para concentrarte, etc. Lo que costó cientos de miles de años manifestarse se está invirtiendo en un espacio de tiempo asombrosamente corto.

Al menos una vez por semana, céntrate en tu cuerpo o naturaleza emocionales, y evalúa qué ha cambiado desde la última vez que te sintonizaste. ¿Te sientes más equilibrado y en paz? ¿Eres más capaz de gestionar el estrés de tu vida cotidiana? ¿Eres más permisivo o tolerante con cuantos te rodean ¿Eres capaz de centrarte en el *panorama general* en vez de quedarte en la *anécdota*? ¿Qué es mejor o peor? ¿Qué es lo que más quieres cambiar ahora mismo?

Establece prioridades y luego invoca el siguiente rayo particular de expresión mientras integras gradualmente todos estos atributos y energías especiales. Céntrate también en tu cuerpo mental al menos una vez por semana. ¿Ya piensas con más claridad? ¿Eres capaz de procesar y discriminar información de manera más eficiente de modo que extraigas la sabiduría de cada experiencia o interacción? ¿Eres más disciplinado y te resulta más fácil y disfrutas más con el cumplimiento de tus obligaciones? ¿Te sientes más sintonizado con tu inteligencia superior y tienes ideas más frescas y creativas? ¿En qué ha variado tu conciencia y qué ha cambiado como resultado?

Empleo de la energía espiritual

Como has leído en estos pasajes, así como en los mensajes – si es que los has leído–, usar los rayos es más fácil en nuestra pirámide. Podemos aplicar los mismos principios y emplear los rayos fuera de la misma, si bien permanecer en la pirámide ofrece la ventaja de trabajar desde la quinta dimensión. Por experiencia propia te diremos que usar los rayos fuera de la quinta dimensión requiere más esfuerzo, atención y reflexión. Cuando optas por operar fuera de la quinta dimensión eres responsable, al menos en cierto grado, de los efectos que tus energías tienen sobre la gente que te rodea.

Además, trasladar energías de la quinta a la tercera dimensión requiere más esfuerzo, control y experiencia. Si quieres proteger a cuantos te rodean, te exigirá también algo de tu propia energía. Y, cuando te plantees no tener acceso directo al cristal generador de tu pirámide, que es un conductor directo que concentra tu energía espiritual, probablemente veas que, al menos al principio, mantener tus esfuerzos confinados dentro de tu pirámide parece una buena idea.

Dentro de tu pirámide, suscitar la energía del rayo que necesitas solo requiere un poco de concentración e intención. De conseguirlo, el sistema hará el resto. En tu pirámide, suscitar cualquier energía que necesites es tan sencillo como determinar lo que necesitas y acceder mediante la intención. Es una forma simplificada de aprender a usar algunas poderosas fuerzas espirituales. Para eso está diseñado el sistema, y lo mejor para ti será que lo sigas hasta que poseas varios años de experiencia trabajando con diversos tipos de energía espiritual. Y quizá por eso sepas que usar la energía espiritual en cualquiera de sus formas resulta mucho más fácil cuando, siendo Yo maestro espiritual, conectas con tu tríada sagrada. Si intentas hacer demasiado y demasiado rápido solo conseguirás, paradójicamente, ir más lento.

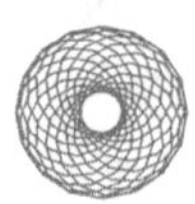

UNA APROXIMACIÓN MÁS PROFUNDA A LA ASCENSIÓN

lgunas personas interesadas en la espiritualidad consideran la ascensión todo un acontecimiento. Lo consideran algo que sucede más adelante, una vez alcanzada la «iluminación». Creemos que hay una forma distinta de contemplar la ascensión, y te diremos por qué. Cuando leas esta sección, ten en cuenta que querrás examinar la certeza de esos pensamientos con tu propio radar del corazón. Todos tenemos nuestra propia verdad y, aunque esas verdades se superpongan, está claro que siempre hay algún punto en el que no todos coincidimos. Eso es porque todos nos encontramos en distintos puntos del camino y nuestra ubicación es única, aunque nos parezca que estamos en medio de una multitud.

Una visión más amplia de la ascensión

Los que tendemos a ver la ascensión como un acontecimiento parece que nos centramos en un aspecto concreto del proceso. Por desgracia, esto impone al proceso limitaciones ajenas al mismo. Si un candidato espiritual equipara iluminación y ascensión, lo que espera en esencia y a su entender es elevarse espiritualmente como recompensa por haber alcanzado la iluminación. Esta no es la forma en que nosotros percibimos la ascensión. Desde nuestro punto de vista, y por lo que sabemos de espiritualidad real, todos los aspectos de la espiritualidad y el crecimiento espiritual forman parte de la ascensión. No hay ningún elemento de nuestra experiencia espiritual que no forme parte de la ascensión espiritual. La ascensión es el *camino*, y no una recompensa por mantenernos en él.

Por supuesto, como con cualquier otro camino hay señales y carteles que identifican lugares y ofrecen direcciones. Aunque dichas señales sean informativas y útiles, no son ellas las que te llevarán adonde quieres ir, sino el camino.

Aceptar que es tu *camino*, y no las señales plantadas por el camino, el que te lleva adonde quieres ir —y el principio de aceptación es creer que todos recorremos el camino que nos lleva de vuelta al Creador— es lo que te permite cambiar de creencia y ver la ascensión como el camino de retorno al Creador. Una vez que amplíes tus creencias estarás más capacitado para entender que la ascensión no es algo que sucede con posterioridad, sino que sucede *justo ahora*. No es un acontecimiento del futuro; forma parte de la vida cotidiana. Se halla en todas las decisiones que tomamos; forma parte de cada pensamiento que albergamos; está íntimamente entretejido con tu vida y con tu conciencia. La ascensión es una parte inherente de nosotros y forma parte de nuestra divinidad.

A cada segundo y con cada opción elegimos la dirección que toma nuestra senda, hacia dónde *ascendemos* o hacia dónde *descendemos*. La elección es nuestra y solamente nuestra, y nadie puede hacer nada para alterar eso excepto nosotros. Con independencia de lo que otros hagan, con independencia de qué más ocurra, podemos elegir seguir ascendiendo mientras recorremos nuestra senda espiral hacia Casa. No hay duda de que muchas cosas que tú, como alma, necesitarás hacer de camino a Casa le parecerán difíciles o incluso imposibles a tu ego. Por eso, el progreso real y positivo pocas veces se produce antes de una fusión del alma, cuando el ego renuncia y el alma asume el control de nuestra vida. La fusión del alma proporciona la fortaleza necesaria para tomar decisiones por el bien supremo, además de dotarnos de una perspectiva más profunda que, en muchos casos, nos permite tomar decisiones más útiles y opciones menos hirientes.

Los acontecimientos diarios de la vida adquieren un nuevo sentido si los consideras como parte de tu senda de ascensión. Como ya estás en camino, y como con cada opción eliges la dirección –ascendente o descendente–, tal vez ahora veas lo importantes que son realmente nuestras opciones. Por eso el arcángel Miguel nos dice que roguemos siempre y busquemos el bien supremo. Esas son las opciones que nos hacen seguir remontando la senda de ascensión.

> *Verdades cósmicas reveladas,* pg. 378:
> La ascensión es un proceso perpetuo de refinamiento y expansión. Observas, disciernes, liberas o absorbes, integras y luego irradias los patrones vibratorios de las verdades y conceptos superiores que se te han revelado.

> *Que haya luz,* pg. 106:
> Queridos amigos, reventáis en perfección del corazón del Creador, y desde el principio estabais predestinados y programados para acabar regresando a esa perfección. Lo que os cueste completar la travesía depende totalmente de vosotros. Mediante la aplicación de un don como el libre albedrío, solo vosotros podéis decidir si tomáis una ruta de vuelta acelerada, elevada y estrecha; la de los vaivenes del camino intermedio; o la carretera baja y rocosa, serpenteante y llena de curvas, pero que acaba siguiendo la misma dirección.

Verdades cósmicas reveladas, pg. 201:
Cuando inicias la senda de ascensión o conciencia de ti mismo parece como si vivieses una noche oscura del alma; sin embargo, si aprendiste bien las lecciones, apreciarás la justicia de las pruebas y dificultades que has tenido que vivir, porque te han ayudado a convertirte en director de tu futuro mientras te curtías en la senda del autodominio.

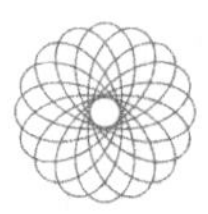

COLUMNAS DE ASCENSIÓN

Uno de los instrumentos disponibles para aumentar la frecuencia de la firma energética y la canción del alma es algo que el arcángel Miguel llama «columnas de ascensión». Son columnas de energía de la quinta dimensión ancladas aquí, en la tercera dimensión, mediante una combinación de cristales de cuarzo y amatista. Se montan fácilmente y no requieren atención constante, por lo cual su empleo también es sencillo.

Esta es la idea básica: con dos piedras de cuarzo claro y dos piedras de amatista estableces en casa o en tu propiedad una conexión espiritual con la pirámide y con una ciudad de luz de dimensión superior. Las piedras anclan la conexión de energía espiritual a tu espacio concreto y recibes un aporte constante de flujo de partículas adamantinas de la ciudad de luz a tu pirámide y al espacio al que esté anclada la columna.

La disposición de las piedras es acorde a su tipo y a la dirección. Las piedras de cuarzo claro se colocan en los límites norte y sur de tu espacio, mientras que las amatistas se reservan para el este y el oeste. Si están al aire libre en un terreno tuyo, cava pequeños agujeros y entiérralas. Si no posees terreno alguno, déjalas en tu casa o apartamento. Cuando las dejes en casa, limítate a colocar las piedras según las direcciones –si espiritualmente te parece correcto–, o emplea unas macetas pequeñas y entierra las piedras antes de ubicarlas en la casa.

En cualquier caso, cuando coloques las piedras, retén la intención en tu conciencia de que se conecten con la pirámide y la ciudad de luz, con el propósito de anclar y multiplicar la energía espiritual en esa ubicación. Manifestar tu intención activa las piedras.

Veamos un pasaje de *Verdades cósmicas reveladas*, páginas 247 y 248, con algún detalle sobre el propósito de las columnas de ascensión:

Es hora de que recibas una explicación más detallada sobre las piedras que anclan la ascensión y por qué son tan importantes. Las dos piedras de cristal claro representan la luz cristalina de fuego del Creador, o partículas adamantinas, conforme las hemos denominando para esta era entrante. Como no es factible remplazar las grandes cúspides de cristal sensitivo alrededor de la Tierra, esas piedras desempeñarán la misma función de receptores y emisores con cada uno de vosotros, refinados y conscientes receptáculos de luz. Las dos pequeñas piedras de amatista extraerán la llama violeta de transformación del séptimo rayo y lo irradiarán a los múltiples niveles de la Tierra, activando así los grandes grupos de amatistas y las cámaras de llama violeta encerradas etéreamente que se dispusieron estratégicamente alrededor de la Tierra a la espera del momento apropiado para cobrar vida e iniciar el edificante proceso de transformación de la estructura interna de la misma. Así también se acelera el proceso de activación del sistema de cristales que rodean la Tierra y que, a su vez, aceleran el proceso de ascensión de la Tierra y la humanidad.

Con este propósito en mente, meditar periódicamente sobre las columnas de ascensión y visualizar un rayo amalgamado de fuego blanco y luz violeta surgiendo de la ciudad de luz proyectándose en tu columna de ascensión y llegando a la Tierra potenciará y multiplicará el flujo de energía que las piedras por sí solas podrían aportar. Esta participación es la razón por la cual el arcángel Miguel se refiere a nosotros como «receptáculos de luz purificados y conscientes». Es otro modo de ayudar a la Tierra y al espíritu bondadoso, al tiempo que nos ayudamos a nosotros mismos y espoleamos nuestro crecimiento espiritual.

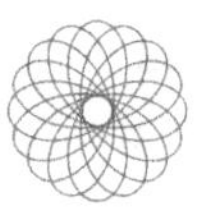

CREAR TU REALIDAD

Como este es un tema delicado para muchos, haremos lo que esté en nuestra mano para aclarar ciertos aspectos y ofrecer ejemplos adecuados con que transmitir nuestro punto de vista.

A fin de entender lo que significa «crear tu realidad», es importante recordar que, como ha expresado el arcángel Miguel en los mensajes, el potencial de todo lo que existirá en este universo, o lo que se podría manifestar en él, adquirió carta de naturaleza durante el nacimiento del universo. Por tanto, y en cierto sentido, todo lo que este universo podría ser o contener ya está presente de forma no manifiesta. Algunas de estas cosas se han manifestado, otras no; pero todas están aquí de alguna forma. Dicho potencial, que incluye los Designios del Creador, es lo que consideramos la «realidad objetiva» de este universo. La realidad objetiva es el boceto de todo lo diseñado por el Creador que tiene el *potencial* de manifestarse, pero no es la manifestación en sí. La manifestación proviene de los co-creadores.

Esto significa que el resto, y también las partes del universo que vemos y con las que interactuamos, son realidad *subjetiva*. «Realidad subjetiva» significa que estas cosas adquieren realidad como creación de un cocreador, y en ese «cocreador» nos incluimos nosotros. Como el término cocreador nos incluye, somos personalmente responsables del mundo que nos rodea y colectivamente responsables de todo lo que se manifieste en el mundo físico. Eso significa que el mundo físico es una colección de nuestras creaciones junto con las creaciones de todos los demás (esa es la parte «colectiva»). Pero ¿por qué somos responsables de crear el mundo que vemos a nuestro alrededor?

Recuerda las reglas de manifestación

Quizá recuerdes de la lectura de *Espiritualidad unificada del Creador* que albergar un pensamiento y mantenerlo en la conciencia es un paso para manifestar lo que quieres. Por desgracia, este proceso también sirve para manifestar lo que *no* quieres. Cuando despertamos espiritualmente, no nos convertimos de repente en «cocreadores», puesto que durante *todo ese tiempo ya lo hemos sido*. Esa es la razón de que, antes de nuestro despertar espiritual, creemos todo tipo de cosas que realmente no queremos y que ni siquiera reconocemos hasta que nos volvemos espiritualmente conscientes. Antes de ese punto, no sabemos de dónde vienen esas cosas. Ni sabíamos que todo lo negativo que se manifestaba en nuestras vidas procedía de nuestras opciones, así como de retener pensamientos negativos en la conciencia. Sin embargo, ahora sí lo sabemos. Ahora podemos sustituir esos pensamientos negativos por pensamientos de lo que queremos en nuestra vida. Así empezaremos a manifestar la vida espiritual y serán esas manifestaciones las que sirvan de ejemplo a los demás.

Cambiar lo que manifestamos

Nos costará cierto trabajo desembarazarnos de todas las cosas que hemos manifestado en nuestra vida y que estábamos manifestando de manera inconsciente. Por suerte, esto solo es un problema cuando una vieja manifestación se cruza en nuestro camino y nos impide manifestar nuestro deseo. Es probable que el pensamiento que interfiere sea esquivo y esté bien escondido, pero, como sigue dentro de ti, conseguirás proyectar luz sobre él y remplazarlo con un poco de labor y esfuerzo.

Veamos un ejemplo con el que mucha gente se identificará. Es un error habitual de índole religiosa pensar que «el dinero es la raíz de todos los males». Si lo consideramos objetivamente, resulta fácil ver que esta es realmente una afirmación sin sentido. El dinero no tiene otro valor que el que le concedemos. Como todo el valor se lo otorgamos nosotros y ningún valor procede del dinero en sí, es razonablemente fácil deducir que el problema real es nuestro punto de vista sobre el dinero.

Si crecimos creyendo «que el dinero es malo», esa creencia bien arraigada puede aferrarse a nuestra mente subconsciente aunque creamos que la hemos sustituido por otra. Quizá creamos que de algún modo hemos cambiado nuestro punto de vista, tal vez con afirmaciones positivas. Sin embargo, si la idea de que el «dinero es malo» sigue arraigada, la mente consciente actuará en base al supuesto de que el «dinero es bueno», mientras que la mente subconsciente seguirá operando con la idea de que «el dinero es malo». Como la mente subconsciente es más vasta y mucho más poderosa, todos los esfuerzos que hagamos conscientemente a favor de que «el dinero es bueno» terminarán saboteados por la mente subconsciente que cree que «el dinero es malo». Luego, ¿cuál es la solución?

La solución consiste en remplazar en la mente subconsciente la creencia de que «el dinero es malo» por «el dinero es bueno». De tal modo, los esfuerzos de la mente consciente estarán respaldados por la mente subconsciente, en vez de que esta los sabotee. Tal y como ha dicho el arcángel Miguel, cambia de pensamiento y cambiarás tu vida. Ahora es momento de preguntarnos: ¿y cómo lo hacemos?

Remplazar los pensamientos saboteadores

Aunque no es importante conocer el origen de los pensamientos saboteadores, sí lo es saber lo que son. Veamos un proceso que quizá te ayude a descubrir al saboteador:

- Concibe el pensamiento que quieres tener.
- Al hacerlo, fíjate en lo que ocurre de inmediato, que puede ser sutil o no.

- Ese «algo» a menudo será un segundo pensamiento silencioso o ruidosamente disconforme. Tal vez tengas que volver a pensar lo que quieres unas cuantas veces para centrarte en el pensamiento inoportuno cuando sea sutil. Hazlo ya mismo, prestando atención al pensamiento que se deriva.

- ¿Se vuelve el pensamiento más poderoso y ostensible? Si es así, sigue repitiendo el pensamiento anhelado para que el pensamiento secundario sea cada vez más perceptible. Dicho pensamiento secundario es el pensamiento saboteador y nuestra intención es desenmascararlo.

- Ese pensamiento podría ser casi cualquier cosa. Quizá te fue inculcado por un adulto en la infancia. Tal vez esté ligado a circunstancias vitales, como que «el dinero es malo». Quizá sea algo que te concierne, como «no te lo mereces», «no eres listo», «siempre lo estropeas todo», «no me lo merezco»... Las posibilidades son incontables.

- Establece tu intención para tener siempre ese pensamiento en la conciencia, sabedor de que estás exponiendo a la luz el pensamiento saboteador para sanarlo.

- Cuando se presente un pensamiento, comprueba con el radar del corazón si es el pensamiento fundamental que estás buscando o es un pensamiento con el que el ego te ha tentado para que interrumpas lo que estés haciendo y así conservar el pensamiento saboteador.

- Si el radar del corazón percibe que el pensamiento revelado es el pensamiento saboteador, entonces es el pensamiento que usarás en el ejercicio de sustitución. Si el radar del corazón te dice que tienes que ahondar más, continúa examinando todo pensamiento hasta que llegues al pensamiento saboteador. Recurre a la llama violeta para transmutar y sanar los pensamientos negativos.

- Una vez hayas localizado el pensamiento saboteador, relájate unos momentos y pasa al ejercicio de sustitución.

Hay un par de cosas que tenemos que mencionar antes de proceder con el ejercicio de sustitución. La primera es que es muy probable, incluso virtualmente cierto, que el pensamiento saboteador provoque una emoción negativa. Es algo que probablemente sientas, y podría ser una emoción de opresión o miedo, una inquietud en el pecho o cualquier otra sensación negativa. Fue esa sensación la que estableció una conexión con aquel pensamiento que alguien te inculcó, muy probablemente cuando eras un niño y no tenías control real sobre tal proceso y sobre la mayoría de aspectos de tu vida.

La segunda es que esta emoción negativa carece ahora de poder real sobre ti, así que abandónala, sabedor de que no te hará daño y no significa nada para ti. No quieres aportar ninguna energía a esa sensación porque, de hacerlo –y tal y como nos ha dicho el arcángel Miguel–, se le incorporaría energía negativa que la volvería más poderosa. Que así sea.

Estamos a un tris de remplazar el pensamiento saboteador, y dicha sensación se debilitará con el tiempo. Tal vez termine apagándose. Lo importante es que no se le suministre más energía o poder del que ya tiene, y el modo de lograrlo, aunque todavía lo percibas, es no hacerle caso.

El ejercicio de sustitución:

- Cierra los ojos, respira hondo unas cuantas veces y relájate.
- Acude a la pirámide de trabajo.
- Haz presente el pensamiento saboteador en tu mente y crea una forma que para ti represente dicho pensamiento. Deposita esa forma sobre la mesa de cristal, con la llama violeta debajo.
- Retén la intención de que ya no necesitas ese pensamiento limitador y que tu intención es sanar dicho pensamiento.
- Observa la llama violeta brillar y extenderse por debajo de la mesa rodeando por completo la forma del pensamiento saboteador para transformarlo.
- Cuando apagues la llama violeta, verás que el pensamiento saboteador ha desaparecido y que en su lugar hay una masa informe que puedes moldear como quieras.
- Crea una forma en tu mente que represente el pensamiento que quieres tener: el pensamiento con que remplazar el pensamiento saboteador.
- Observa el modo en que la masa sobre la mesa de cristal adquiere esta nueva forma.
- Ahora invita a tu mente subconsciente a unirse a la mesa. Observa tu mente subconsciente en la mesa, contigo, en cualquier forma que elijas como apropiada.
- Da gracias a tu mente subconsciente por unirse a ti. Ofrécele el don de una forma recién creada que represente tu nuevo pensamiento. Dile a tu mente subconsciente: «Ya no creemos... (pensamiento saboteador). Se ha transformado en... (manifiesta tu nuevo pensamiento de sustitución). En esto creemos ahora y tenemos que mostrar este cambio (la forma que diste al pensamiento de sustitución)».

- Observa a tu mente subconsciente aceptar la nueva forma y el nuevo pensamiento, y fíjate en cómo vuelve a su ubicación normal.
- Respira hondo unas cuantas veces y abre los ojos cuando estés listo.

Usa este proceso para desvelar todas las creencias y pensamientos limitadores y remplazarlos por pensamientos apropiados para ti. De este modo, los pensamientos que se manifiesten serán pensamientos que se ajustarán a tu nivel de conciencia espiritual, luego estarás manifestando una realidad no anclada en el pasado. Esto te ayudará a vivir libremente la vida espiritual que ahora quieres, sin restricciones de límites ni negatividad del pasado.

Secretos del autodominio, pg. 148:
Como ser humano o espiritual estás aprendiendo a hacer elecciones responsables, porque ahora eres consciente de que tus pensamientos, sentimientos y palabras son los elementos constructivos de tu futura realidad. A cada momento, *TÚ* estás creando la realidad personal que experimentarás durante los próximos días y años. Una persona responsable siempre tiene en cuenta las consecuencias de sus acciones. Para crear un mundo de equilibrio, paz y armonía, aprende a emplear con intención y detalle tu cuota de energía cósmica, siempre encaminada al resultado más beneficioso.

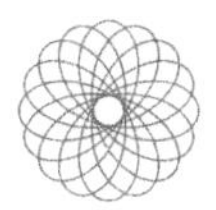

HALLAR TU PROPÓSITO ESPIRITUAL

La mayoría de las personas con interés en la espiritualidad quiere saber por qué están aquí. Quieren creer que hay una razón y quieren conocerla. La buena noticia es que todos tenemos más de una intención espiritual pues, si no fuese así, no estaríamos aquí.

Hay un propósito espiritual que todos compartimos y que probablemente tenga menos significado para nosotros individualmente que algunos de los otros propósitos espirituales. Sin embargo –y paradójicamente–, el propósito que desde nuestra perspectiva menos signifique para nosotros quizá sea el más importante para el Creador. El propósito espiritual que todos compartimos es la *experimentación de la vida desde nuestra perspectiva única*. Reunimos experiencias para el Creador que solo nosotros podemos reunir y que cobran un significado más profundo mientras adquirimos autodominio y empezamos a entender la verdadera naturaleza de la conciencia de unidad. Hasta llegar a ese punto, la mayoría de las personas tenderán a considerar más significativos sus otros propósitos espirituales y a ver la reunión de experiencias para el Creador simplemente como una función de nuestra estancia sobre la Tierra.

Que haya luz, pg. 138:
Debes tener suficiente atrevimiento como para reafirmar tu visión y luego, a través de tu intención y tus acciones por el bien supremo de todos, mantenerte centrado y vivir cada momento al máximo de tus capacidades, y, por último, observar cómo se desenvuelven tus nuevas creaciones. ¿Cuál es el máximo

deseo de tu corazón? ¿Qué te aporta dicha? ¿Cuál es tu pasión? Cuando tengas una respuesta clara a estas preguntas, sabrás con certeza la senda que has de seguir.

Nuestros propósitos espirituales secundarios

El despertar a nuestra verdadera vida espiritual suele provocar cambios vitales y, en determinadas circunstancias, trastorna nuestro antiguo estilo de vida. Como este cambio resulta difícil para los miembros de la familia, el arcángel Miguel subraya que a menudo es preferible un despertar más bien lento que rápido. Un despertar lento da tiempo a la familia a acostumbrarse a esas nuevas perspectivas y adaptarse a ellas, y tal vez incluso a que ellos mismos adopten alguna de ellas. Así se consiguen la tranquilidad y la demora que el arcángel Miguel menciona con frecuencia en sus mensajes. Por su parte, un despertar rápido provoca mucho estrés y tensión en las relaciones familiares y, al menos la mayor parte del tiempo, esto deriva en conflictos familiares evitables.

Cuando prestemos atención a nuestro propósito espiritual, nos plantearemos al menos dos cosas: 1) cuál es, y 2) cómo implicarnos en él sin causar un conflicto familiar innecesario.

Identificar tu propósito espiritual

Existen varias fuentes para identificar tu propósito espiritual. Aquí te proporcionaremos las más básicas, aunque haya otras para profundizar más sobre el tema al margen de este libro. Dicho lo cual, queremos que nuestros lectores sepan que identificar su propósito espiritual consiste en descubrir la verdad enterrada que hay dentro de ellos. A nivel profundo —o quizá consciente—, ya sabes cuál es tu propósito espiritual. Muchos de nuestros lectores ya lo saben de forma consciente, pero a menudo no se fían de sí mismos y buscan otras formas de validación. En otros casos, tal conocimiento reside en su mente subconsciente y necesitan exponer ese conocimiento a la luz del día.

En cualquier caso, la información que compartimos, un ejercicio que revele tu propósito y otras fuentes, te ayudarán a descubrir tu propósito espiritual o validarán el que ya conoces (o quizá sospechas).

La primera fuente que compartiremos es un breve ejercicio espiritual que revelará tu propósito espiritual. Puedes leerlo varias veces antes de practicarlo; puedes grabarlo y escucharlo, o —si compraste los ejercicios— utilizar la versión que hay grabada en las descargas digitales. Si compraste los ejercicios descargables, limítate a leer el texto una vez y luego escucha el ejercicio tantas veces como necesites. El título es: «Encuentra tu propósito espiritual». Veamos el texto del ejercicio sobre el propósito espiritual:

Ejercicio sobre el propósito espiritual:
Respira hondo varias veces y ábrete cuando asumas relajadamente el estado alfa. Al relajarte y asumir el estado alfa, mantente decidido a librarte de tus percepciones y creencias limitadoras. Tu verdadero Yo espiritual conoce tu propósito espiritual y te lo revelará una vez que te libres de los miedos, creencias y dudas que te coartan. Date permiso para hacerlo ya. Siente cómo tu ego-cuerpo de deseo alivia su presión; siente cómo te libras de todas las creencias que te cohíben y visualízalas como una niebla grisácea que abandona tus cuerpos inferiores (físico, emocional, mental y etérico). Ahora emplea la llama violeta transmutadora para transmutar la niebla grisácea en un resplandor dorado y observa el res-

plandor desvanecerse en el mundo a tu alrededor. Ahora que se ha despejado la niebla y todas las limitaciones que has percibido queda expedito el camino para que recibas o se revele tu verdadero propósito espiritual. Muestra ahora la intención para que emerja ese propósito.

Tu propósito espiritual tal vez ya haya permeado tu conciencia de vigilia. Tiene vital importancia que no edites lo que ahora creas. Con independencia de lo que sea o lo que te cueste conseguirlo —lo creas o no—, *ponlo ahora por escrito en su totalidad.* Deja que sea el universo el que se encargue del cómo. A ti te corresponde la intención y emprender la acción; que tus guías, ángeles y grandes seres dispuestos a ayudarte aprovechen la ventaja de su posición superior para resolver los detalles de cómo hacerlo. Por tanto, si ya conoces tu propósito más profundo, respira hondo, vuelve al centro, sal del estado alfa y ponlo por escrito.

No te sientas preocupado si tu propósito todavía no está conscientemente claro. Por ahora bastan la intención y saber que ahora está en tu conciencia y que te será revelado muy pronto y en el momento apropiado. Mantén la intención de reconocer y aceptar tu propósito cuando te sea revelado. Cuando llegue, confía en el mensaje del Yo superior, en tus guías angélicos y maestros ascendidos. Confía en que el mensaje es cierto y acepta tu propósito espiritual sin juicios de valor ni limitaciones. Practica ahora varias respiraciones hondas. Cuando estés listo, y si no lo has hecho, vuelve al centro, vuelve a la conciencia de vigilia y abre los ojos.

Practica este ejercicio más de una vez si lo deseas.

Que haya luz, pg. 189:
Cuando decimos que busques tu pasión y lo que te reporta la máxima satisfacción y dicha, sois muchos

los que no tenéis la más remota idea de cuál es. Empieza por eliminar los elementos estresantes de tu vida, lo que genera dolor y lo que temes.

Verdades cósmicas reveladas, pg. 250:
No dejes que otros te impidan seguir tu camino por un falso sentido del deber o por viejas ataduras que te retienen en la ficción de la tercera o cuarta dimensiones. Hazte la promesa de que, de ahora en adelante, solo harás lo que te emocione y procure satisfacción, porque ahí radica tu misión y cómo puedes servir mejor.

Secretos del autodominio, pg. 87:
Esfuérzate por comprender tu papel y propósito en esta vida. Indaga en tu interior para saber quién eres en realidad, por qué actúas y reaccionas del modo en que lo haces, y cómo acceder a tus mayores talentos y capacidades. Este debería ser tu objetivo principal en este momento. *Reflexión, contemplación y meditación activa* desvelarán el misterio de tu Yo verdadero y de cuáles son tus principales objetivos en esta vida.

Desvelar tu propósito espiritual

Aunque el conocimiento de tu verdadero propósito espiritual esté soterrado en algún lugar de la conciencia, algunos de nosotros hemos enterrado ese conocimiento y, por tanto, precisamos de un medio para sacar a la luz esa información. Para hacerlo, existe una fuente a la que hemos recurrido con anterioridad: el libro de Randall Monk *Herramientas maestras de vida para la era de la ascensión*. Aquí te mostramos un pasaje, suficiente para empezar, aunque te animamos encarecidamente a que adquieras una copia de este libro para que te acompañe durante todo el proceso. Como ves, este libro es útil de diversas formas. Por eso te lo hemos recomendado con anterioridad y por eso te lo volvemos a recomendar.

El proceso vivido por Randall ayuda a descubrir tus puntos fuertes, aquello de lo que disfrutas, tus intereses y las cosas en las que eres bueno. Seguidamente, con esa información, colige dónde confluye todo y ese será tu propósito espiritual o el medio que te conduzca a él. Si quieres una versión corta de este proceso, sigue estos pasos:

- Identifica tus talentos y puntos fuertes. Haz una lista de cuáles crees que son, pregunta a gente que conozcas cuáles creen que son tus puntos fuertes y talentos. Enuméralos en dos listas, una con tus puntos fuertes y otra con tus talentos.

- Haz una lista de tus logros y éxitos; debería ayudarte a identificar las áreas en las que mejor te has desenvuelto hasta el momento.

- Haz dos listas más: temas que te interesen y cosas de las que disfrutes.

- Haz una lista de las cosas en las que seas bueno.

- Reúne todas las listas y busca puntos en común, cosas que estén en todas o casi todas las listas, cosas que requieran capacidades similares, o cosas parecidas que aparezcan habitualmente.

- Elige las tres principales que despierten tu radar del corazón (si alguna lo hace). Es muy probable que una de estas tres cosas sea tu propósito, forme parte de tu propósito o te encamine a él. Habrá al menos una clave de tu propósito en estas tres.

Esta es una versión muy abreviada del proceso, por lo que seguro que obtienes más del proceso tal y como lo escribió Randall. Sin embargo, incluso esta versión abreviada te encaminará en la dirección correcta.

Verdades cósmicas reveladas, pg. 204:
Cuando empieces a ver cada reto como una oportunidad de crecimiento; cuando tengas un deseo ardiente de cumplir una tarea y no dejes que nada ni nadie te detenga; cuando hayas conseguido una visión clara y concisa de tu pirámide de energía o luz, y hayas rogado por el mejor resultado, el bien más elevado y el bien supremo para todos; cuando hayas adquirido el conocimiento y establecido unos sólidos cimientos para tu visión, y avances con firmeza y seguridad hacia tu objetivo, encontrarás y vivirás tu pasión. Querido amigo, da los pasos tal y como se te indican y te aseguro que alcanzarás el éxito.

Verdades cósmicas reveladas, pg. 200:
Programa tu nueva realidad y ten muy claro lo que deseas experimentar en el futuro. ¿Qué es lo que te apasiona? ¿Cuáles son tus más profundos y ardientes deseos? Si pudieses expresar tus deseos más descabellados, ¿cuáles serían? ¿Cómo piensas aplicar el autodominio al bien supremo de todos, incluido tú mismo? Responde a estas preguntas si quieres activarte, extraer energía afectiva y recabar la máxima cantidad del espectro completo de luz del Creador: las partículas adamantinas, el elixir mágico de vida y de toda Creación.

Verdades cósmicas reveladas, pg. 201:
Son muchas las razones por las que tan pocas personas hallan y viven su pasión; esta situación es prevalente entre la comunidad espiritual y también entre las masas. La razón más frecuente es que la gente busca fuera de sí misma su valoración y satisfacción.

Verdades cósmicas reveladas, pg. 202:
A menudo hemos mantenido que, para aportar pasión y un propósito a tu vida, primero debes suprimir aquellas cosas que no te aportan dicha ni satisfacción.

Ahora necesitas confiar

Aunque creas que conoces tu propósito espiritual, poco pasará hasta que empieces a *vivir* tu propósito. Una vez lo comprendas, o incluso si crees saber cuál es, empieza a vivir la vida como si lo estuvieses cumpliendo. Si lo haces y estás en lo cierto, se abrirán puertas espirituales que antes no eras siquiera capaz de percibir. Tu vida cambiará, porque vivir tu propósito espiritual y cumplir tu misión es una senda muy distinta a vivir tu vida sin propósito ni misión alguna. Tu voluntad empieza a aliarse con la voluntad divina y asumes tu lugar entre los cocreadores, consciente de que estás consiguiendo el nuevo paraíso en nuestro planeta Tierra. Todos somos importantes y tenemos un propósito que cumplir y solo nosotros podemos hacerlo. Esto es importante porque durante nuestra búsqueda es probable que nos preguntemos por qué nuestro propósito espiritual no parece tan «distinguido» como el de otros. Duerme con la seguridad de que tu propósito espiritual es único y que ese propósito nada tiene que ver con ser otra persona. Se trata de ser lo mejor que puedas ser. La Tierra y nuestros Padres divinos nos necesitan. Por eso necesitamos saber nuestro propósito y vivir la vida espiritual que vinimos a vivir aquí.

> *Verdades cósmicas reveladas*, pg. 233:
> Si te encarnaste fue para experimentar el plano terrenal de la existencia a fin de aprender a desempeñarte plenamente dentro de un recipiente físico además de permitir que el amor o luz de espíritu te infundieran, inspiraran y adquirieran carta de soberanía una vez más sobre tu cuerpo mental y emocional. Si viniste aquí fue para equilibrar conocimiento y comunicación con la intención de aprender e integrar tus verdades más elevadas y vivir dichas verdades como un ejemplo para los demás. Viniste a aprender que cada persona tiene su propia senda individual que seguir y sus propias lecciones que aprender, que debes asumir toda la responsabilidad de tu crecimiento espiritual y dejar que los demás hagan lo mismo. Y, lo más importante, viniste a experimentar y expresar amor, amor incondicional, primero amándote a ti mismo como preciosa chispa divina del Creador Supremo, de tal forma que puedas empezar a irradiar amor al mundo. Al amarte a ti mismo, adquieres un sentido de tu propio valor y soberanía sobre el ser, aprendiendo de ese modo que no puedes poseer a otras personas, porque también son seres soberanos. Viniste a ser una extensión física y viva del Creador Supremo, a manifestar el Cielo en la Tierra y a ser un tributo viviente en honor de tus Padres divinos.

Verdades cósmicas reveladas, pg. 202:
Es importante que no te desvincules de los asuntos inconclusos y te mantengas en tu entorno presente (tus circunstancias) mientras decides tu pasión (o tu próximo paso para llegar a la conciencia de ti mismo). Soluciona todos tus viejos asuntos; es decir, si tu vida doméstica es un caos o estás descontento con tu trabajo, te queda una labor interna que hacer antes de manifestar armonía y equilibrio en tu mundo exterior. Haz un inventario y proponte descubrir las lecciones que tengas que aprender de cada situación. Proponte descubrir lo mejor de cada cual e intenta ajustar tu actitud conscientemente. Todas las personas con las que interactúes y todas las situaciones que se te presenten a diario y que influyan en ti contienen una lección que debes aprender.

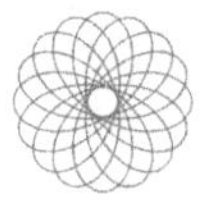

INCORPORACIÓN DEL CRECIMIENTO ESPIRITUAL A LA VIDA COTIDIANA

El crecimiento espiritual siempre ha formado parte de la vida de algunas personas. Sin embargo, hoy en día, en nuestra sociedad moderna hemos llegado a un punto sin precedentes en la historia de la humanidad.

En el pasado las masas disponían de muy escasa información espiritual. Había información mucho más profunda para los gobernantes, sacerdotes y sacerdotisas, así como para los iniciados en las llamadas «religiones mistéricas». Todo eso ha cambiado y ahora las masas disponen de información espiritual más profunda. Aunque esto sea algo maravilloso para la humanidad y el espíritu, llevar una vida espiritual en la sociedad moderna requiere incorporar algunos cambios.

La información espiritual más profunda, que se aprendía tras muchos años de aislamiento, se enseña ahora a la par que todas las actividades de nuestras vidas cotidianas. Eso hace más difícil el proceso, aunque resulta más fácil a medida que pasa el tiempo y aprendemos. Como queremos que tu proceso de crecimiento esté en lo posible libre de estrés, te facilitaremos algunas ideas útiles que harán que las cosas se desarrollen al menos de una forma un poco más sosegada.

> *La promesa dorada,* pg. 391:
> Desarrolla tu propia filosofía de vida para vivir. Escucha a tu guía interno y practica el discernimiento. Empieza ahora a interactuar con las múltiples partes de tu ser como si te rodeasen en todo momento, porque en realidad lo están haciendo. Estas accediendo conscientemente a información y sabiduría de la quinta dimensión y superior, y, a medida que la aceptes como verdad, te comunicarás de veras y con claridad con tus guías, profesores, maestros y ayudantes angélicos, y con todos los grandes seres de luz.

La idea básica

Lo que aquí compartimos es un buen punto de partida, y a partir de este punto querrás cambiar y adaptar cosas para que se ajusten a tu nueva vida. A muchas personas les resulta más fácil empezar con algo a lo que adaptarse, en vez de intentar crear un sistema desde cero. Veamos una lista básica de lo que queremos conseguir:

- Encuentra tiempo para leer por lo menos un poco a diario.
- Encuentra tiempo para una meditación corta a diario.
- Dedica un poco de tiempo a diario para la auto-reflexión y el «repaso».
- Consigue algo de tiempo dos o tres días por semana para organizar y planificar.

La lista es corta porque sabemos que la gente lleva vidas muy ocupadas y no les resulta posible sacar tiempo sin aumentar la tensión y el estrés diarios. De hecho, preferimos ayudarte a crear un sistema que no exija más tiempo a diario, y nos gustaría que empezaras por pensar en el tiempo que dedicas a aspectos personales y que podrías remplazar, al menos por ahora, por educación espiritual.

Desde luego, si cuentas con más tiempo y conoces gente que disponga de tiempo extra, un grupo de lectura o un grupo de meditación sería una útil incorporación a tu proceso de crecimiento espiritual.

Que haya luz, pg. 28:
Mantente centrado en el corazón y sintoniza tu Yo superior con una conciencia inspirada en el espíritu, de modo que acciones y decisiones siempre se alineen

con el Plan divino. Entonces, querido amigo, te auparás entre las filas de los justos cuyo máximo deseo es devolver a la Tierra y a la humanidad a un estado real de pacífica coexistencia en un entorno donde nuestro Dios Padre Madre no tenga rival.

Que haya luz, pg. 138:
Hay muchas formas de cumplir tu misión en la vida. Primero elimina aquellas cosas que no te aporten dicha y luego céntrate en las que te alegren el corazón y te emocionen. En ellas radica tu energía y magnificencia.

Magia y majestad, pg. 24:
Obra con diligencia para convertir en hábito lo que está bien de tu vida cotidiana y mundo personal, y visualiza siempre la imagen de ti en la que quieres convertirte. Hemos recalcado que actúes sin emitir juicios de valor y eso también incluye los juicios de valor sobre el Yo.

Encuentra tiempo para leer

Quizá no sea tan complicado como parece. Es probable que pases al menos algo de tiempo leyendo el periódico o revistas, leyendo libros o leyendo *online* en algún momento del día. Lo que te sugerimos es sustituir diez a quince minutos de los que dedicas a leer para relajarte con lecturas espirituales en un libro físico, una tableta o una máquina lectora, un *PDF* o de Internet. La clave consiste en limitar el tiempo para evitar el estrés. Lee más si quieres y tienes tiempo. Incluso diez minutos diarios son un paso positivo. Aunque está claro que te llevará tiempo leer un libro a ese ritmo, los artículos, los mensajes del arcángel Miguel y muchos libros electrónicos son más cortos que un libro normal, por lo que avanzarás un poco más rápido, sentirás que puedes terminar lo que empezaste y avanzarás con tu objetivo.

Encuentra tiempo para meditar

Si en la actualidad no meditas, encontrar tiempo para hacerlo puede resultar complicado. Por suerte, no estamos hablando de tanto tiempo como quizá estés pensando. De hecho, si usas las meditaciones guiadas de este libro, entonces solo necesitarás de tres a cinco minutos diarios para completar la mayoría de ellas. Hay unas pocas meditaciones más largas, de diez a doce minutos, pero la mayoría son mucho más cortas.

Existen diversas opciones para sacar unos minutos extra al día. En la mayoría de los casos, con una mirada inocente a nuestro día a día identificaremos momentos que dedicamos a nuestros intereses personales, y unos pocos minutos de ese tiempo nuestro se podrían dedicar a la meditación sin tener que robarles tiempo alguno a tus obligaciones. Por ejemplo, son muchas las personas que hoy en día dedican tiempo a escuchar música con dispositivos portátiles. Dedicar algunos de esos minutos podría ser cuanto necesitas para meditar a diario. O tal vez puedas dedicar a meditar unos minutos de tu pausa para comer en el trabajo.

Sin embargo, si realmente no dispones de tiempo para tus intereses personales, una estimación sincera del modo en que gestionas tu tiempo durante el día podría conseguir que hicieras algunas cosas con más eficacia para sacar esos pocos minutos extra. Si conviertes la meditación en una prioridad que te obliga a suprimir actividades de tu lista diaria, intenta que sean cosas menos importantes. Algunas tal vez no sean tan importantes como crees y borrarlas de la lista quizá no te suponga ningún problema. La única forma de saberlo es haciendo la prueba.

Por último, si no tienes posibilidad ni un momento de tranquilidad para meditar, pero sales a pasear o a hacer ejercicio, podrías escuchar una meditación mientras paseas o entrenas. No practiques la meditación tal cual, porque no podrás cerrar los ojos, pero al menos podrás escucharla y eso te aportará algún beneficio espiritual. Advertencia: no escuches las meditaciones mientras conduces o manipulas máquinas que exijan tu atención constante, no vaya a ser que te despistes. Si te limitas a escuchar las meditaciones mientras paseas o haces ejercicio, ese esfuerzo será suficiente para que escuchar la meditación no te incite a cerrar los ojos.

Encuentra tiempo para la auto-reflexión

Asimilar nueva información forma parte del desarrollo espiritual. La meditación nos ayuda, pero necesitamos algo de tiempo para que la información se abra paso hasta la mente subconsciente y se integre en nuestros pensamientos y perspectivas. El proceso de crecimiento será mucho más tranquilo si tenemos esto en cuenta y dejamos al menos un poco de tiempo durante la semana para este proceso.

De forma muy parecida a cuando buscamos tiempo para la meditación, un poco de planificación y organización pueden volver eficiente el proceso de auto-reflexión para que hagas mucho con poco tiempo. Una de las mejores cosas que puedes hacer es un repaso del día unos minutos antes de irte a la cama. Piensa brevemente en las cosas que podrías haber hecho mejor, pero también en lo que hiciste bien. Escribe unas cuantas frases en un diario y repásalo cuando dispongas de tiempo extra inesperado. Probablemente con el tiempo observes una mejora que te ayudará a tener sensación de éxito; al menos notarás algunos resultados positivos a tus esfuerzos por lograr un crecimiento espiritual.

Cosas sencillas, como hacer esa revisión teniendo a mano cuanto necesites, te ayudarán mucho. Tal vez debas mover unas cuantas cosas, o incluso cambiar algunos muebles. O tal vez lo puedas gestionar con papel y una tablilla sujetapapeles, o con una libreta para que escribir resulte más sencillo. Piensa en la forma más simple de encajar esto en tu rutina de irte a la cama.

Llevar un diario (o tener una grabadora digital a mano) resulta útil si normalmente meditas antes de irte a la cama, pues así podrás registrar todas las experiencias, pensamientos o impresiones que experimentas mientras meditas. El diario también es un lugar para poner por escrito cualquier sueño que consideres significativo. Todas estas cosas son espiritualmente importantes, por lo que guardar una diario en la mesilla podría acelerar el proceso estimulando una mayor interacción entre las mentes consciente e inconsciente.

Secretos del autodominio, pg. 66:
A fin de efectuar el cambio, elige conscientemente una respuesta positiva y alternativa a las habituales respuestas negativas. Es imperativo que suprimas los patrones de pensamiento destructivo o tergiversador del pasado, para así crear el nuevo proyecto que te capacite para el futuro. Durante la revisión que realices al final del día, visualiza una alternativa positiva a situaciones negativas de tu vida cotidiana y, luego, inequívocamente, céntrate en esa visión.

Verdades cósmicas reveladas, pg. 343:
Hazte esta pregunta antes de irte a dormir: «¿Cuál ha sido mi contribución del día a las reservas huma-

nas o terrestres de sabiduría y energía amorosa?». Tu objetivo ahora es vivir en un estado de inocuidad.

Secretos del autodominio, pg. 132:
Al principio elige conscientemente una alternativa positiva a la habitual respuesta negativa. Durante la revisión que realices al cabo del día, visualiza una *frecuencia* alternativa *más alta,* y los hábitos negativos desaparecerán gradualmente. Todas las facetas de la manifestación se inician internamente.

Una organización útil

Toda desorganización conlleva un coste adicional de tiempo. Buscar cosas que esperabas encontrar rápidamente consume tiempo, y ese tiempo se podría destinar a un uso mejor. Para no perder tiempo buscando cosas, todos los objetos ligados a tu espiritualidad (aparte de los ornamentales) estarán en la misma área del hogar. Los libros de espiritualidad estarán todos juntos en la biblioteca (en orden alfabético por autor si fuese necesario) y cualquier otro objeto relacionado se guardará cerca, como cristales, piedras o gemas, diapasones, varitas, tambores o cualquier cosa que emplees para tu crecimiento espiritual. (Este método también funciona con objetos que no son de naturaleza espiritual, ¡como las llaves del coche!).

Hay muchas maneras útiles de organizar nuestra vida, y pequeñas mejoras hacen mucho para que dispongas del tiempo necesario con que suprimir el estrés de tu crecimiento espiritual. Estas cosas sencillas –guardar todos los libros juntos y mantener próximos los demás objetos–, amén de devolver los objetos a su sitio, a menudo bastarán para que saques el tiempo que necesitas.

Vivir desde una perspectiva espiritual

Por suerte hacer esto no exige tiempo adicional. Ahora que dedicas tiempo a la auto-reflexión y la meditación, probablemente conozcas bastante bien tu punto de vista espiritual presente. La naturaleza de esta reflexión es comparar la frecuencia con la que reaccionaste de modo espiritual y determinar cuáles de esas reacciones proceden de tu ego. Vivir a diario desde una perspectiva espiritual simplemente supone elegir una base espiritual para tus reacciones en lugar de actuar desde el ego.

Por lo general, esto significa que quieres ser consciente de tus acciones y reacciones, y no actuar arrastrado por la costumbre. Algunos lo llaman «fingir hasta conseguirlo», pero no es del todo exacto. En este caso, se trata de una situación de todo o nada. Si actúas y reaccionas desde el espíritu, entonces actúas sin fingir. En caso contrario, estarás actuando desde el ego. Sé consciente de ello y toma tantas decisiones desde el espíritu como puedas. Con el tiempo descubrirás que te resulta más fácil y que no tienes que pensar tanto tus elecciones diarias. Al cabo del tiempo desarrollarás hábitos nacidos del espíritu en lugar del ego, lo cual resultará mucho más fácil si te mantienes centrado en el corazón y en sintonía con tu intuición y otros mensajes del Yo superior. Al comienzo de este libro ya hablamos de la comunicación con el Yo superior y los seres espirituales, así que viremos la atención y centrémonos en el corazón.

Mantenerse centrado en el corazón

Ya hemos hablado con anterioridad del radar del corazón; en esencia, mantenerse centrado en el corazón consiste en pasar parte o casi todo el día filtrando la información que recibes a través del radar del corazón, y que luego todas tus respuestas se desvíen y pasen también a través del mismo para asegurarte de que responden al espíritu. Proponemos un proceso corto que puedes seguir inicialmente y usar con todo lo que quieras. Ten presente que este proceso se acelerará y volverá más automático al usarlo habitualmente en tu vida cotidiana.

- Retén la información que te interese someter a examen mental.
- Expresa tu intención de saber si esta información es espiritualmente correcta para ti, justo ahora.
- Espera cualquier cambio en tus pensamientos, emociones o sentimientos.
- Si percibes alguna sensación de claridad, sobre todo en el área del corazón, es muy probable que lo que estés sometiendo a prueba sea adecuado para ti. Tal vez también experimentes emociones espirituales, como satisfacción, dicha, felicidad, equilibrio.
- Si no aprecias ningún cambio es probable que esta información sea neutra en tu caso, al menos ahora mismo.
- Si aprecias alguna sensación de equivocación, o de intranquilidad, entonces probablemente esta información sea errónea para ti en este momento.

Con tal enfoque general, la incorporación de la espiritualidad a tu vida diaria será relativamente fácil y la harás sin estrés ni tensión. Con menos tensión o esfuerzo es más probable que perseveres en el proceso y te esfuerces con los cambios que inevitablemente sobrevendrán mientras cambias y creces. Esto es importante porque el proceso es para cuantos lo deseen y no solo, como en el pasado, para un pequeño grupo de iniciados o personas elegidas especialmente. Para eso nos esforzamos, para dar con un sistema que funcione con casi todo el mundo.

Que haya luz, pg. 212:
Tu intención es de la mayor importancia y lucha siempre por centrarte en tu corazón sagrado, a fin de mantener el equilibrio y la armonía incluso en mitad del caos que te rodea, y de vivir la vida con integridad ciñéndote a tu verdad más elevada y aplicando los cinco sentidos.

Verdades cósmicas reveladas, pg. 200:
Tu objetivo final será alcanzar un estado de dicha sin dejar de aplicarte a tu vida cotidiana. Es lo que se llama «estar el mundo sin formar parte de él».

Magia y majestad, pg. 109:
Pon todo el empeño a diario en lograr tus máximas opciones –mantenerte en el momento, porque es el único instante en que accedes a tu poder divino– sin centrarte en el pasado y sin proyectarte en el futuro, aunque buscando tu máximo potencial en todos y cada uno de los momentos.

Que haya luz, pg. 39:
La armonía mental llega con la reprogramación de viejos pensamientos negativos y limitadores críticos, rígidos y controladores. El distanciamiento mental se alcanza con sabiduría y comprensión, y con fe en las leyes universales. Como emisario de luz, trata de vivir cumpliendo las normas morales más elevadas por medio de una conducta virtuosa y con un deseo ardiente de hallar justicia para todos. La salud emocional y mental, y el bienestar físico, son resultado del aprendizaje para vivir en el espacio sagrado del corazón en sintonía con la sabiduría del Yo superior. Mientras aprendes a funcionar en la quietud del sa-

grado momento infinito o en el punto de quietud de Creación te empiezan a ocurrir cosas mágicas. Empiezas a crear a tu alrededor un campo de fuerza energética impenetrable. Tu cuerpo se está renovando constantemente a través de las formas y los patrones energéticos que irradias. Cambia los patrones autolimitantes y las formas de pensamiento negativo por otras vibraciones expansivas y positivas mientras modificas tu cuerpo, tu realidad y tu mundo.

Que haya luz, pg. 67:
La devoción no se reservará solo a un día designado de la semana; será un estado elevado de conciencia que ilumine tu ser total y se convierta en el punto focal de tu realidad. Tu máximo privilegio y deber principal es mantener una actitud devota en todos y cada uno de los momentos de tu existencia. Lucha por desarrollar una relación constante, alegre e íntima con tu Creador.

Magia y majestad, pg. 94:
Tal vez experimentes intensos fogonazos de energía y apenas conserves la quietud, y en ocasiones quizá sientas una ligereza interior de tal modo que apenas experimentes tu forma corporal. En otros momentos puede que te sientas tan lastrado que creas que te hundes en el suelo y experimentes un cansancio extremo. Tu forma corporal soporta una metamorfosis extrema a nivel etérico y celular, y algunos de los síntomas de la transformación no son agradables, sobre todo los que provienen de una forma corporal antigua y un tanto debilitada.

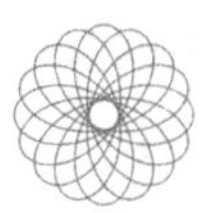

COMPRENSIÓN DEL AMOR INCONDICIONAL

El amor incondicional no se puede forzar, solo se experimenta. Por ser incondicional, su naturaleza es divina, pero no estamos aquí para aprender a amar como seres divinos, porque ya sabemos hacerlo. Estamos aquí para aprender a amar la divinidad en cada uno de nosotros pese a hallarnos todavía en un cuerpo físico. El amor incondicional lo experimenta el alma, no el ego, y por eso la única información que podemos aportar es un mapa de carreteras que te muestre la senda que lleva al amor incondicional. Tendrás que elegir opciones y recorrer el camino por tu propio pie.

Son muchos los que creen que el amor incondicional se inicia primero amándote incondicionalmente a ti mismo. Aunque sea cierto para algunos, o incluso para la mayoría, en el caso de otros aprender a amarse llega después de aprender a amar a otros. La razón es la que ya mencionamos, que nosotros, como seres divinos y a nivel del alma, ya experimentamos amor incondicional. Esto significa que ya nos amamos en lo profundo de nuestro corazón. Simplemente estamos aprendiendo a manifestarlo y aceptarlo en nuestra conciencia de vigilia. A su debido tiempo, y con la atención puesta en el crecimiento espiritual, el amor por nosotros mismos y los demás se vuelve incondicional en nuestra conciencia física. Por tanto, si eres una persona a la que le resulta fácil amar a los demás, anímate, porque vas por el buen camino y el amor incondicional por los demás y por ti mismo sigue a tu alcance.

Tanto si primero te amaste a ti mismo de manera incondicional como si te resultó más fácil empezar a amar a los demás incondicionalmente, existe un terreno común que todos compartimos como chispas de Dios y que nos ayuda a abrirnos unos a otros; dicho terreno común abastece el proceso de aprendizaje de compartir amor incondicional, porque siempre hallamos algo de nosotros mismos reflejado en los demás. Esto nos procura una razón para amar a otras personas, o una razón para amar algo de nosotros si sentimos ese amor por otros. También es un punto de partida para la conciencia de unidad.

Cómo se conectan el amor incondicional y la conciencia de unidad

El amor incondicional y la conciencia de unidad hunden sus raíces en la chispa del Creador. Esta chispa no solo nos conecta con el Creador, sino también entre nosotros. Y una vez se abre nuestro corazón sagrado, nuestra chispa de Dios reconoce al Creador en todos, posibilitándonos como almas sentir amor incondicional por las demás personas.

Recuerda que quizá el ego sienta de forma muy distinta. Desde la perspectiva del ego, la gente sigue haciendo cosas que no le gustan, luego no será posible que de repente empiece a gustarle todo cuanto hacen los demás. Sin embargo, nuestra alma, que reconoce en otras personas la chispa de Dios y la divinidad, seguirá sintiendo amor incondicional por sus almas. Es casi como ser dos personas distintas pues sientes dos cosas diferentes dentro de ti al mismo tiempo.

Esto resultará desconcertante, especialmente al principio. Después de todo, puedes sentir dos cosas opuestas sobre una misma persona al mismo tiempo. Todo es más fácil con el tiempo cuando te acostumbras a estas percepciones, más fácil incluso cuando llegas a entender que tu alma y la suya tienen el mismo origen; ambos sois chispas del mismo Creador. A medida que asimilas y sientes la unidad, se difuminan las líneas entre «tú» y «ellos». Al cabo del tiempo te das cuenta de que hay una sola alma, que no hay un «tú» y un «ellos», y que todas las almas son una proyección de tu Yo Soy Presencia.

La aparición de diferencias y separaciones es la forma en que el Creador varía las experiencias y nos dota de libre albedrío, puesto que esa aparición no cumple ningún otro propósito. Tal y como es posible que hayas conjeturado, la separación solo es «visible» para nuestro ego y desaparece desde la perspectiva del alma. Entonces, ¿cuál es su verdadero significado para nosotros y los millones de personas que pueblan la Tierra? Sencillamente, que uno de nuestros propósitos colectivos primarios estando en la Tierra es aprender a amarnos sin el control ejercido por el ego. Tenemos que aprender a separar a las personas de sus acciones. De este modo, podemos amar a una persona aunque condenemos sus acciones negativas. Es un uso positivo de la dualidad cuando operamos bajo el control del ego, preparando la conciencia para la fusión del alma y para que el alma acabe tomando el control de nuestras vidas.

Que haya luz, pg. 291:
Estás en el proceso de restablecer una conexión del «corazón o la mente» con el espíritu. Se requiere un corazón y una mente unificados para reunir la energía cohesiva de nuestro Dios Padre Madre, y el amor incondicional es la llave mágica que enciende el maravilloso proceso de Creación.

Pasos para alcanzar la conciencia de unidad y el amor incondicional

Es probable que estos pasos te resulten familiares, dado que todo lo que has hecho para avanzar en tu crecimiento espiritual también te encamina a la conciencia de unidad y al amor incondicional. Sin embargo, te recordamos que no te hará daño ver unas cuantas cosas en un contexto diferente, y que tal vez veas las cosas de un modo un poco diferente.

- Esfuérzate por reducir cualquier tendencia a juzgar a los demás. Los juicios de valor se entrometen directamente en el camino de la conciencia de unidad y del amor incondicional, por lo que eliminar cualquier tendencia a juzgar supone despejar un enorme bloqueo del camino.
- Busca puntos en común y no diferencias con los demás. Resulta útil conectar con otras personas de forma positiva y no negativa.
- Esfuérzate por entender el punto de vista de los demás. Cuando lo hagas, conecta con ellos si comprendes su perspectiva, pues te ayudará a encontrar puntos en común.
- Que tu punto de vista se manifieste más por tus acciones que por tus palabras. La gente verá lo que haces y los que estén interesados te harán preguntas al respecto. Si intentas contárselo en vez de mostrárselo, estarás creando un marco para el desacuerdo y la discordia.
- Dedica tiempo a la respiración sagrada y emplea ese tiempo para irradiar energía de amor al mundo. Si haces de ello un hábito y empiezas a hacerlo con más frecuencia, una vez al día, te convertirás en un mejor recipiente para el amor incondicional. De todo esto solo pueden derivarse cosas buenas.

Secretos del autodominio, pg. 146:
Cuando decimos: «trata de manifestar amor incondicional a quienes te rodean», nos referimos a las frecuencias superiores de amor obtenible en ese nivel de expresión personal. Las frecuencias de amor aumentarán en poder y perfección cada vez que accedas a un nivel más refinado de autoconciencia.

¿Cómo es el amor incondicional?

Aunque probablemente no sea la respuesta definitiva, sospechamos que la mayoría lo relacionará con la sensación global de amor incondicional, al menos porque es probable sentirlo por parte de aquellos de nosotros que seguimos en un cuerpo físico. Cuando nuestro corazón sagrado está abierto y experimentamos amor incondicional, lo que la mayoría sentimos en nuestra conciencia humana probablemente se parece mucho a nuestro amor eterno más profundo; pero sentimos este amor profundo por el alma de la otra persona, con independencia de lo que la otra persona esté o no haciendo físicamente (que puede que no guste a nuestro ego).

El amor incondicional no se basa en nada que la persona haga por ti, y perdura incluso cuando hace algo que consideres negativo. No depende del lugar ni tampoco de alimentos ni bebidas. El dinero no influye en este sentimiento, ni tampoco los acontecimientos pasados. Es un sentimiento que simplemente *es*.

El amor incondicional es independiente de toda circunstancia de este mundo. No desaparece cuando la persona se marcha, ni tampoco se difumina con el tiempo. El amor incondicional existe en la eternidad; forma parte del ahora eterno, por lo que es atemporal y no es posible deshacerlo. Si se pudiese deshacer, jamás sería realmente incondicional.

Incluso con este breve vistazo, probablemente resulte más fácil reparar en lo poderoso que es el amor en este universo. Es la fuerza y energía más poderosa de este universo *porque es la raíz de toda la energía del universo*. De hecho, la energía del amor es la raíz de toda la energía del Omniverso. Las partículas adamantinas, hechas de energía pura del Creador, están compuestas de *amor* puro del Creador.

Esperamos que expresarlo de este modo no haga que el amor incondicional parezca un objetivo imposible. En realidad es justo lo contrario: el amor incondicional es ineludible e inevitable. Incluso así, necesitamos cumplir la promesa que hicimos al Creador y vivir las experiencias a las que accedimos a fin de consumar nuestra misión espiritual. Recuerda que somos la única alma de todo el Omniverso a la que se le han confiado nuestras experiencias, luego necesitamos cumplir nuestra parte, incluso si el resultado es inevitable. Experimentar amor incondicional mientras continúas en el cuerpo físico es un objetivo deseable y que bien vale los esfuerzos por conseguirlo.

> *Tu búsqueda sagrada,* pg. 215:
> Hay quien ha preguntado: «¿Qué es amor?». En la vida y en el aliento del Creador, esa primera fuerza activa, la primera esencia, es la asombrosa energía de amor. Es una parte intrínseca de ti, pero se puede calificar y volverse condicional. Sirve para crear vínculos, elevar obstáculos y controlar. Sí, es una emoción, pero también mucho más; es una fuerza activa, una forma de pensar y un estado del ser. Por eso te decimos que, en lugar de tus plegarias de súplica, emitas luminosidad, esencia de la adoración, que es el amor puro de la Creación. Por eso te decimos, cuando te introduzcas en tu pirámide de luz, que no

pidas que se interrumpa esto ni que suceda aquello ni que cambie algo. En su lugar, irradia esencia pura del Creador, que es amor incondicional divino, y estarás prestando el máximo servicio posible.

Verdades cósmicas reveladas, pg. 331:
Permite que la poderosa llama triple arda y abra tu corazón sagrado para recibir amor. El amor es un poderoso estado natural del ser. El amor puro es incondicional, es una emoción que no se puede alterar con condicionantes ni acciones. El amor es el lenguaje del espíritu y es la única forma de comunicarse con nuestro Dios Padre Madre. El amor del Creador y de nuestro Dios Padre Madre lo abarca todo, es incondicional e interminable.

Que haya luz, pg. 250:
Primero te debes perdonar a ti mismo y practicar amor incondicional por el Yo antes que por otros. No es posible proyectar o dar lo que no tienes. Esto no significa que no te esfuerces por mejorar o elevarte a un nivel superior de autodominio. Significa que te aceptas y amas tal como eres en este momento, aunque te esfuerces por integrar más de tu divinidad y claridad de espíritu.

Verdades cósmicas reveladas, pg. 11:
Has aprendido que el amor puro se debe originar en el manantial del corazón y que debe permear al Yo antes de irradiar a otros como un don bendito.

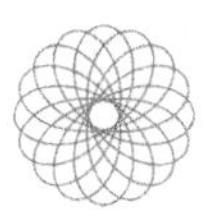

SER UN OBSERVADOR IMPARCIAL

Ser un observador imparcial es imposible cuando uno está bajo la influencia del ego, lo cual es desafortunado porque ser observador imparcial es esencial para llegar al autodominio. Esto significa que debemos evolucionar para conseguirlo y es algo a lo que hay que prestar atención a menudo para conseguir nuestro objetivo.

Ser un observador imparcial es esencial para un Yo maestro, puesto que es la forma natural en que todo Yo maestro ve todos los acontecimientos a su alrededor. Se elimina así el riesgo de hacer juicios de valor y el Yo maestro dispone de tiempo para recibir orientación y hacer la mejor elección: la elección que procurará el bien supremo a todos. Como nuestras elecciones tienen consecuencias, lo mejor para el Yo maestro y el mundo es que la elección tienda al bien supremo. Esta elección siempre es beneficiosa y edificante para el Todo, y jamás genera karma negativo ni introduce energía negativa en la situación.

Antes de que ahondemos más en el concepto del observador imparcial, echemos un vistazo a lo que no es:

- Imparcial no significa estar desprovisto. Ser un observador imparcial no es lo mismo que desprovisto de emociones y sentimientos (lo que llamaríamos alguien «frío»). A menudo es justo lo contrario; las emociones y los sentimientos quizá sean poderosos, pero están totalmente controlados o bajo el dominio del alma.
- Ser un observador imparcial no significa despreocupado. Cuando eres un observador imparcial, sientes mucha empatía por los demás; lo que difiere es

que te mantendrás tranquilo y equilibrado, observando las situaciones sin hacer juicios de valor y sin que tus emociones –o las de otros– influyan en lo que ves. Se cumple así un propósito espiritual al que llegaremos en breve.

- Ser un observador imparcial no es una afirmación de superioridad espiritual. Las circunstancias bajo las cuales nos mantenemos imparciales varían de una persona a otra, luego una situación que te resulte fácil puede no serlo para otra y viceversa. Recuerda siempre que quien muestra falta de imparcialidad no está mostrando falta de progreso espiritual.

Que haya luz, pg. 251:
Afronta la empresa de ver la vida y las circunstancias que te rodean con imparcialidad. Sé un observador y resérvate los juicios de valor. Busca y vive tu propia verdad tal y como la conoces.

La naturaleza de la observación imparcial

La esencia de la observación imparcial es que nada de lo que te ocurre o de lo que sucede a tu alrededor altera tu equilibrio espiritual. Esto, obviamente, significa que tus emociones y sentimientos están bajo el control del alma. También significa que no juzgas lo que te sucede en el momento. Todo cuanto haces como observador imparcial es crear un registro de los acontecimientos que repasarás más tarde a fin de determinar qué más puedes aprender de esa circunstancia sin implicarte demasiado en la situación. Al hacer esto sin implicarte en los acontecimientos, serás mucho más capaz de mantener un pensamiento claro, así como la claridad de tus observaciones. Al final esto te proporcionará un panorama más exacto de la situación, y pensar con claridad te garantizará que tus respuestas sean por el bien supremo.

Y ¿qué ocurre si tienes que entrar en acción? ¿Puedes observar y pese a todo actuar si fuese necesario?

Ser un observador imparcial no significa que, cuando sucedan cosas, solo puedas observar y no emprender ninguna acción. Tendrás libertad total para emprender acciones y es probable que estas sean mejores si mantienes la imparcialidad que si te implicas en la situación como las demás personas.

Un observador imparcial no es indiferente, como ya mencionamos, sino que no se vincula con el aspecto negativo de ninguna situación. Por tanto, este sentido de imparcialidad no es lo mismo que estar fuera de una situación; es más alguien que no responde a las cosas porque no tienen sentido para él, por lo que sencillamente no le provocan ninguna respuesta. Es casi como ver a alguien a quien no conoces gritando en público en una lengua extranjera. No lo conoces ni sabes lo que está diciendo, luego no hay mucho de que preocuparse.

Como tal vez ya hayas adivinado a estas alturas, la esencia de ser un observador imparcial es observar cualquier circunstancia manteniendo la calma y sin implicarse profundamente en la situación, en especial, las emociones de una situación.

Trataremos ahora de «devanar un poco más la madeja» y darte algunas claves sobre lo que es un observador imparcial. Son claves que esperamos que reconozcas en ti a lo largo del día. Cuando lo hagas, piensa por un momento en lo que hiciste para seguir siendo imparcial al darte cuenta, y también toma nota de lo que hiciste para recuperar el equilibrio y mantener una perspectiva imparcial, si es que eso fue lo que ocurrió.

- Un observador imparcial mantiene la calma. Con independencia de lo que esté ocurriendo, conservarás la calma y la cabeza despejada.
- Un observador imparcial se mantiene centrado y equilibrado. Es esencial para serlo. Aprovecha este estado de equilibrio y concentración para llenar el corazón de amor por la gente implicada.
- Un observador imparcial no hace juicios de valor. Ningún juicio sobre la situación de las personas implicadas. Eso NO significa que no puedas tomar una decisión y actuar si fuese necesario. Decide lo que hay que hacer basándote en los hechos y adopta la decisión que consiga el bien superior basándote en lo que sabes sobre dicha situación. Acepta esa opción, sea cual fuere el resultado, sin verte afectado.
- Si la conducta de otras personas implicadas es negativa, deja que se manifieste sin sumarte a su negatividad. Esas son las emociones que hay que sanar, así que acepta las conductas negativas sin impregnarte de su negatividad.
- Descubrirás la diferencia entre empatía y cariño cuando aprendas a ver las situaciones desde fuera y no desde dentro. Esto resulta más preciso de lo que parece porque estamos creando un entorno en la quinta dimensión para aislarnos de la conciencia de masas de la tercera dimensión en la que todavía vive gran parte de la humanidad.
- Esta quietud, concentración y equilibrio se aúnan para liberarnos de las limitaciones de la conciencia de masas y dejar de seguir a las multitudes para vivir nuestra verdad tal y como la vemos.

¿Y cómo hacemos esto justo ahora, en el mundo donde vivimos?

Como todo en este libro, es un proceso que lleva cierto tiempo, pero se puede hacer sin tensiones ni molestias. El tiempo que dure dependerá en gran medida de ti, puesto que a ti, y solamente a ti, te corresponden los esfuerzos y la atención.

Que haya luz, pg. 217:
No te influirá ni afectará la negatividad del mundo si aprendes a encontrar un equilibrio y a mantenerte centrado en el corazón en momentos de cambio y caos.

Secretos del autodominio, pg. 48:
Cuando empiezas a entender el verdadero proceso de creación, tu realidad se expande inmediatamente y adquiere una perspectiva más amplia. A medida que te conviertes en maestro, aprendes a no hacer juicios de valor mientras te entregas a una *imparcialidad silenciosa.*

Secretos del autodominio, pg. 105:
También estás desarrollando una sensibilidad controlada y elevada hacia quienes interaccionan contigo, lo cual incluye un punto de vista empático y un tanto imparcial. Forma parte integral del desarrollo de una *actitud no enjuiciadora.* Buscarás con diligencia, aclamarás o vivirás tu verdad al máximo de tus posibilidades y permitirás lo mismo a los demás.

Consejos para llegar a una observación imparcial

Como existe una profunda diferencia entre la conciencia de las masas y la observación imparcial, debe existir una senda por la que pasar de una a otra. Veamos algunas cosas que quizá te ayuden en tu transición desde la conciencia de las masas hasta convertirte en un observador imparcial.

- Vuelve consciente tu conducta. Repara en tu estado emocional; repara en las emociones que sientes; repara en si estás o no en calma; repara en si estás centrado o desequilibrado.
- Elige conscientemente sustituir por quietud y equilibrio cualquier emoción o sentimiento negativo o cualquier desequilibrio.
- Cuando tengas unos momentos de quietud, piensa en algo en lo que creas. Piensa en la perspectiva opuesta y cuáles podrían ser esas creencias. Piensa en cómo has adquirido tu creencia particular. Piensa en por qué no llegaste a la creencia opuesta.
- Cuando tengas unos momentos de quietud, piensa en la situación más reciente en la que mostraste una respuesta negativa. Revisa mentalmente la situación y piensa en cómo habría sido tu respuesta si hubieres estado en calma y centrado. Ahora experimenta esta respuesta recreando mentalmente la situación, percibiéndote como imparcial y reaccionando desde una postura de tranquilidad y con una perspectiva centrada. Compara esta reacción recreada con tu reacción original.
- Al menos unas veces al día, monitoriza tus sentimientos internos. ¿Estás tranquilo y equilibrado? De no ser así, ¿por qué no? Quietud y equilibrio son esenciales para ser un observador imparcial, así que ser consciente de tus sentimientos te ayudará a hacer la elección consciente de mantenerte en calma cuando lo necesites.
- Cuando estés en una situación que parezca volverse negativa, centra la conciencia en tu corazón sagrado. Resulta mucho más fácil mantenerte en calma y

> equilibrado cuando te centras en el corazón sagrado, por lo que esta derivación debería convertirse, con el tiempo, en un hábito. Si haces esto es probable que ser un observador imparcial también se convierta en un hábito.

Otro punto importante que hay que tener presente es que la otra persona o personas en estas situaciones mostrarán distintas reacciones a tu actitud de observador imparcial. A algunas personas les ayudará a calmarse, a otras no les afectará ni lo más mínimo, e irritará y enfadará a otras. Primero aprenderás estas respuestas de las personas más cercanas, y tal vez no tengas ni idea de cómo reaccionará la gente que no conoces. En cualquier caso, lo mejor es servir de ejemplo y mantenerse como observador imparcial. Con el tiempo, algunas personas repararán en ello y tu ejemplo positivo tal vez les ayude a perseverar en su crecimiento espiritual.

Hay un punto final que mencionar. Ningún bien se derivará de que te castigues si pierdes temporalmente tu sentido de la observación imparcial. Si tienes una reacción negativa, ponle fin lo antes posible, acepta lo ocurrido, restablece tu perspectiva imparcial y sigue adelante. Castigarte o sentirte mal contigo mismo no te beneficiará ni un ápice en tu crecimiento espiritual, así que perdónate al momento y pasa página.

> *En alas de luz,* pg. 64:
> No dejes nunca de ser el observador, mantente siempre centrado en el corazón y el alma, para así servirte de la fuerza superior y la sabiduría de los reinos ocultos que te rodean.

Que haya luz, pg. 162:

Una parte importante del proceso consiste en mantenerse como observador y no verse atrapado por las emociones negativas que comparecen para ser transmutadas. Dite a ti mismo: «Es la emoción del miedo que estoy sintiendo, o de rabia, depresión, culpabilidad, etc.», y observar a qué parte del cuerpo está afectando esta energía. Siéntate un rato con las emociones y luego quizás optes por practicar una respiración infinita y observar cómo las energías empiezan a disiparse, o quizá entones sonidos vocales que te ayudarán a liberar formas de pensamientos negativos, o tal vez te adentres en la pirámide de luz y te tumbes sobre la mesa de cristal y ruegues para que las energías concretas que estás experimentando se transformen en sustancia lumínica. Aprenderás a asumir conscientemente el control de tus emociones mientras aspiras a adquirir la sabiduría que se expone delante de ti con esta nueva forma evolucionada de transmutar energía negativa.

Que haya luz, pg. 271:

Amados maestros, de veras es un momento de responsabilidad, un momento en que nada puede permanecer oculto, un momento en que todos tratan de recuperar el equilibrio y la armonía. Un momento en que las energías de la causalidad vuelven muy rápidas a cada uno de nosotros, mientras os enfrentáis a las consecuencias de vuestros pensamientos, actos y acciones. Os pedimos, queridos amigos, que seáis el observador y que irradiéis amor a aquellos que parecen merecerlo menos, a los victimarios y también a las víctimas. Irradiad amor a su esencia interna, sin condenar sus acciones, buscando el mejor resultado para todos; así evitaréis incorporar más energía negativa a cualquier situación. Moveos a un nivel en el que observéis todo lo que transpira desde el punto de vista objetivo de un maestro, sabedores de que en toda adversidad existe el potencial de un bien mayor. Sed conscientes de que todo lo que se destruye o hace pedazos deja sitio a algo más apropiado, refinado e iluminado para que ocupe su lugar.

Que haya luz, pg. 272:
Tu prueba es ser el observador afectuoso y compasivo que ayuda a los que puede, sabedor de que existe un plan superior que se está desplegando sobre la Tierra, al tiempo que le haces a la Tierra y a toda la humanidad tu contribución de energía radiante procedente del centro de tu corazón.

Verdades cósmicas reveladas, pg. 113:
A medida que seas más consciente e hipersensible a los patrones de frecuencia de cambio en tu interior y a tu alrededor, y a medida que se incremente tu estado aumentado de conciencia, es vital que aprendas a ser observador y no te veas atrapado en el remolino de drama y caos predominante en el mundo. Requiere disciplina y mucha sabiduría «mantener el rumbo» o seguir centrado cuando parece como si el mundo que te rodea se hundiera cada vez más en el caos y la destrucción.

Secretos del autodominio, pg. 52:
Para alcanzar el autodominio, aprende a controlar tus pensamientos y céntrate en la energía otorgada por Dios. Estás aprendiendo a dirigir las fuerzas superiores de creación. Esfuérzate por conseguir una continuidad de conciencia en tu esfuerzo por convertirte en observador de la vida con inspiración divina y maestro de imparcialidad. Debes desligarte de la estructura de creencias de la conciencia de masas con el fin de iniciar el proceso de convertirte en un Yo maestro, un ser humano y espiritual único inspirado por el alma.

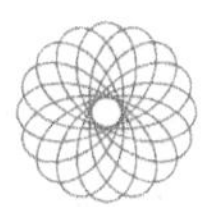

SER UN YO MAESTRO

Es obvio que es necesario experimentar el estado de automaestría para entenderlo mejor; por eso el conocimiento mental que te ofrecemos te ayudará a conocer las señales dispuestas a lo largo de la senda del autodominio espiritual. Se trata de un paso importante para transformar el conocimiento en sabiduría. Por eso esta sección es importante, aunque no solo por leerla ya serás un Yo maestro.

Antes de ahondar en el tema, dediquemos un momento a descartar unos cuantos pensamientos incorrectos que mucha gente tiene cuando se imagina interactuando con un

Yo maestro espiritual. Es importante recordar que todo Yo maestro sigue siendo una persona encarnada en un cuerpo. Como tal, sigue enfrentándose a retos en la vida, a problemas financieros, a problemas de salud o a cualquier otro acontecimiento «normal» de la vida. En algunos casos son errores del pasado que se manifiestan para ser sanados, como errores pasados del Yo maestro o de cualquier otro del grupo del alma al que el maestro esté ayudando a deshacerse de esa energía negativa. Algunos retos forman parte de su plan de vida y son parte de la razón por la que está ahora en la Tierra. Las circunstancias del Yo maestro pueden ser simplemente experiencias planificadas para que cumpla su misión para el Creador. Todas estas y más son razones por la que no puedes diferenciar a un Yo maestro por las circunstancias. Encontrarás Yo maestros de todas las clases sociales y en cualquier profesión. Por eso es esencial suspender todo juicio de valor sobre los demás y sus circunstancias. No hay forma de que sepas, sin la más mínima duda, las razones que explican las circunstancias de los demás.

Un Yo maestro no es un ser perfecto. Sigue siendo humano y teniendo de vez en cuando emociones dictadas por el ego. Un Yo maestro se irrita de vez en cuando o tiene un mal día cuando las cosas no salen rodadas. En esencia, vive su vida igual que los demás. La diferencia radica en la intensidad de sus reacciones. Un Yo maestro se mantendrá mucho más cerca del centro, incluso si está temporalmente desequilibrado. También habrá diferencias en cómo *actúa* y *reacciona*.

Alguien que esté en armonía completa con su auto-maestría actúa y reacciona desde una perspectiva centrada y tranquila. Está espiritualmente equilibrado y a menudo manifiesta una serenidad interna. Se trata de una perspectiva muy estable y sus reacciones se mantienen muy próximas al centro. No son extremadas ni oscilan entre muy positivas o muy negativas, ya que un Yo maestro apenas muestra zozobra y exhibe muy pocas reacciones negativas, las cuales, si es que existen, tenderán a ser muy leves.

Esto no significa que un Yo maestro no experimente dicha y toda suerte de emociones espirituales y sentimientos positivos. Al contrario, las emociones espirituales positivas constituyen la mayoría de las experiencias de un Yo maestro. Como está en conexión directa con la tríada sagrada, cuenta en todo momento con una burbuja de energía de la tercera dimensión a su alrededor o cerca. Esto significa que todo Yo maestro experimenta la vida de una forma diferente que la gente atrapada en un entorno de tercera dimensión. Sus percepciones son distintas y también su perspectiva.

> *Magia y majestad*, pg. 83:
> A medida que se expande tu estado elevado de conciencia, es vital que aprendas a ser un observador consciente. Un Yo maestro siempre examina los acontecimientos vitales desde un punto elevado aventajado, por lo que no se ve atrapado en el remolino de drama y caos que impera en el mundo. Se requiere disciplina y mucha sabiduría para mantener el rumbo o seguir centrado cuando parece que el mundo que te rodea se estuviese hundiendo cada vez más en el caos y la destrucción.

Percepciones y perspectiva de un Yo maestro

Cuando decimos que un Yo maestro «ve» el mundo de forma distinta, nos referimos tanto a la percepción como a la perspectiva. Un Yo maestro, al menos en cierto grado, percibe el mundo multidimensionalmente. Esto significa que, además de percibir el mundo tridimensional que todos vemos, también recibe información de al menos la cuarta y quinta dimensiones. La forma de esa percepción variará de uno a otro Yo maestro, porque cualquiera de los sentidos espirituales, o incluso una combinación de ellos, será la forma primaria de recibir información espiritual. Un Yo maestro tiene acceso a su mente sagrada, por lo que es capaz de procesar información de dimensiones superiores. Esto le conduce a un conocimiento más profundo de causa y efecto, y a un conocimiento más profundo del modo en que las cosas se asocian espiritualmente para respaldar el proceso de crecimiento.

Poseer esta información de mayor calado hace que las decisiones tomadas sean más eficaces para cumplir su propósito y misión. Esto mantiene las acciones del Yo maestro estrechamente alineadas con la voluntad divina y en estrecha comunicación con el espíritu.

Esta estrecha comunicación con el espíritu afecta profundamente al modo en que el Yo maestro percibe el mundo que le rodea y cómo reacciona. El mundo parece totalmente distinto desde la perspectiva de un Yo maestro en comparación con alguien cuya conciencia esté en la tercera dimensión. Donde una perspectiva de tercera dimensión ve negatividad aleatoria, el Yo maestro ve propósito espiritual en acción gracias a la causa y efecto. Donde una perspectiva de tercera dimensión ve un mundo dolorido, el Yo maestro ve un mundo en proceso de sanación. Donde una persona con conciencia de tercera dimensión toma decisiones intentando hacer lo mejor para ella misma y su círculo inmediato de relaciones, el Yo maestro toma decisiones tratando de conseguir el bien supremo para todos.

Las personas con una perspectiva de tercera dimensión toman decisiones que creen correctas; el Yo maestro elige lo que el espíritu le dicta que es correcto. Las personas que obran desde una perspectiva de tercera dimensión prestan poca atención a la causa y efecto, mientras que el Yo maestro examina en profundidad la causalidad de las acciones. No solo tiene en cuenta los efectos de sus acciones, sino también los resultados finales de esos efectos.

El Yo maestro ve un mundo en equilibrio, donde todo cumple un propósito espiritual. Alguien que vive en una perspectiva de tercera dimensión ve un mundo aleatorio que depende de la «suerte» y de lo que hacen los demás. El Yo maestro evalúa con honradez e integridad, mientras que una persona que vive en una conciencia de tercera dimensión es más propensa a hacer lo que tenga que hacer para «tirar adelante». El Yo maestro vive de acuerdo con su conocimiento de la ley espiritual. Muchas personas con una conciencia en tercera dimensión tienden a vivir según sus propias reglas o según unas leyes cualesquiera dictadas por el hombre con las que están de acuerdo o no quieren infringir.

El Yo maestro no emite juicios de valor sobre otros y acepta las elecciones de los demás. Una conciencia de tercera dimensión cree tener razón y que todo el que piensa de modo diferente está equivocado; también cree que los demás deberían pensar como ella. Un Yo maestro se siente parte de todo cuanto le rodea; siente una profunda conexión espiritual con el mundo. Una persona con una conciencia de tercera dimensión se siente totalmente distanciada de cuanto la rodea en el mundo, y a menudo se siente sola y aislada pese a tener mucha gente a su alrededor.

El Yo maestro posee sabiduría y ve un propósito espiritual en todo cuanto le rodea: en todo lo que hace y dice, en todo lo que atañe a los demás y en todo lo que concierne al mundo. Sin sabiduría, el propósito espiritual y la conexión subyacentes no son visibles, excepto los vislumbres de la intuición. El Yo maestro siente el amor del espíritu y comparte ese amor con el mundo de su entorno. Cuando incorporamos este amor, junto con un mayor conocimiento de la causa y efecto y el conocimiento que el Yo maestro tiene de las leyes espirituales, estamos describiendo ese «punto elevado aventajado» del Yo maestro que el arcángel Miguel menciona en sus mensajes. Esta es la perspectiva del Yo maestro, que de muchas maneras es lo opuesto a una perspectiva arraigada en una conciencia de tercera dimensión.

Ahora que hemos establecido todas estas comparaciones, volvamos un poco al tema principal y veamos un par de ejemplos de la vida real.

> *Magia y majestad,* pg. 36:
> El Yo maestro tiene sentido de la identidad individual de sí mismo, y también un sentido de unicidad universal.

Dos ejemplos de la vida cotidiana sobre los efectos del autodominio

Es importante recordar que para un Yo maestro también la vida cotidiana sigue su curso. Todos los acontecimientos normales de la vida siguen sucediendo, con una notable excepción: por lo general, se producen menos hechos negativos porque el Yo maestro no genera energía negativa ni la proyecta sobre ellos. Todavía se producirán circunstancias que parezcan negativas, pero se limitarán a situaciones que surgen y tienen que ser sanadas o a acontecimientos negativos generados por otras personas y que afectan a la vida del Yo maestro. En cualquier caso, el Yo maestro será capaz de resolver esas situaciones con «facilidad y gracia», tal y como sugiere muchas veces el arcángel Miguel en sus mensajes.

Echemos un vistazo a algo que le pasó a Kevin y que suele trastocar la vida de las personas: un pequeño accidente en el cual su coche sufrió un leve choque con otro. Nadie salió herido. Veamos la versión de Kevin de esta historia:

«Sucedió antes de mi operación de corazón, cuando no me sentía bien ni podía hacer mucho más de lo que ya estaba haciendo. Aparqué y me dirigía a una tienda caminando cuando oí un golpe fuerte detrás de mí. Me di la vuelta y no me sorprendió ver que una ranchera había dado un golpe a mi coche al dar marcha atrás.

Me acerqué mientras el conductor salía de su camioneta. Estaba muy agitado, gritaba y maldecía. Yo mantuve la calma y el equilibrio interno. Estoy seguro de que esperaba que me enfrentara a él, pero no lo hice. Lo que sucedió fue obvio para ambos, y para mí se limitó a una situación que había que resolver y nada más. Él respondió a mi tranquilidad calmándose también bastante rápido. Intercambiamos papeles y supe que sería suficiente para resolver la situación. Me arreglaron el coche y la parte responsable cumplió con sus obligaciones. Sospecho que la calma y equilibrio de mi conducta le ayudaron a aceptar la responsabilidad y decidirse a hacer lo correcto, porque yo actué con decencia en vez de encararme con él.

Esta es una aproximación a mi diálogo interno: 'Lo bueno es que no hay nadie herido. El hombre está agitado, le ayudará el que yo conserve la calma. Conseguiré la información necesaria para que me arreglen el coche y todo transcurrirá del mejor modo para todos. Esta puede resultar una experiencia formativa para ambos'. Como ves, difiere mucho de lo que la mayoría experimenta en este tipo de circunstancias». Veamos otro ejemplo, también de Kevin.

«En este caso, iba de viaje con mi mujer Linda y nuestra amiga Yvonne para asistir a un seminario que daban Ronna y Randy cerca de Reno. Paramos a repostar en algún lugar perdido de la Nevada 'rural' y alguien accidentalmente cerró la puerta del coche con las llaves dentro. Era una furgoneta alquilada y yo llevaba un sistema portátil de oxígeno. En la Nevada 'rural' todo queda un tanto remoto y no había nada cerca en kilómetros a la redonda, excepto aquella gasolinera y su pequeño supermercado. No sabía cuánto tardaríamos en recibir ayuda, pero, pese al incidente, supe que no había motivo para alarmarse. Tenía la certeza de que las cosas se arreglarían.

Pareció que Yvonne estaba a punto de ponerse nerviosa, hasta que se dio cuenta de que yo estaba tranquilo. Al notarlo, dejó de agitarse y se puso a buscar la manera de encontrar ayuda. Estaba un poco tensa debido a las circunstancias, pero creo que verme tan sereno la ayudó mucho. Actuó con rapidez y determinación, y al final llegó la ayuda esperada antes de que me quedara sin oxígeno. Estaba seguro de todo saldría bien; el que los demás pudieran sentirlo también ayudó de alguna manera a que las cosas discurrieran con más serenidad que si mi respuesta hubiera sido otra. Creo firmemente que imbuirse de energías de tercera dimensión, como la angustia, habría atraído energía negativa a nuestra situación y que las cosas no habrían discurrido tan bien. Equilibrio y confianza le dieron al universo la oportunidad de actuar en nuestro nombre y de que, al cumplir nosotros con nuestra parte, todo saliese bien, como así fue.

Y, no debo dejar de mencionarlo; por *confianza* entiendo el que la situación se resolviese sola por el bien supremo, incluso aunque pareciese generarnos problemas adicionales. Tal vez esos problemas ayudaron a alguien a equilibrar más karma, o a sanar alguna energía negativa. Todas estas y otras cosas son posibles, luego es importante entender que la confianza en el universo no significa que en toda ocasión sucede lo que deseas. En cierto sentido es lo contrario. Cuando emprendemos la acción que el espíritu quiere, lo mejor es lo que ocurre, sin importar lo que nosotros queremos o cómo nos sentimos. Como Yo maestro es importante aceptar el resultado, incluso si no lo entiendes del todo».

Podríamos seguir con más ejemplos hasta llenar un libro, pero no hay ninguna necesidad. Los principios fundamentales son los mismos. Lo importante es entender que el autodominio tiene un efecto positivo en tu vida y sienta las bases necesarias para vivir de un modo equilibrado, con un centro en calma y un corazón afectuoso.

Magia y majestad, pg. 82:
Un Yo maestro se mantiene centrado con firmeza en el corazón sagrado en medio del caos y el cambio, resistiendo con la sabiduría de la mente sagrada mientras recaba fuerzas y dirección de nuestro Dios Padre Madre: mientras aprende a ser observador del proceso a la vez que desvanece lentamente toda ilusión.

Magia y majestad, pg. 104:
Tomas decisiones y eliges opciones a diario, y, como alguien que va a ser maestro, es imperativo que te decantes siempre por las opciones superiores. Los límites de tu espectro de dualidad se volverán más estrechos y el péndulo de las elecciones oscilará mucho menos a derecha e izquierda respecto del centro. Como resultado, tu percepción y conciencia consciente se expandirán y elevarán exponencialmente. «Un Yo maestro siempre sigue la estrecha senda ascendente» es una verdad que viene de lejos y que todavía tiene vigencia. Siempre buscas la verdad suprema para vivir a su altura en la medida de tus posibilidades.

Los cambios espirituales del autodominio

La transición que sucede a la fusión de alma, de una personalidad de alma infundida a un ser humano o espiritual implica muchos cambios espirituales. Una personalidad de alma infundida está conectada con su tríada sagrada de quinta dimensión, pero como esa conexión está empezando a formarse, todavía no está completa. Como los Yo maestros están rodeados de frecuencias de energía de la quinta dimensión, están «en el mundo, pero no son de él». Asimismo, ahora están abiertos los portales de su corazón sagrado y su mente sagrada.

El ser humano o espiritual, o Yo maestro, tiene una conexión más completa con su tríada sagrada en el primer subplano de la quinta dimensión. Los portales de su corazón sagrado y su mente sagrada están abiertos, y los dos están conectados y comunicándose. Además, el Antakarana (o puente arcoíris) está completo. El Antakarana está integrado por tres cordones conectores: 1) el cordón de la vida o la energía; 2) el cordón de la conciencia, y 3) el cordón de la creatividad. Gracias a estas conexiones, el Yo maestro es más capaz de percibir multidimensionalmente. Esto ayuda al Yo maestro a percibir las cosas a un nivel más profundo o, como a menudo dice el arcángel Miguel en sus mensajes, desde un punto elevado ventajoso.

El Yo maestro también percibe una conexión más profunda con otros y con el mundo circundante. Se trata de un nivel más profundo de conciencia de unidad del que se experimenta antes del autodominio. El Yo maestro mantiene la identidad de sí mismo y conserva un sentido de unicidad, de conectividad con el universo y con todo lo que contiene. Esto se intensifica con el tiempo, ya que nuestro primer paso en el autodominio es el comienzo de una nueva etapa de nuestro viaje, donde recurrimos a la conciencia y a la percepción de las cosas que no entendimos antes para llegar más lejos en nuestra senda y profundizar más en la verdad.

Magia y majestad, pg. 93:
Descubrirás que gradualmente te alejas de las actividades y acontecimientos sociales que te resultaban placenteros en el pasado. Los ruidos fuertes, las multitudes y las actividades tumultuosas te molestan y sueñas con el recogimiento y, tal vez, con la serenidad de la naturaleza. A medida que se elevan tus frecuencias vibratorias y devienen más armoniosas, te vas alejando de la interacción con personas, acontecimientos y lugares que emiten frecuencias más bajas y discordantes. Igualmente, y también de forma gradual, cada vez tienes menos en común con ciertos amigos y familiares, sobre todo con los que se muestran negativos, críticos y crueles con otros.

Magia y majestad, pg. 117:
Algunos de los talentos, atributos y cualidades de un Yo maestro:

- Un Yo maestro busca su verdad suprema y trata de vivir guiándose por ella en la medida de sus posibilidades.
- Un Yo maestro aprende a ver el mundo y su drama de arriba abajo, desde su punto elevado y ventajoso. El tiempo se vuelve maleable cuando escapas del tiempo lineal y te mueves por las ondas vibratorias ondulantes y espirales de las dimensiones superiores.
- Un Yo maestro es adepto a manipular energía, siempre por el bien supremo. Existe en un vórtice de fuerzas espirituales armoniosas.

- Has entrado en una era de conciencia consciente. Esa conciencia consciente y el despertar a los mensajes del Yo del alma son los primeros pasos para alcanzar el autodominio.
- Un Yo maestro sabe cuándo hablar y cuándo guardar silencio. Un Yo maestro mantiene un discurso premeditado. El diálogo mental constante y las comidillas sin sentido alteran la tranquilidad de su campo aural. Tú aspiras a las frecuencias de luz presente en todas las cosas y cuyas frecuencias de onda son más altas y armoniosas.

Cómo ser un Yo maestro

Convertirse en Yo maestro no es algo que por lo general suceda de manera espontánea de un día para otro. Aunque sería estupendo, el crecimiento que lleva al autodominio requiere tiempo, esfuerzo y trabajo. Para alcanzar el autodominio, que es el principio de un viaje más profundo, muchas son las cosas que tienen que suceder, cosas que, sin excepción, necesitamos hacer nosotros mismos. Tenemos que hacer el trabajo para optar a la recompensa. Veamos una lista de cosas que la mayoría de nosotros necesitamos para alcanzar el autodominio:

- Limpiar de energía negativa nuestro campo aural y dejar de hacer cosas negativas.
- Dejar de hablar negativamente y esforzarnos por restringir los pensamientos negativos.
- Equilibrar nuestro sistema de energías para que las energías que fluyan sean apropiadas y eleven la frecuencia de nuestra firma energética o canción del alma.

- Aprender a equilibrar nuestro sistema de energías y mantener una perspectiva serena y equilibrada.
- Asumir que otros tendrán puntos de vista distintos del nuestro y aceptar que su punto de vista es el correcto para ellos, del mismo modo que nuestro punto de vista es correcto para nosotros.
- Entender que nuestra existencia emana del Creador, respaldado por nuestro Dios Padre Madre, y que todo el bien que hemos dispensado o dispensaremos procede de Él, puesto que actuamos en su nombre.
- Aprender que nuestras acciones tienen consecuencias y que influimos en el mundo y en todo lo que nos rodea.
- Aprender que somos cocreadores; aprender a aceptar la responsabilidad de la vida que hemos creado hasta el momento, y aprender a tomar otras decisiones escribiendo un guion de la vida que queremos, emprendiendo las acciones necesarias para crear esa vida.
- Empezar a entender que todo está interconectado y que por eso nuestras acciones afectan a otros, y sus acciones a nosotros.
- Aprender que todo cumple un propósito espiritual y que, aunque no conozcamos las razones, sabemos que las hay, y aprender a confiar en que el espíritu tiene el control y dirige el flujo de vida cuando le dejamos.
- Aprender que solo somos una pequeña parte de un ser espiritual mucho mayor que comparte unicidad con nuestro Dios Padre Madre y con el Creador.
- Aprender a ser observadores imparciales y la importancia de mantener un equilibrio sereno y centrado.

- El centro de tu vida se convierte en conseguir el bien supremo en todas tus opciones y acciones. Con esta elección, te alineas naturalmente con la voluntad divina.

Aunque el autodominio no se pueda desmenuzar en una lista como esta, las cosas que podemos hacer para aprender las perspectivas y prepararnos para la transición *sí* pueden ir en una lista, y eso es lo que dicha lista representa. Aunque bajo ningún concepto se presupone que lo incluya todo, sí capta los puntos álgidos que casi todos necesitamos para tener éxito y aspirar al autodominio en esta vida. Si haces el trabajo, que es más fácil con las grabaciones de los ejercicios espirituales, y si tienes éxito avanzando con esta lista, tus posibilidades de alcanzar este valioso objetivo serán excelentes.

Programando tu destino, pg. 201:
Crea y proclama el equilibrio y la armonía, proclama tu poder, define tus límites.

Al proclamar el derecho a vivir y hablar de tu verdad, al definir tus límites y vivir con integridad, concederás a los demás el mismo derecho. Asume la postura y la expresión propias de un observador compasivo, que irradia amor y ánimo, que ofrece palabras de sabiduría cuando es apropiado, y que se mantiene firme en su compromiso de que todas las personas vivan su verdad, al nivel que sea, y que es responsable de sus acciones y creaciones.

Secretos del autodominio, pg. 117:
Sabemos que resulta más fácil sobreponerse a un desastre o a una situación negativa cuando ocurre a medio camino de nuestro mundo. Sin embargo,

no resulta tan fácil cuando ocurre en nuestro país, nuestro vecindario y, si nos afecta personalmente, en nuestra familia u hogar. Es entonces cuando se producen las pruebas reales de la maestría. ¿Sigues centrado en tu corazón sagrado y confías en que tus amigos de los reinos superiores te ayudan esas noches oscuras de caos y te conducirán a la luz de un nuevo y brillante futuro, sin importarte lo que te ocurra o suceda a tu alrededor?

Magia y majestad, pg. 35:
Estarás en paz cuando tus creencias se basen en la verdad. Sabrás que has accedido a la armonía con el Yo del alma cuando no manifiestes reacciones de naturaleza emocional ante acontecimientos de tu vida aparentemente negativos.

Magia y majestad, pg. 113:
Estás hecho de esencia divina. Eres una chispa o fragmento del Creador Supremo. Posees poderes latentes que se deben desarrollar. La humanidad necesita enormemente que le refresquen la memoria espiritual y desarrollar los poderes de un maestro de luz.

Reconocimiento del autodominio en ti mismo

En ocasiones estamos bastante ciegos cuando miramos nuestra imagen reflejada en un espejo. Es habitual no ver lo que está delante de nuestras narices cuando nos miramos a nosotros mismos. En otros casos, vemos demasiado; nos concedemos más crédito del que merecemos. Todo esto significa que es muy difícil ser objetivos cuando somos el sujeto de nuestra mirada. El autodominio es así. Aunque todo parezca diferente, tendrás dificultades para creer que algo como el autodominio te esté ocurriendo a ti, y tal vez tengas problemas para creer la verdad de lo que sientes. La buena noticia es que la transición es bastante detectable una vez entiendes lo que está ocurriendo.

> *Secretos del autodominio,* pg. 158:
> No importa en qué punto de la senda de ascensión te encuentres; firma la paz con tu nivel de comprensión y ten paciencia contigo mismo. Es el ego el que te susurra: «*No eres lo bastante bueno. No estás a la altura de los que te rodean. No lo mereces. Nunca aprenderás ni entenderás ni perfeccionarás todas las técnicas, meditaciones y términos espirituales*». Etcétera, etcétera. Cuando esto suceda, para y que tu mente retorne sosegadamente al centro con unas pocas afirmaciones escogidas.

Aunque ya abordamos los aspectos básicos en *Espiritualidad unificada del Creador*, agregaremos unos pocos detalles que servirán para explicarlo un poco mejor. Te mostraremos un diagrama que representa a una persona próxima a experimentar la transición al autodominio, aunque no lo haya alcanzado todavía. Te mostraremos la transición y luego un diagrama de alguien que ya la ha hecho. También te explicaremos lo que se siente con la transición para que la reconozcas cuando te suceda a ti.

El primer diagrama es una versión ligeramente modificada del de *Espiritualidad unificada del Creador* y describe a una persona con una personalidad de alma infundida. En este diagrama se aprecia que la persona está conectada con su Yo superior, que se conecta con la supra-alma, que a su vez está conectada con el cuerpo causal. Este diagrama representa a las personas a punto de hacer la transición al autodominio. Son espiritualmente consecuentes y todos sus fragmentos de dimensiones inferiores se han reintegrado.

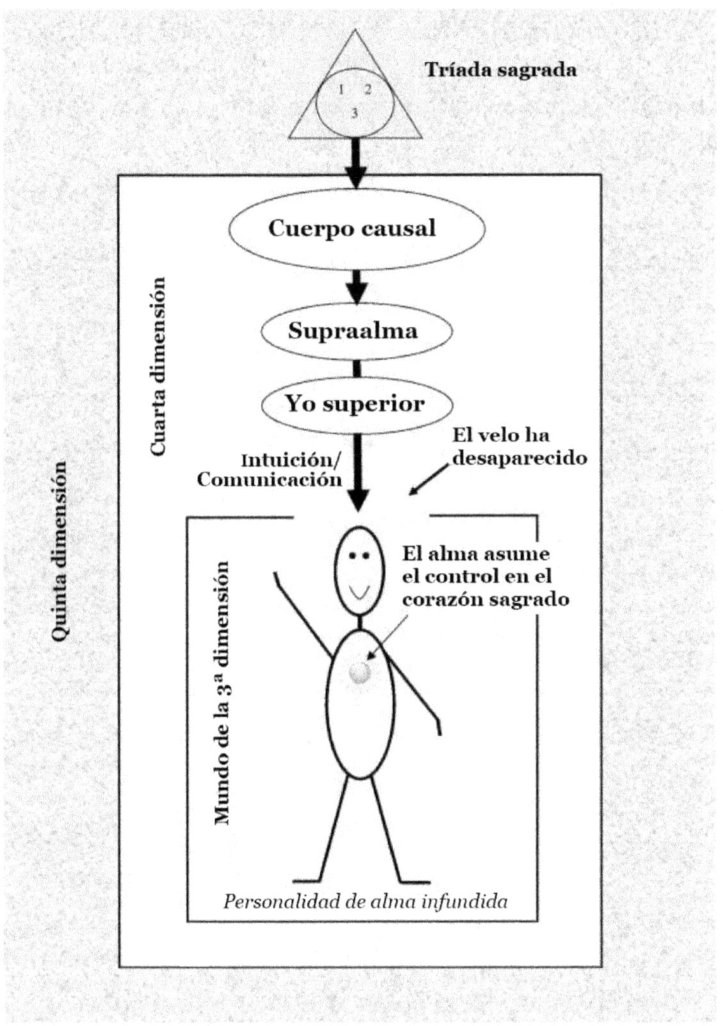

En muchos, o en la mayoría de los casos, lo que ocurre a continuación es una suerte de experiencia espiritual profunda. Esa experiencia varía de una a otra persona, por lo que no hay forma de decir cómo será. Cuando suceda, experimentarás una cadena de acontecimientos muy parecida a la que otros han sentido en ese momento.

Una vez hayas vivido esta profunda experiencia, lo primero que ocurre es que el Yo superior se retrae en la supraalma, y la supraalma se ampara en tu cuerpo causal. Veamos el diagrama:

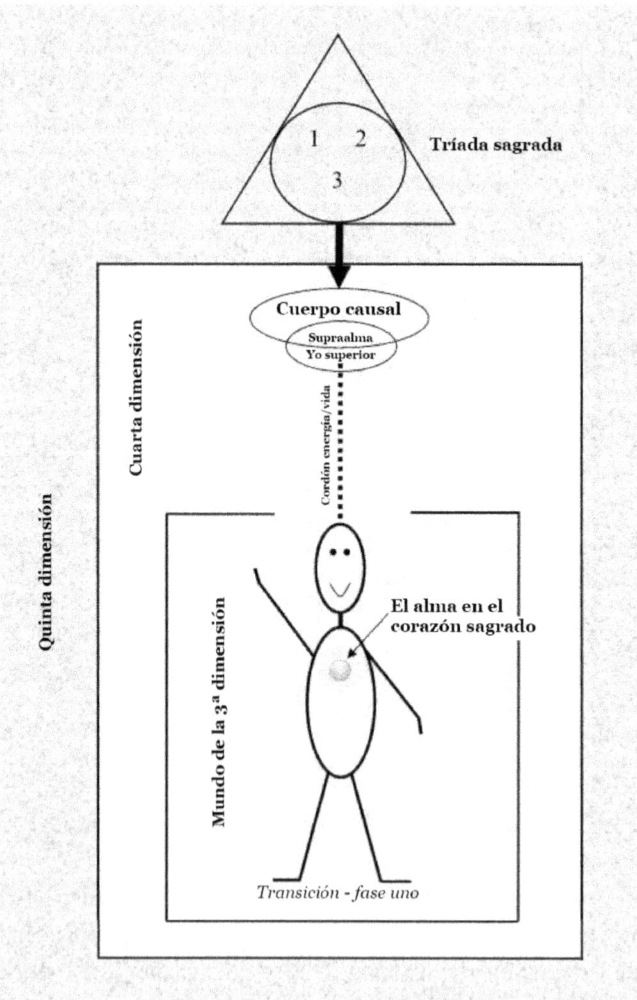

Como se aprecia en el diagrama, tu cordón de energía o vida sigue conectado. Repara, sin embargo, en que ya no tienes comunicación abierta con el Yo superior. Cuando esto sucede, es habitual que te sientas muy solo y aislado. Recuerda la experiencia de Jesús en el desierto cuando se sintió olvidado de Dios. Simplemente recuerda, cuando te llegue el turno, que es una parte natural del proceso. Quizá te *sientas* solo, pero sigues teniendo apoyo. Veamos una sucinta descripción de la experiencia que vivió Kevin en esta parte de la transición:

«Viví esta transición en febrero del año dos mil. Tuve una experiencia espiritual muy profunda y, cuando desperté al día siguiente, no conservaba ningún sentido de lo espiritual. No sentía nada, no percibía nada, no era capaz de ver nada con clarividencia. Sentía como si mi Yo espiritual hubiese desaparecido por completo. Recuerdo que pensé que no era raro que la gente pasase por la existencia sintiéndose aislada y sola si era así como tenían que vivir la vida».

Lo siguiente que ocurre es que el cuerpo causal, que ahora tiene supra-alma y Yo superior, se retrae a la tríada sagrada. En la página siguiente podemos ver el diagrama de este paso.

Esta fase puede ser muy breve, de unos pocos días, o prolongarse más. Sea lo que fuere, será lo que necesitas. Naturalmente, variará de una a otra persona, puesto que cada situación es única.

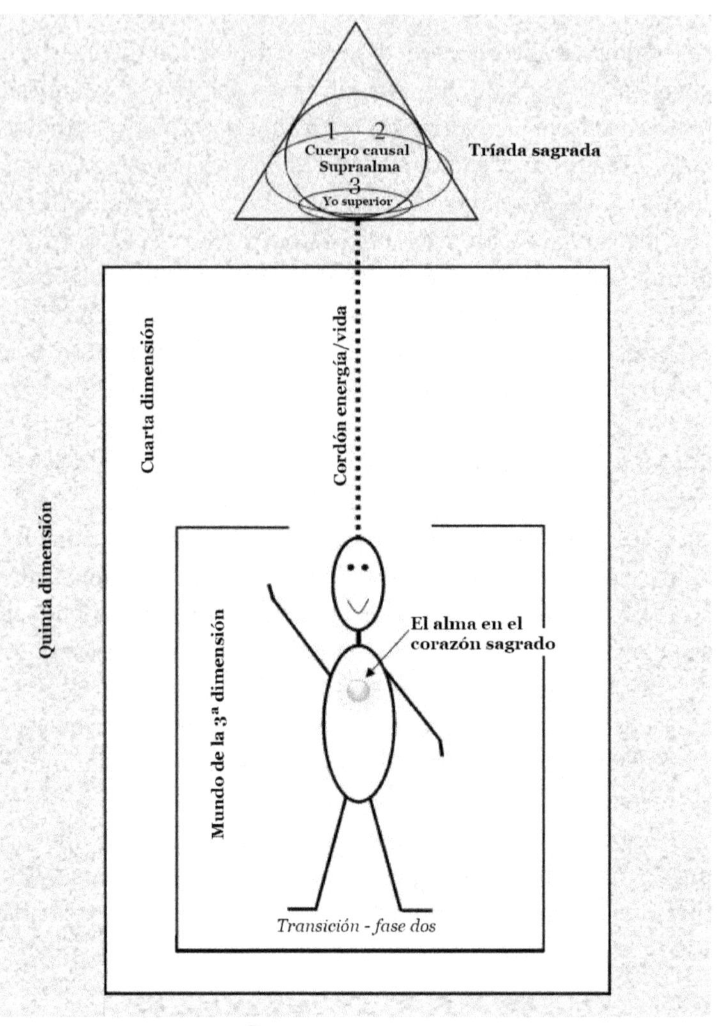

Los cambios ocurrirán una vez haya transcurrido el tiempo necesario. Empezarás a sentir diferente. Al principio, es probable que sientas que vuelve a despertar tu «viejo yo», pero es probable que eso no dure mucho, porque habrás asimilado una poderosa sensación de que eres espiritualmente diferente. Las cosas habrán cambiado y hay posibilidades de que sientas incluso como si tu estructura espiritual fuera distinta que antes de la experiencia. Y así es. Una vez emerja todo, tu Antakarana ocupará su sitio: el puente arcoíris de tres cordones que conecta el Yo del alma y que ahora tiene el control de tu vida, con tu tríada sagrada en el primer subplano de quinta dimensión. Veamos el diagrama de tu «nuevo yo»:

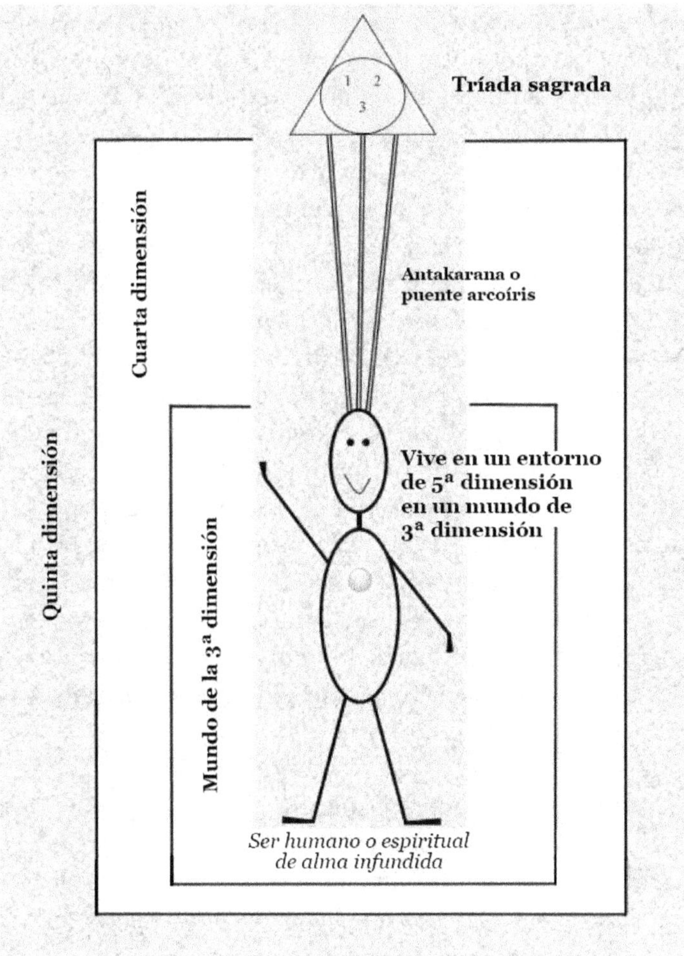

Para el caso de que no tengas esta información a mano, los tres cordones del Antakarana son: 1) el cordón de la vida o la energía, 2) el cordón de la conciencia, y 3) el cordón de la creatividad. Y, para aquellos que estén interesados, veamos la descripción del redespertar de Kevin:

«Tardé varios días en tener de nuevo un despertar. Estaba agradecido porque, hasta que retornaron mis conexiones espirituales, no sabía si algún día las recuperaría. Esto sucedió muchos años antes de que oyera hablar de Ronna, por lo que no poseía ningún lenguaje para describir lo que me sucedía y durante años no supe exactamente qué me *había* ocurrido. Sin embargo, cuando re-desperté supe que yo era diferente. Mi constitución era diferente de la que había sido originalmente. No mucho después de que las cosas comenzaran a volver, experimenté mi primera descarga directa, lo que el arcángel Miguel llama 'haces luminosos de sabiduría'. Empecé a conocer aspectos espirituales por revelación directa y eso se convirtió en mi medio primario para recibir nueva información espiritual (claricognosciencia). Mi capacidad de gestionar energía espiritual, que era relativamente considerable antes de este cambio, ascendió a un nivel muy superior. Es una forma distinta de existencia espiritual a la que había tenido antes y agradezco todas las experiencias y a las personas que me ayudaron por el camino. Espero que Ronna y yo seamos capaces de ayudarte también, para que vivas la mejor de las experiencias espirituales y hagas tanto bien espiritual como sea posible».

Secretos del autodominio, pg. 48:
Un maestro habla poco, escucha con más atención y mantiene una actitud imparcial ante lo que sucede a su alrededor. Tienes que hallar la serenidad en el corazón sagrado. En él reside tu centro de energía y voluntad divina.

Secretos del autodominio, pg. 118:

Un ser humano o espiritual adquiere gradualmente conciencia y empieza a refinar la mente subconsciente, lo cual le conduce a la conciencia del Yo y a volver a conectar con el Yo del alma y con la mente supraconsciente. Este es tu vínculo con los patrones vibratorios y la sabiduría expandida de los reinos espirituales de frecuencias más altas a través de las muchas facetas del Yo superior. Lo más probable es que en este estadio empieces a experimentar fogonazos de inspiración vía intuición, los cuales se aceleran con la meditación y un viraje hacia el interior. En consecuencia, el poder de la mente mejora y los candidatos espirituales empiezan a ver el mundo y los acontecimientos actuales desde un punto de vista elevado y ventajoso que incorpora una imagen de la realidad mayor y más expandida.

Magia y majestad, pg. 31:

Los Yo maestros aprenderán a integrar y absorber energía para luego manipularla del modo más eficaz y que adopte la forma deseada. Es de vital importancia que haya —de ida y vuelta a la forma física— un flujo constante de partículas adamantinas de luz creadora, con lo cual las semillas estelares de alma infundida se convierten en afluentes vivos del río de vida. Siempre debe haber un intercambio abundante: un flujo entrante y saliente de energía. Esta es una ley universal inmutable.

Vive tu vida cotidiana como si fueses un Yo maestro

No importa el punto de tu senda espiritual en que te encuentres, siempre tienes la opción de vivir tu vida como si ya fueses un Yo maestro. No porque seas presuntuoso ni vano; se trata simplemente de sentar las bases para la siguiente fase de tu vida. Hay quien lo enuncia como: «finge hasta que lo seas», aunque poca es la diferencia entre «fingir» y «serlo». No es esencial vivir *la* verdad, que no existe fuera del corazón del Creador. Lo esencial para ti es vivir lo más cerca posible de tu *comprensión* de *la* verdad. Es lo que nos dice el arcángel Miguel sobre vivir nuestra verdad. Ningún daño acarrea vivir la vida como si ya fueses un Yo maestro. Es una forma de enviar un mensaje al universo y establecer las condiciones de vida que te permitan convertirte en Yo maestro. Así manifiestas tu intención y das a conocer tus deseos, y esa es una de las claves para alcanzar ese objetivo en tu vida actual.

Estamos seguros de que esto suscita una buena pregunta en la mente de muchos lectores: ¿Y cómo vive un Yo maestro su vida cotidiana? La verdad es sencilla: «igual que los demás». Aunque, como quizá imagines, sí existen unas cuantas diferencias en el modo en que el Yo maestro actúa y reacciona ante los acontecimientos de su vida en comparación con las personas inmersas en la conciencia de la tercera dimensión. Veamos algunas de las diferencias en el modo en que el Yo maestro vive su vida cotidiana:

- El Yo maestro mantiene una equilibrio centrado y sereno pese a lo que suceda durante el día.
- El Yo maestro busca el mensaje espiritual de todo cuanto ocurre durante el día.
- El Yo maestro es amable con los demás. Su ego quizá se interponga ocasionalmente, pues nadie es

perfecto, pero verás que el Yo maestro actúa repetidamente con amabilidad con cuantos se encuentra.

- El Yo maestro es una presencia sutil y apacible, no alguien que atraiga la atención sobre sí mismo ni alguien que siempre tenga que estar al cargo.

- El Yo maestro siempre observa lo que sucede a su alrededor sin emitir juicios de valor. Un Yo maestro sabe que dichos juicios de valor son totalmente innecesarios, sea para juzgar a otra persona o a sí mismo.

- El Yo maestro acepta a los demás tal como son, y acepta su yo personal tal y como es.

- El Yo maestro convierte en hábito pasar parte o casi todo el día en estado alfa, como una «meditación viviente». Aunque algunos prefieran un horario reglamentado y otros se dejen llevar con el día, es habitual en los Yo maestros pasar a diario una parte sustancial del tiempo en estado alfa.

- El Yo maestro suele usar una o más respiraciones sagradas que se avienen con su forma de vida.

- El Yo maestro vive la vida según los principios espirituales que por su corazón sabe que son ciertos. Le sirven para demostrar a otros el efecto del espíritu en nuestra vida diaria.

- Honradez, integridad y ética son partes vitales de la vida del Yo maestro. Aunque el Yo maestro siga cometiendo errores ocasionales, no transgredirá voluntariamente las leyes espirituales.

- El Yo maestro entiende la conciencia de unidad y es capaz de percibir, al menos en cierto grado, multidimensionalmente. De algún modo percibe la interconectividad que nos une a todos bajo el amparo de Dios Padre Madre y del Creador.

- El Yo maestro ha experimentado en su vida el amor incondicional, al menos en cierto modo y con algunas personas. Aunque sigue aprendiendo y creciendo, y tal vez no ame incondicionalmente todos los aspectos de otras personas ni su conducta, buena o mala (porque todavía tiene preferencias), el Yo maestro ama incondicionalmente a todo el mundo como espíritu.

Adopta algunas de esas ideas. Tómalas y úsalas como un trampolín para llegar a tu objetivo. Recuerda que, en un sentido práctico, no hay diferencia real entre «fingir» y «ser». Vivir la vida de este modo manifiesta el Yo superior y que estás realmente comprometido con vivir de acuerdo con las leyes espirituales, aunque eso es algo que ya sabes. Vivir de este modo hace que las ruedas del universo giren inexorablemente en una dirección: la tuya como Yo maestro.

Secretos del autodominio, pg. 107:
No puedes tener un corazón timorato ni ser tímido de espíritu, porque el siguiente paso en tu senda al autodominio es asumir el dominio de tu mundo personal, avanzar con coraje y determinación al tiempo que reclamas tu herencia divina. Te está esperando, pero debes poner de tu parte, integrar y activar la esencia del Creador –las partículas adamantinas de luz–, la sustancia divina de toda Creación, que usarás para moldear y crear tu maravilloso nuevo mundo. Siempre has estado destinado a convertirte en el catalizador y director de tu propio futuro.

Secretos del autodominio, pg. 110:
Para llegar al autodominio es de vital importancia que busques la luz del intelecto. La conciencia cons-

ciente despierta cuando te das cuenta del panorama general para poder ver ambos lados de un escenario controvertido. Debes aprender a ser un observador de la vida, perspicaz y dispuesto a no emitir juicios de valor. Un maestro no necesita mostrar constantemente que tiene una opinión ni tratar siempre de influir en los que le rodean. Una persona espiritualmente evolucionada expone la verdad tal y como se le ha revelado y anima a los demás a que busquen su propia verdad cuando se les revele.

Magia y majestad, pg. 1:
El Yo maestro responde a su entorno, mientras que un observador de la vida mundana experimenta desde un punto elevado ventajoso. Está en el mundo pero sin formar parte de él. Experimentarás abundante dicha en tu corazón y en tu alma. Seguirás experimentando angustia personal y aflicción física; sin embargo, tendrás suficiente sabiduría e instrumentos para transcenderlas.

Magia y majestad, pg. 59:
Como Yo maestro de la Nueva Era de la iluminación, ya no sentirás la necesidad de ser obediente ni un estudiante al servicio de un maestro de mayor categoría, tal y como era la norma en el pasado. Tu obediencia debería ser convertirte en un perseguidor de las verdades superiores y refinadas de la entrante Era de Acuario, dedicado a tu plan divino personal del futuro tal y como se te revela, día a día, paso a paso, cada vez más adentro y trazando una espiral ascendente.

Magia y majestad, pg. 118:

Al profundizar en el autodominio, te conviertes en custodio de las partículas adamantinas y la energía cósmica, la esencia de amor puro del Creador. A medida que perfecciones tu capacidad de proyectar amor sagrado, también te convertirás en custodio de la voluntad divina, que se podría describir como unidades de energía de pensamientos inspirados y sagrados que te son transmitidos por el consejo cósmico de luz de los reinos superiores.

Magia y majestad, pg. 127:

Cuando empezamos a anclar internamente las frecuencias de nuestro entorno de la quinta dimensión, aprendemos gradualmente a considerar todas las circunstancias desde un punto elevado ventajoso. Nuestra confianza en el Plan divino se refuerza y adquirimos una confianza interna de que todo acabará ocurriendo por el bien supremo de todos.

Magia y majestad, sección de ilustraciones y explicaciones, pg. 1:

El alma se compone de esencia espiritual, que resuena a niveles específicos de la conciencia. El Yo maestro siente su propia identidad individual, así como la unicidad universal. Primero va la conciencia del Yo; segundo, la personalidad de alma infundida; tercero, la conciencia de que no eres el alma, sino algo mucho más extenso: un punto de la voluntad dinámica y divina concentrado en el alma, es decir, el átomo simiente de Dios, que ilumina directamente la forma de Yo del alma. Este es el momento de la conciencia de ser, no de llegar a ser.

DESARROLLO DE LA SERENIDAD

¿Qué es la serenidad? ¿Cómo sabemos que la hemos adquirido? Ambas son preguntas importantes y necesitamos respuestas claras para alcanzar y mantener un estado de serenidad.

Muchas personas equiparan serenidad con paz, pero no son lo mismo. «Paz» como concepto se aplica más al ego y a las dimensiones inferiores tercera y cuarta, porque las frecuencias de energía espiritual de paz existen en esas dimensiones. El significado de «paz» varía y va desde «una suspensión», pasando por «una discordia» –que generalmente implica poca o ninguna paz real–, hasta «existir en armonía», que *sí* implica paz de verdad. La serenidad es un estado de una frecuencia superior a la de la paz, y el significado de «serenidad» es diferente de cualquier significado de la palabra «paz».

La serenidad real es una condición interna y existe completamente aparte de cualquier acontecimiento del mundo externo, con independencia de la dimensión. Es una estabilidad espiritual interna, opuesta de muchas formas a las condiciones internas de la mayoría de la gente que vive en las dimensiones inferiores sin una conexión profunda con frecuencias espirituales superiores. La serenidad real se alcanza al holgar en el amor universal de unidad.

Las personas inmersas en el ámbito de la tercera y cuarta dimensiones a menudo son como un corcho que flota en un río: son arrastradas por la corriente –las circunstancias externas–, que determina su dirección y destino, y esto en parte configura su estado interno. Cualquier equilibrio o desequilibrio responde sobre todo al «estado de ánimo» al que se ven abocadas por circunstancias y acontecimientos externos. Como ves, este estado no tiene una base o equilibrio reales. No ocurre así en el caso de la serenidad.

Alcanzar la serenidad empieza y requiere elevar la frecuencia de tu firma energética hasta o por encima del quinto subplano de la cuarta dimensión. Todas las firmas energéticas en este punto o por encima de él quedan fuera del alcance de las frecuencias de energía negativa, que no atraviesan ni superan el cuarto subplano de la cuarta dimensión. Este es el nivel de «transición», o «zona de seguridad», entre las frecuencias espirituales inferiores o negativas y las frecuencias espirituales superiores o positivas. Los subplanos superiores de la cuarta dimensión rebasan toda la ilusión de la tercera dimensión, de modo que la serenidad real está más allá del alcance de la ilusión. Es un estado natural de nuestro verdadero Yo del alma. Como aspecto natural del Yo es un estado más resistente y duradero que cuando estamos limitados por las emociones de la tercera y cuarta dimensiones.

Luego, ¿cómo es la serenidad? En cierto sentido, la serenidad genuina se parece mucho a infundir dicha en sentido de equilibrio muy estable o imperturbable. Sus límites superan a los de la paz, porque las circunstancias y los acontecimientos externos no afectan a la serenidad. Este profundo sentido de equilibrio de dicha infundida sienta las bases de nuestra verdad y perspectiva. Influye en nuestra percepción porque vemos y entendemos con más claridad el mundo que nos rodea; no está oscurecido por la ilusión de las energías de la tercera y cuarta dimensiones.

La mayoría de nosotros ha experimentado la serenidad al menos una vez en la vida. La serenidad se funda en momentos como estos: la paz profunda de estar en la naturaleza; coger en brazos a tu hijo o nieto por primera vez; una profunda conexión con otra persona; un momento de iluminación interior en que el conocimiento se transforma en sabiduría; un momento de profunda dicha por una experiencia que nunca olvidarás; experimentar la sensación de «pertenencia». Por supuesto, son solo unas pocas circunstancias de las que te llevan a sentir serenidad. Piensa en momentos de tu vida como estos y haz memoria de momentos de una profunda sensación de equilibrio y paz centrada en tu corazón. Esa es tu experiencia con la serenidad.

Magia y majestad, pg. 27:
Paz y serenidad no son lo mismo. La paz se refiere al campo de emociones de tercera y cuarta dimensiones y es sensible a los trastornos de fuentes externas. La serenidad es una profunda quietud interior, libre de cualquier trastorno emocional. La paz es un estado de conciencia de frecuencias más bajas, mientras que la serenidad es una cualidad emocional de quinta dimensión.

Serenidad en la vida cotidiana

La serenidad es útil durante muchos momentos de la vida cotidiana, sobre todo durante acontecimientos trascendentales que la mayoría considera aterradores o atemorizantes. A modo de ejemplo, Kevin nos contará el modo en que se benefició de la serenidad durante el proceso que le llevó a la mesa de un quirófano para ser operado a corazón abierto de la válvula mitral.

Historia de Kevin:
Mi cuerpo estaba muy próximo a la muerte cuando me remplazaron la válvula mitral. Durante años he canalizado y aumentado la intensidad de la energía espiritual de mi cuerpo para potenciar las funciones físicas disminuidas con la intención de que mi cuerpo se mantuviese vivo más tiempo. La

mañana de la operación sabía que me quedaba menos de una semana de vida si no me intervenían. Estaba en paz con mi suerte; de hecho, espiritualmente experimentaba serenidad interior. Desde el punto de vista médico, había una posibilidad de que no sobreviviera a la operación, pero sabía, en lo profundo de mi corazón espiritual, que saldría de aquella tanto si sobrevivía a la operación como si no. Creía genuinamente que sobreviviría a la cirugía y contaba con un enorme apoyo espiritual de mi familia física, de los seres espirituales y de mi familia espiritual (por no mencionarla de un cirujano muy cualificado).

Al leer esto es fácil pensar que fue todo ese apoyo el que me permitió sentir serenidad, pero no fue así. Si experimentaba quietud, si estaba centrado y tenía una perspectiva equilibrada, no era por el apoyo espiritual. Mi serenidad venía de muy atrás, de mucho antes de la mañana de mi operación, y esa serenidad no respondía a mi situación. La serenidad tenía origen en mis raíces espirituales, por lo que creo que hubiera mantenido la misma serenidad aunque espiritualmente supiera que esos eran mis últimos momentos en la Tierra. Claro que habría tenido una conversación diferente con mi mujer, pero el equilibrio interno y la quietud habrían permanecido iguales. Mantener la serenidad es una opción y siempre está ahí. Es una elección que puedes hacer y, con el tiempo, una opción a la que te enfrentarás más de una vez en tu vida espiritual.

Con la serenidad como base aprendemos a percibir las energías de frecuencia más alta de cuarta y quinta dimensiones. Vemos y entendemos todo más cercano a su verdadera forma espiritual y mucho más próximo a su verdadera realidad espiritual. Adquirimos un mayor conocimiento de la causalidad y empezamos a entender y percibir los efectos que se derivan de nuestras acciones; todas esas consecuencias de nuestras acciones que la mayoría de la gente no tiene en cuenta. Sentir la influencia de la energía de frecuencia más alta y percibir los efectos más amplios y profundos de nuestras acciones es el principio de lo que nos dice el arcángel Miguel, que veamos las cosas desde una perspectiva más elevada: la perspectiva del Yo maestro.

Cómo alcanzamos la serenidad

Para que sientas serenidad es necesario alterar tu percepción y perspectiva. Como las percepciones influyen en tu perspectiva, es necesario cambiarlas para adquirir una perspectiva más elevada. Veamos algunos pasos para agudizar tu percepción y elevar la frecuencia de tu perspectiva.

- Supervisa tu percepción. Descubre las cosas que en tu vida y en el mundo que te rodea te llaman la atención. Fíjate también en el tipo de respuesta que les das a esas cosas y de este modo sabrás de manera consciente cómo reaccionas a las circunstancias de tu vida. Necesitas volverte consciente de tus respuestas para identificar respuestas habituales de frecuencias inferiores que sean captadas por tu radar. Estas son las respuestas que quieres remplazar con respuestas equilibradas, fundadas en el amor y de frecuencia superior.

- Plantéate por qué reaccionas del modo en que lo haces. ¿Proceden tus reacciones del ego, o son las reacciones de una persona inspirada por el alma? Es importante que seas consciente de si tus reacciones proceden del ego, porque es algo que tendrás que cambiar para alcanzar el autodominio.

- Identifica las reacciones del ego y modifícalas de manera consciente. Decide conscientemente interrumpir una reacción del ego. A continuación, piensa en lo que significa para ti estar inspirado por el alma y piensa en la frase: «el bien supremo para todos». Limítate a pensar en la frase; no intentes determinar qué reacción te llevará realmente al bien supremo. Esto es importante porque quieres que tus reacciones estén inspiradas por el Yo superior y no que sean un producto de tu mente. Una vez que pienses esta frase, para y espera. Esta pausa proporciona un hueco para que la inspiración del Yo superior te ofrezca la mejor opción para ti. Una vez recibas esa inspiración, confía en ella y pasa a la acción. No dudes ni trates de aventurar lo que vendrá, y haz lo que haya que hacer sin dudarlo. Cada vez que confías en este tipo de comunicación de tu Yo superior fortaleces y ahondas tu comunicación con el Yo superior. Se crea así un circuito de refuerzos positivos. Recibirás información muy inspirada del Yo superior a medida que confíes en él y sigas su dirección. Todo cuanto ahonde y fortalezca esta conexión acelera tu avance en el autodominio.

- Aprende a hacer una pausa antes de reaccionar. La incorporación de una pausa brinda a tu Yo superior la oportunidad de «inspirarte» con la mejor opción en cualquier circunstancia. Hacer esta pausa interrumpe el ciclo de respuestas habituales, y depositar con más frecuencia la confianza en el Yo superior ahondará la conexión y aumentará tus comunicaciones intuitivas. Es importante romper con todas las respuestas habituales basadas en el ego, de modo que reduzcamos esas respuestas por acciones inspiradas del Yo superior. Remplazamos nuestros hábitos negativos y basados en el ego por respuestas positivas basadas en el alma que elevarán nuestra firma energética y acelerarán nuestro crecimiento espiritual.

- «Vuelve al centro» con frecuencia. Hay una buena razón por la que el arcángel Miguel subraya esto en tantos mensajes. Tu centro, que es tu corazón sagrado, es donde te encuentras en calma y equilibrado. Cuando estás tranquilo y equilibrado, y te mantienes así incluso en circunstancias adversas, estás listo para hacer de la serenidad tu cimiento espiritual.

La serenidad no está solo reservada a los Yo maestros. Está a disposición de todo el que haya hecho su trabajo y haya liberado su mente de la conciencia de las masas. La serenidad verdadera no existe en la conciencia de las masas, y por eso primero hay que trascenderla y tener nuestro primer atisbo de serenidad.

Que haya luz, pg. 235:
Cuando aprendes a mantener la atención centrada y en armonía, no es que no seas consciente de lo que pasa en este mundo de dualidades, sino que tu voluntad, potencia, energías y deseos están totalmente centrados en la energía del momento y en permitir que tu Yo divino irradie a través de ti las vibraciones sanadoras y transmutadoras de amor y transformación.

Comprensión de los designios divinos

Definición de *Espiritualidad unificada del Creador* de los designios divinos: El Plan divino es la visión del Creador de que algo va a ser. Hay un Plan divino para este universo y todo lo que contiene.

Los designios divinos son patrones de energía espiritual que sientan las bases de toda existencia en nuestro universo. Esos patrones determinan todos los aspectos de cuanto existe: su aspecto físico, su función, sus propiedades físicas, y, para las formas de vida, también su naturaleza espiritual.

Los designios divinos del Creador son una realidad objetiva: son la forma y el fundamento de la existencia. En contraste, todo cuanto experimentamos es una realidad subjetiva porque la experimentamos a través de nuestras propias percepciones.

¿Por qué contamos con designios divinos propios?

Los designios divinos definen todo cuanto es posible a nivel individual, aparte de los resultados ideales a nuestras elecciones perfectas. Nuestro Plan divino también recalca nuestro propósito espiritual y nos provee de objetivos espirituales. Es nuestro «mapa de carreteras» para retornar al Creador.

Los designios divinos representan nuestro ideal: todo cuanto podemos hacer si somos la perfecta expresión de la voluntad del Creador. Son nuestro cachito de perfección divina y estos planes definen todo cuanto es posible a nivel individual, aparte de los resultados ideales de nuestras elecciones perfectas. Esto nos provee de objetivos espirituales, porque nuestro plan también hace hincapié en nuestro propósito espiritual. Ese es el papel espiritual que el Creador eligió específicamente para nosotros. Los designios divinos son nuestro «mapa de carreteras» para retornar al Creador.

Muchas cosas que consideramos negativas, pero que solo forman parte del ser humano, son aspectos que no están en armonía con nuestro designio divino. Aspectos como emociones negativas, acciones negativas, elecciones negativas e incluso enfermedades. Por eso necesitamos nuestro designio como un «mapa de carreteras» para retornar al Creador.

De Espiritualidad unificada del Creador, pg. 38:
Los «diseños divinos» son una guía proveída por el Creador como plantilla espiritual que nos ayuda a maximizar las cosas buenas de nuestras vidas. Nuestro «Plan divino» es una guía para fortalecernos y para nuestras elecciones; es un camino que podemos seguir para alcanzar la expresión superior posible en nuestras vidas. Nos volvemos más conscientes de nuestro Plan divino y de su contenido a medida que nuestra consciencia espiritual crece más profundamente.

Los designios divinos nos proveen de una guía y de una senda por la que transitar mientras elevamos nuestra frecuencia espiritual y volvemos a nuestro verdadero Yo espiritual.

Una vez próximos a completar todas las experiencias que necesitamos durante nuestra vida actual, nos preparamos para recibir el Plan divino de la siguiente fase de nuestra vida espiritual.

¿Cuál es el propósito de mayor magnitud de los designios divinos?

Los designios divinos tienen un propósito de mayor magnitud muy importante. Tan importante que tal vez resulte obvio a nuestra limitada conciencia humana. Veamos ese propósito de mayor magnitud:

Aprender a entender los designios del Creador y a manifestarse de acuerdo con ellos nos enseña a pensar igual que piensa el Creador.

¿Por qué es importante pensar igual que el Creador? La respuesta la hallamos en la siguiente pregunta:

¿Cómo se convirtió Dios en Dios?

Esa es una pregunta de calado y muchos lectores se preguntarán cómo es posible darle respuesta. La respuesta nos llega a través de la claricognosciencia: la facultad espiritual de conocimiento directo; lo que el arcángel Miguel califica como descarga directa de haces de luz de sabiduría. A través de la claricognosciencia somos capaces de compartir contigo que Dios devino un ser soberano al aprender a manifestar la Creación cada vez con más precisión y de acuerdo con los designios del Creador.

Dios devino Dios cuando aprendió a pensar como Creador.

¿Cómo identificamos nuestros designios divinos?

A menudo no sabemos lo que el Creador ha elegido para nosotros. Si no estás seguro, o si sientes que no lo sabes, aquí tienes unos cuantos pensamientos que te facilitarán la identificación de lo que el Creador quiere de ti y para ti:

- Todo lo que necesitas saber sobre el Plan que el Creador tiene pensado para tu vida presente te aguarda en tu corazón sagrado y en tu mente sagrada.
- La revelación de tus perspectivas espirituales más hondas te muestra la parte de tu plan que pertenece a tu vida tal y como es ahora.

- La revelación de tu deseo espiritual más hondo, guardado en tu corazón sagrado, revela los siguientes pasos que debes dar en el camino de tu plan, que se está desplegando ante ti.
- La revelación de tu deseo espiritual más hondo te ayuda a transitar por esa senda, y esa senda te conduce al siguiente nivel de conciencia espiritual.

¿Cómo entender los designios divinos?

Como los designios divinos son nuestro plan y nuestro «mapa de carreteras» para retornar a la perfección del Creador, resulta útil entenderlos. Entenderlos se parece mucho al de entender un mapa físico. Tienes que saber dónde estás antes de trazar un curso para llegar adonde quieres ir. También necesitas entender los símbolos del mapa para interpretar correctamente lo que ves.

La buena noticia es que cualquier tipo de confusión o incertidumbre sobre estas dos cosas es de naturaleza mental. Es una limitación de tu mente humana, y eso es todo. Tu alma y espíritu saben dónde estás. Tu alma y tu espíritu saben leer el mapa.

Todo cuanto necesitas es sonsacarle esa información a tu alma y espíritu de modo que tenga sentido para tu mente humana. La buena noticia es que es posible; forma parte de nuestro crecimiento espiritual y del proceso que llamamos «iluminación». Veamos algunas cosas que puedes hacer en tu propio servicio:

- Desarrolla tus sentidos espirituales.
- Desarrolla el equilibrio y la serenidad interiores.
- Hazte consciente de que ya sabes estas cosas en tu fuero interno y aprende a aceptar como cierta la información proveniente de tu corazón sagrado. Tu

aceptación es crucial, porque este paso es vital para abrir las vías entre corazón sagrado y mente sagrada.

- Si cuentas con las meditaciones que acompañan a este libro, escucha esta meditación al menos una vez al día durante una semana: «03_12 Reunifica tus Yoes espirituales». Esta meditación te ayuda a establecer comunicación entre el corazón sagrado y la mente sagrada, así como a unificar tu conciencia, para que la información de tu Plan circule de tu mente sagrada a tu mente consciente.

Aprende a entender la información de tu Plan divino, y permite que tu vida se armonice más con la voluntad divina. A medida que ahondes más en el conocimiento de tu plan, serás consciente de los «misteriosos designios» que algunos creen que caracterizan a las acciones de Dios y que en realidad no son tan misteriosos. Todo forma parte del proceso que debemos seguir para vivir las experiencias que el Creador ha elegido para nosotros mientras aprendemos a pensar como Él.

Designios divinos, libre albedrío y futuro

Los designios divinos existen a nivel universal para todos los estados temporales físicos: pasado, presente y futuro. ¿Significa eso que el futuro está predeterminado?

Por suerte, el futuro no está tallado en «piedra» universal y no está predeterminado, porque tenemos libre albedrío. Eso significa que el «futuro» que existe en la realidad objetiva es el ideal del Creador y, debido al efecto del libre albedrío, es solo una aproximación a lo que probablemente ocurrirá. Este ideal se manifiesta si todos vivimos en perfecto acuerdo con la ley espiritual. No obstante, por lo general no vivimos en perfecto acuerdo con la ley espiritual precisamente porque ejercitamos el libre albedrío. Entonces, ¿por qué funciona el libre albedrío?

La única razón por la que funciona el libre albedrío es porque el Creador no piensa activamente en nuestro «futuro». Si lo hiciera, esos pensamientos manifestarían esa realidad. ¿Y por qué funcionaría de ese modo?

Porque los pensamientos son creativos e influyen en la realidad causando manifestación. Si el Creador pensara activamente en nuestro futuro, *ese sería el futuro que se manifestaría*. Somos cocreadores, pero no podemos «crear fuera» del Creador. Nuestro futuro estaría predeterminado si se manifestasen los pensamientos del Creador y no gozaríamos de libre albedrío porque los pensamientos del Creador y las leyes de manifestación establecerían nuestro futuro. Por eso, como dijo el arcángel Miguel, el Creador «descansó» después de crear este universo: para no interferir con nuestro libre albedrío. Por eso el Creador es ante todo un observador imparcial de nuestra vida en la Tierra.

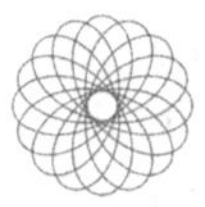

ALINEACIÓN CON LA VOLUNTAD DIVINA

A nivel superficial, alinear tu voluntad con la voluntad divina no parece sino un juego de adivinanzas que facilita que dudemos de nosotros mismos. Después de todo, ¿cómo sabe nadie lo que de verdad es la voluntad divina? Pero hay una buena noticia, porque en realidad no necesitamos conocer la voluntad divina en un sentido absoluto. Lo que necesitamos saber individualmente es qué quiere la voluntad divina de nosotros.

Ya abordamos esto en cierto grado en *Espiritualidad unificada del Creador,* y ahora haremos una sinopsis a modo de recordatorio antes de seguir adelante.

- Tomamos decisiones a diario. Solo tú decides la senda que quieres tomar.
- Tienes la opción de elegir *siempre* alinear tu voluntad con la voluntad divina y convertirte en una verdadera luz espiritual en la Tierra.
- La verdadera clave para estar seguro de que tu voluntad se alinea con la voluntad divina es esta: haz siempre lo que creas o pienses que es correcto. De este modo expresas tu verdad.
- Tu verdad dimana de tu percepción, perspectiva y experiencias. Estás donde estás porque elegiste esas experiencias; elegiste *esas experiencias específicas para compartirlas con el Creador.*
- Tu verdad –*justo ahora*– es la verdad que el Supremo Creador *quiere* que tengas. Por eso no tienes que preocuparte de si tu voluntad se alinea con la divina. Siempre que hagas lo que consideres que es correcto, vivirás las experiencias que el Creador quiere que tengas. Hacer en toda ocasión lo que consideras correcto mantiene tu voluntad alineada con la voluntad divina.

Algunos lectores se estarán preguntando si alinear nuestra voluntad con la voluntad divina es una forma de renunciar a nuestro libre albedrío si dejamos de hacer lo que queremos. Por suerte, alinear tu voluntad con la voluntad del Creador no supone renunciar a tu libre albedrío. Cuando alineas tu voluntad con la divina estás tomando la decisión consciente de alinear tus acciones con el Plan divino del Creador. La toma de esta decisión, entre todas las opciones infinitas disponibles, mantiene tus acciones bajo la bandera del libre albedrío. Usar tu libre albedrío para alinearte con la perfección del Creador es la *máxima* ocupación posible de dicho libre albedrío.

Naturalmente, alinear tu voluntad con la divina supone seguir todas las leyes espirituales universales. Las leyes espirituales son una manifestación de la voluntad divina y por eso seguir las leyes universales nos ayuda a alinearnos con la voluntad divina.

Aunque parezca un asunto mayúsculo, casi imposible, la solución es breve y sencilla, porque no tenemos que conocer toda la voluntad divina del Creador. Simplemente necesitamos saber lo que el Creador quiere de nosotros, y ese es un objetivo mucho más humilde y sencillo. Siempre y cuando sigas a tu radar del corazón y hagas lo que espiritualmente sabes que es correcto, estarás alineado con lo que el Creador quiere de ti y para ti. Así de fácil estarás alineado con la voluntad divina.

> *Tu búsqueda sagrada*, pg. 277:
> A medida que asumas el control de tu vida y aprendas que eres el creador de tu realidad, uno de los pasos más importantes será alinear tu voluntad con la voluntad de tu Yo divino o Yo Soy Presencia. No estás cediendo ante nada, sino dando permiso al Yo superior para que asuma un papel activo en tu vida. Aprenderás rápidamente que el éxito, para que dure, se basa en el honor, la verdad, la integridad y una intención pura, que son leyes universales de las vibraciones superiores.

Que haya luz, pg. 59:
El Omniverso y toda la Creación operan bajo las inmutables leyes universales según fueron decretadas por el Supremo Creador. Conoce las leyes, vive según ellas y estarás alineado con la voluntad del Creador, y toda la belleza, riqueza y abundancia del universo estarán a tu disposición.

Que haya luz, pg. 178:
Cuando te adentras en la pirámide de energía o luz en la quinta dimensión e irradias amor incondicional o luz sobre la humanidad y la Tierra, estás alineando tu voluntad con la del Creador, y tu energía vibrante se suma a la poderosa mezcla de luz creadora de la que nosotros, el reino angélico, estamos al cargo.

Verdades cósmicas reveladas, pg. 151:
Primero, adquiere control sobre tus cuerpos físico, mental y emocional a través de la fusión del alma con el Yo superior. Se inicia así el proceso de alinear tu voluntad con la voluntad de nuestro Dios Padre Madre y con la del Creador, dejando así a un lado la agenda del ego y reafirmando tu intención de cumplir tu misión divina.

Secretos del autodominio, pg. 106:
Recuerda que cuando afirmas «Entrego todo lo que tengo y todo lo que soy por mi bien supremo» o «Alineo mi voluntad con la voluntad divina de nuestro

Dios Padre Madre por mi bien supremo y por el bien supremo de todos» no estás renunciando a tus posesiones mundanas o a tu libre albedrío. Se trata de confiar en la sabiduría de tu supra-alma o Yo superior, y en la de tu Yo divino, porque esas facetas de sapiencia superior de tu conciencia divina siempre saben lo que es mejor y más beneficioso para ti en cualquier momento dado.

Magia y majestad, pg. 35:
Aprende a tener paciencia y entiende que el tiempo tal y como lo conoces está cambiando rápidamente. Crea tus visiones en armonía con el espíritu y luego sé consciente de que todo se manifestará a su debido tiempo. Cuando te alinees con el espíritu, todo se manifestará con perfecta sincronización y en las condiciones correctas. Ten paciencia con los que te rodean y trata de ver lo mejor en todas las personas y cosas, con lo cual multiplicas la energía positiva y rechazas toda negatividad que se haya creado. Te elevarás por encima del mundo mundano y volverás al equilibrio y armonía interior. Tu luminosidad se expandirá exponencialmente e irradiarás de forma constante amor y luz de tu centro de energía solar. Conviértelo en un estado natural del ser y comienza a ver el mundo y los acontecimientos desde un punto elevado ventajoso, el de un maestro.

RECUPERAR LA TIERRA

Colectivamente, la humanidad ha infligido mucho daño a la Tierra. Parte de nuestro crecimiento espiritual, de nuestro crecimiento como especie, es que la Tierra se recupere de los daños que le hemos causado y limpiar el rastro que hemos dejado. Hacer esto ayuda tanto a la gente como a la Tierra, porque algunos de nuestros problemas de salud más acuciantes se derivan de los efectos negativos de la agricultura empresarial[5].

Este tipo de agricultura está motivada sobre todo por la codicia. Algunos partidarios de la agricultura empresarial aducen que nos permite cultivar más alimentos y alimentar a más personas que las explotaciones de policultivo, más naturales[6]. Ha quedado demostrado muchas veces que esto no es cierto, un ejemplo extremo de lo cual es que la explotación de un monocultivo necesita diez veces más terreno para producir la misma cantidad de alimentos que una explotación de policultivo.

El propósito principal de las explotaciones industriales de monocultivo no responde al deseo de alimentar a la gente, sino de obtener beneficios gracias a una mayor mecanización, a un mayor control sobre los factores de crecimiento y por tener que pagar a menos empleados. Las explotaciones de policultivo tratan de alimentar a la gente, emplean a gente y cuidan de la Tierra de manera responsable.

---

5   Monocultivo: campo de un tipo de planta con tierra conservada químicamente.

6   Campos en que las plantas se sustentan unas a otras y precisan de menos abonos químicos. También son explotaciones menos aptas para una mecanización a gran escala.

Con el tiempo, la agricultura se volverá a practicar en explotaciones más pequeñas y localizadas, y las explotaciones serán sobre todo de policultivo. Los agricultores cultivarán plantas alimenticias que se mejoren entre sí, que se ayuden a crecer las unas a las otras, y más saludables porque apenas se necesitan abonos químicos para obtener cosechas seguras, limpias y ecológicas. Como a nivel local se cultivarán más alimentos y de mayor variedad, los costes de transporte disminuirán. También se reducirá la contaminación generada por estos vehículos.

Con el tiempo, los alimentos modificados genéticamente desparecerán y los alimentos se cultivarán por su sabor y valor nutricional; serán de mejor calidad y crecerán en un suelo revitalizado, de nuevo vivo y que contribuye a nuestra salud. También veremos un resurgir de los huertos privados, donde gente de muchos barrios y comunidades compartirá e intercambiará los alimentos sobrantes y comerciará con sus vecinos otros alimentos que no puedan cultivar por sí mismos. Habrá incluso huertas comunitarias, en las que los vecinos volcarán sus esfuerzos y trabajarán codo con codo para obtener alimentos para quienes no puedan abastecer sus necesidades, como personas inválidas, o de muy avanzada edad, o que, por las razones que sean, son incapaces de contribuir.

Las huertas urbanas surgirán como una forma viable de proveer alimentos, al menos a nivel local, a las personas que viven en las grandes ciudades. La mayoría serán huertas ecológicas bajo techo, capaces de producir alimentos todo el año y en toda suerte de condiciones meteorológicas. Las huertas en las azoteas de las casas serán más corrientes y aportarán cosechas locales de productos frescos sin el gravamen de los costes de transporte ni aumentar la contaminación.

Son este tipo de cosas las que resolverán la crisis alimenticia, y uno de sus beneficios adicionales es que la mayoría de estos alimentos serán versiones más sanas de lo que la mayoría de la gente come hoy en día. Mayores cantidades de alimentos más sanos y con menos abonos químicos y sin organismos modificados genéticamente lo más probable es que consigan una población más sana, es decir, con menos enfermedades, menos muertes prematuras y menos costes sanitarios. Quién sabe, tal vez uno de los secretos para erradicar el cáncer sea que haya menos casos en principio, y no es disparatado pensar que unos alimentos más saludables sean un factor concurrente significativo.

Mientras sucede todo esto, el suelo comenzará a recuperar su salud y los alimentos cultivados en suelos más sanos también serán más saludables. Habrá así una retroalimentación positiva que seguirá mejorando con el tiempo.

Estas mejoras quizá se inicien en localidades concretas, pero se extenderán por otras poblaciones a medida que dichas prácticas ganen adeptos. Los arbustos y árboles frutales y de frutos secos remplazarán a muchas especies ornamentales. Se dedicará más tierra a huertos caseros y menos terreno a inútiles campos de césped fuertemente abonado. Los vecinos intercambiarán los productos sobrantes entre sí, permitiendo una alimentación más variada de las familias y estrechando los lazos entre vecinos, generando unos vínculos más poderosos dentro de la comunidad. Las personas y comunidades serán más independientes en lo relativo a su alimentación porque en todas las localidades se cultivarán cada vez más alimentos frescos para cubrir las necesidades de todos los miembros de la comunidad. Como es probable que imagines, todas estas cosas se coaligan para que la gente adquiera el control de sus alimentos, en vez de darle el control a las empresas. Apostar más por la salud y el valor nutricional que por la obtención de beneficios será el objetivo de la futura producción de alimentos.

Todo esto está destinado a tener un impacto positivo sobre los niños, quienes aprenderán que las familias se pueden abastecer solas, que ellos pueden contribuir al proceso y que su contribución es importante. Aprenderán el valor de compartir, el valor del trabajo, y sentirán la satisfacción de disfrutar de los frutos de su esfuerzo. Además aprenderán lo buena que sabe la comida fresca cultivada en casa.

Lugares como estos ya existen, pero no abundan. Con el tiempo, más y más poblaciones rurales adoptarán esta forma de vida. Muchas personas de áreas urbanas también se verán atraídas, por lo que aparecerán más huertas comunitarias y formas innovadoras de cultivar alimentos en las ciudades, como jardines verticales y jardines de interior, que serán cada vez más populares y habituales. Llevará años, quizá varios siglos, pero, con el tiempo, este método acabará transformando la Tierra.

Este tipo de comunidades ecológicas serán más corrientes y habituales. Podemos llevar la idea más adelante, porque todo lo que compartimos del ámbito de estas comunidades se ajusta bien a los principios espirituales. Lo que representa es esto: los principios espirituales no solo son para las personas. Podemos usarlos en beneficio de las comunidades, en el diseño de nuestras casas, para elegir alimentos o decidir en qué trabajar, cuando optamos por qué alimentos cultivar y qué otras plantas adicionales plantar. Podemos crear un todo integrador autosuficiente y que reporte el bien supremo para todos. Los beneficios a nuestro alcance se amplían cuando hacemos esto, nuestro ejemplo se refuerza y más personas se dan cuenta de que estamos realizando un cambio para mejor. Recuperar la Tierra ayudará a todos los que la habitan y representa una parte esencial de nuestro crecimiento como especie. Después de todo, tenemos que vivir en alguna parte.

Verdades cósmicas reveladas, pg. 199:
Crecerá el énfasis por sintonizar con la naturaleza, y
el lema «salvad la ecología de la Tierra» se volverá

más popular y un punto focal de muchos trabajadores de luz. Sintonizar con la Tierra y su bienestar es vital para el proceso de transformación que hay ahora en curso.

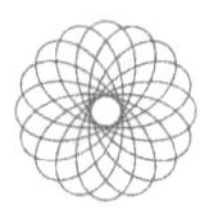

ENSEÑAR A OTROS

Aportar ejemplos positivos como mencionamos al hablar de las comunidades ecológicas es un medio importante de que todos compartamos los principios espirituales con los que vivimos. Estos ejemplos provienen de algo más que de nuestro estilo de vida y de cómo tratamos a la Tierra. Nuestro ejemplo espiritual emanará de todos los aspectos de nuestra vida, porque la espiritualidad debería conformar nuestras raíces y permear todos los aspectos de nuestro quehacer.

Esta coherencia es el mejor mensaje que podemos transmitir acerca de la naturaleza de nuestra espiritualidad. A quienes observan nuestra coherencia les llega el mensaje de que nuestra espiritualidad emerge de una serie de creencias nucleares, y esas creencias nucleares se difunden por medio de nuestras vidas. El impacto que ejercemos en otros se amplifica cuando ven a gente vivir sus vidas conforme a un conjunto de creencias, tal vez ligeramente distintas, pero de acuerdo a principios parecidos.

Así es como todos podemos vivir nuestra propia verdad y, pese a ello, compartir un mensaje muy similar. Cada uno de nosotros cuenta con una espiritualidad que constituye una sabiduría propia, y este es el don que compartimos con todos. Cuando asumimos una vida realmente espiritual, asumimos tanto nuestra originalidad como los mismos principios espirituales que yacen en el corazón de la espiritualidad donada por el Creador. Gracias a estos principios radicales, distintas personas con distintas perspectivas pueden —usando su vida personal como ejemplo— enseñar indirectamente principios espirituales profundos a otras personas.

Verdades cósmicas reveladas, pg. 250:
A medida que incorpores más dicha en tu vida, otros lo notarán y seguirán tu ejemplo; y a medida que actives cada vez más esta fuente de energía interna, accionarás lo necesario para que otros abran su centro del corazón e inicien el proceso de despertar. Puedes ser el catalizador que ayude a todos los que estén en tu esfera de influencia a desplazarse con más rapidez por el proceso de sanación de las heridas emocionales, y puede que a través de tus palabras de sabiduría les inspires a mirar hacia su interior y escuchar las llamadas del espíritu.

Secretos del autodominio, pg. 58:
Tal vez penséis que no sois lo bastante buenos o suficientemente sabios como para enseñar. A algunos os asusta tanto que queréis abandonar y no hacer más el esfuerzo de expandir vuestra conciencia y aclamar vuestra maestría. Este mensaje es para aseguraros, queridos amigos, que ya sois profesores de cuantos os rodean. Enseñáis con el ejemplo. Enseñáis a través de las palabras y las acciones. Enseñáis con cada

palabra que pronunciáis y con cada pensamiento que se libera en los éteres. Vuestro campo aural influye de forma positiva o negativa en la gente que os rodea.

Que haya luz, pg. 178:
Cuando enseñes, es importante que enseñes a partir de la experiencia. Gracias a tu ejemplo, enseñas a otros el modo de superar cualquier obstáculo y a que ellos, como tú, triunfen sobre cualquier adversidad. Te pedimos que enseñes a otros a moverse por el barrizal de la ilusión, el dolor y las limitaciones de la tercera y cuarta dimensiones.

Otras formas de enseñar

Algunas personas sentirán la vocación de ser algo más que un ejemplo para los demás. Hay diversas formas de enseñar lo que has aprendido y el espíritu siempre ayuda a hallar la senda correcta, incluso si no sabes cuál es. En tal caso, es importante escuchar los susurros que brotan de tu corazón sagrado, puesto que esos susurros seguramente portan una respuesta para ti.

Una de las mejores formas de facilitar la enseñanza de un grupo es manteniendo un debate sobre libros. Es importante recordar que el propósito del grupo es que haya más personas que compartan lo que piensan y que no sea solo una tribuna improvisada para que los demás simplemente te escuchen dar una charla como moderador. Por experiencia propia podemos decir que tienes que aprender tanto o incluso más para que lo que los otros participantes puedan aprender de ti. Sé humilde, observa, escucha, aprende, comparte. Ese es el orden más probable de los acontecimientos, así que mantente abierto y deja que circule el espíritu.

Aquellos que sean más aventureros, que localicen grupos espirituales, que busquen conferenciantes y que den charlas. Piénsalo aunque creas que «nunca» serás capaz de hacerlo. Sabemos por experiencia que en ocasiones el espíritu nos pide cosas que pensamos que no somos capaces de hacer para luego descubrir que teníamos una limitación de percepción, en absoluto real, una vez que hicimos lo que se nos pedía. Esta podría ser una forma de prepararte para otras cosas que necesitarás hacer, como aprender que confiar en la orientación que recibes del espíritu es un paso importante, probablemente incluso vital, del proceso.

En una línea similar, podrías convertirte en profesor de búsqueda certificada de maestría y dar clases. (Visita www. TimelyGuidance.com para obtener más información). Al hacer esto ayudas a otros a aprender los principios espirituales que enseña el arcángel Miguel, te ayudas a ti mismo —como profesor— a adquirir un conocimiento más profundo de los principios, e incluso quizá ganes algo de dinero que compense el tiempo invertido.

Ahí lo tienes. Siempre y cuando seas tú mismo, podrás ser un profesor espiritual. Recuerda que tienes algo único que enseñar a los demás y que es verdad aunque no sepas qué es. De hecho, es bastante habitual que sean otras personas las que descubran nuestra singularidad antes que nosotros, por lo que quizá sea buena idea preguntarles a personas que te conozcan desde hace tiempo para ver qué dicen. También les puedes preguntar si lo que piensan te diferencia de los demás, en qué eres mejor y qué situaciones manejas con facilidad y a otros les resultan complicadas. Estas pocas respuestas quizá basten para dejar clara tu singularidad, si es que no es ya patente.

Echemos un vistazo a algunas de las cosas que el arcángel Miguel tiene que decir sobre la enseñanza a los demás, antes de pasar a nuestro último tema.

La promesa dorada, pg. 175:
Existe una ley universal que afirma que, no solo debes ser ejemplo de tu nuevo estado de iluminación, sino que también debes legar la sabiduría y el conocimiento que has recabado, para así ascender al siguiente nivel. Eres un estudiante en el camino de iniciación, eres un practicante de maestría espiritual y cocreación, y también un profesor con un mensaje que compartir.

Verdades cósmicas reveladas, pg. 94:
Como ya te hemos dicho con frecuencia, primero debes enseñar con el ejemplo, mediante tus intenciones y acciones, y, por último, a través de tus sabias palabras ofrecidas en el momento apropiado. Sin embargo, si los que te rodean no quieren aprender a actuar y reaccionar de forma positiva y más armoniosa a través de la observación, ni a escuchar cuando les ofreces sugerencias y apoyo moral, es importante que te apartes del drama que despiertan y adoptes la postura de un observador imparcial.

Secretos del autodominio, pg. 125:
Te vamos a sugerir una nueva senda con la esperanza de que alguien recoja el guante y sea el futuro paladín espiritual de la emergente espiritualidad en una humanidad consciente de sí misma. Pedimos que os congreguéis para estudiar, para respaldaros y serviros de inspiración unos a otros. Os pedimos que compartáis con los demás conocimientos, sabiduría, visiones y experiencias. Es el momento de la reunificación y hay que unirse para compartir amor, sabiduría e inspiración; es una época para estudiar juntos y apoyaros unos a otros.

Secretos del autodominio, pg. 28:
Has venido a esta vida a equilibrar tus naturalezas masculina y femenina: a usar la voluntad divina, el poder y la autoridad del Creador Padre, pero también para integrar amor y sabiduría, compasión, cuidado y aspectos creativos del Creador Madre. Has venido a la Tierra a experimentar y estar plenamente en el cuerpo físico, al tiempo que integras el espíritu en tu conciencia y ser físicos. Estás aquí para equilibrar conocimiento y comunicación; para aprender mediante la intuición cuáles son tus verdades y a vivir esas verdades como un ejemplo para otros; a aprender el equilibrio de las destrezas comunicativas, cuándo hablar claro y cuándo guardar silencio, a no ser crítico, a aprender que cada cual sigue su propia senda individual y tiene sus propias lecciones que aprender.

Magia y majestad, pg. 61:
Un profesor esclarecido te ofrece la verdad tal y como le ha sido revelada y también brinda a sus estudiantes la oportunidad de aceptar o rechazar sus enseñanzas.

Magia y majestad, pg. 64:
Cuando hayas transformado en sabiduría la información recabada y te hayas convertido en el vivo ejemplo de cada nuevo nivel avanzado de conciencia, entonces estarás cualificado para enseñar los conceptos a otros. Experimenta aquello que enseñas y conviértete en un ejemplo luminoso, que es la forma más eficaz de captar la atención de los demás.

Secretos del autodominio, pg. 28:
Tienes capacidad de convertirte en aquello que visualizas o de crear todo lo que has visto, siempre que esté en armonía con tu Plan divino. Cuentas con maravillosos haces de luz de información almacenada en tu mente sagrada, esperando a que la reclames. Mientras construyes y perfeccionas tu pirámide de luz en quinta dimensión, hallarás que tus creaciones se manifiestan cada vez más rápido. Enseñar con el ejemplo es una de las formas más eficaces de mostrar a otros cómo convertirse en dueños de su propio destino. Aspira siempre al resultado más elevado y al bien de todos; así no te saldrás del camino.

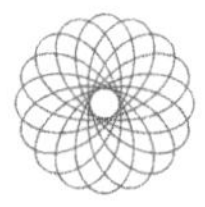

ENSEÑAR A LOS NIÑOS

La vida es sin duda frenética. Con todas las cosas que asimilamos a diario es fácil pasar por alto o dejar para más adelante cosas que no son esenciales en nuestro día a día. Y, si llevamos una vida espiritual auténtica, entonces seremos un ejemplo positivo para nuestros hijos. Sin embargo, eso en sí tal vez no sea suficiente para ellos.

Los niños son buenos observadores, pero también se distraen con facilidad. Necesitaremos un enfoque más proactivo cuando enseñemos a nuestros hijos principios espirituales, porque para la salud de la Tierra y la humanidad es vital que enseñemos a nuestros hijos y nietos dichos principios y cómo ser guardianes de la Tierra y las futuras generaciones. Después de todo, ellos son el futuro de la humanidad y del impacto de la humanidad en la Tierra. Asegurarnos de que nuestros hijos cuenten con unos sólidos fundamentos espirituales les ayudará a vivir, y lo más probable es que también garantice una relación más positiva con la Tierra.

Otro factor importante es lo impresionables que son los niños. En el mundo en que están inmersos viven un constante bombardeo de mensajes, muchos de los cuales son negativos y se enraízan en la conciencia de masas. Esto supone que debemos enseñarles los principios espirituales que queremos que conozcan, porque es cierto que el mundo que les rodea les enseña lo que él quiere que sepan. Si no les ayudamos a avanzar, dependeremos solo de su capacidad para observar y sacar conclusiones y de la esperanza de que lleguen a buenas conclusiones con base espiritual. Eso es mucho pedir y una pesada carga que depositamos en nuestros hijos. En lugar de eso, como padres y abuelos les ayudaremos a triunfar en la vida enseñándoles principios espirituales que les preparen para mejorar sus vidas.

Pasar a la acción, en lugar de dejarlo todo al albur de la esperanza, es un paso positivo para el bien supremo de todos. Estaremos optando deliberadamente por enseñar a nuestros hijos los principios espirituales del Creador en lugar de dejar que asimilen información desconocida y potencialmente negativa de la sociedad. Les debemos esto a nuestros hijos y a su vida futura: enseñarles principios espirituales tal y como los asumimos justo ahora. Sí, nuestro punto de vista cambiará a medida que cambiemos y crezcamos. También cambiará el suyo y eso es perfectamente normal.

Lo importante es que les enseñemos *algo*, porque todos los principios positivos que compartamos con ellos les ayudarán a contrarrestar parte de la negatividad que aprenderán del mundo que les rodea. Tal vez resulte más fácil dejarles que aprendan por sí mismos, pero como padres no es correcto que hagamos eso. Aceptar darles, por lo menos, cierta dirección, y ser un ejemplo positivo para nuestros hijos es al menos tan importante espiritualmente como ser un ejemplo positivo para otras personas de nuestro entorno.

Los niños son a menudo más listos, sabios y conscientes de lo que pensamos. Por eso cuenta tanto lo que les enseñemos. Después de todo, no lamentarás hacer todo lo posible por enseñar principios espirituales a tus hijos. Sin embargo, hay muchas posibilidades de que lamentes *no* hacerlo. No dejes las creencias espirituales de tus hijos a la casualidad y en manos de otras personas. Dales un punto de partida espiritual que sepas que les ayudará cuando crezcan, maduren y tengan su propia familia.

En alas de luz, pg. 90:
El primer paso será enseñar a los jóvenes a ver la vida de un modo diferente, como un don precioso y una oportunidad de adquirir capacidades y sabiduría para el siguiente nivel de experiencia. Aprenderán que son agentes divinos y representantes del Creador, y que lo que hagan, positivo o negativo, influye, no solo en su vida presente, sino también en su vida futura, así como en el resto de la humanidad, su familia espiritual y el universo. Si estas enseñanzas se iniciasen e instilasen desde el nacimiento y se perpetuasen de por vida, ¡qué salto milagroso supondría para la conciencia de la humanidad!

Que haya luz, pg. 310:
Es importante que todas las personas aprendan a temprana edad que forman parte integral de un Todo más amplio. Deberían ser conscientes de que cuantos les rodean les concederán muchos dones y beneficios, pero que también ellos deberán aportar su contribución, por pequeña que sea, además de aprender a ser responsables de sus acciones. Las reglas de causalidad, de dar y recibir, y las leyes de manifestación son universales y se deben aprender a edad temprana. ¡Cuánto más fácil sería la infancia si esto fuese así!

Tu búsqueda sagrada, pg. 56:
¿Qué puedes hacer personalmente ante estas situaciones preocupantes [del mundo actual]? Lo primero que puedes hacer aquí y ahora es amarte y respetarte; luego, como ejemplo, enseña a tu familia y aquellos a los que influyas lo que significa asumir la responsabilidad de tus acciones; vive íntegramente mientras estableces límites y proyectas amor incondicional.

Verdades cósmicas reveladas, pg. 292:
Aborrecerás la hipocresía y quizá te rebeles en tus primeros años de escuela, porque no encajarás en la estructura social de medias verdades y reglas injustas. Les corresponderá a tus padres enseñarte a conseguir cambios a mejor, pero no oponiéndote a los viejos modos, sino mostrando otros nuevos y mejores.

Verdades cósmicas reveladas, pg. 292:
Cuentas con energías en tu interior que aprenderás a desarrollar y usar en todo su potencial. Sugerimos que sean tus padres quienes te enseñen a entrar en la pirámide de luz y que, una vez allí, observes el flujo armonioso de energías sanadoras por tu cuerpo. Ruega al Yo superior que te ayude a contener y controlar estas poderosas energías según aprendes a dirigirlas apropiadamente por tu interior y hacia el mundo.

Verdades cósmicas reveladas, pg. 293:
Les pedimos a tus padres que te muestren el modo de visualizar una esfera dorada de luz rodeándote por encima de la cabeza y por debajo de los pies. Las vibraciones más altas de amor y luz penetran esta esfera protectora, pero ninguna de las vibraciones inferiores te afectará si manifiestas tu intención de permitir que solo penetren tu campo de fuerza las vibraciones de la conciencia divina.

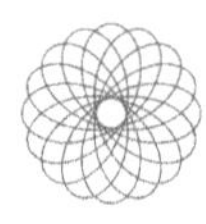

CONCLUSIÓN

Esperamos que este libro te haya servido de inspiración a donde volver una y otra vez mientras te abres camino por la senda y desarrollas el autodominio. Está pensado para formar parte del fundamento de este proceso, junto con otra información y materiales.

Todos sabemos que solo con la lectura del libro no alcanzarás el autodominio. Necesitarás más trabajo y estudio, y son muchas las fuentes a las que dirigirte para alcanzar tu objetivo. Nos aplicaremos a la creación de otras fuentes adicionales que, junto con el material ya disponible, te ofrezcan un plan de estudios unificado y disponible en distintos formatos que sean atractivos para los diversos tipos de estudiantes. Llevar esta tarea a su conclusión costará tiempo, pero queremos que sepas que estamos trabajando desde una «perspectiva amplia» que cubra las necesidades espirituales de muchos y muy distintos candidatos.

Gracias por sumaros a nosotros en esta travesía. Esperamos que este libro os haya resultado útil, y nos encantaría escuchar cualquier comentario o sugerencia que tengáis para mejorarlo. Os podéis poner en contacto con nosotros a través de www.StarQuestMastery.com o mandándonos un correo electrónico a Kevin@kevinadam.com

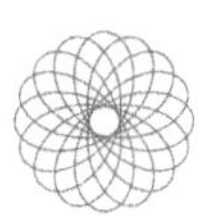

CARTA DE AMOR DE RONNA

Querida familia del alma y amigos:

Parece que los tiempos avanzan tan rápidamente y los cambios en el mundo se suceden con tal celeridad que apenas si podemos seguir el ritmo. Cuando reflexiono y echo la vista atrás a los últimos años, apenas me reconozco a mí misma ni la realidad que dejé atrás. Nuestro amado Miguel nos dijo hace muchos años: «Si creéis que tanto vosotros como el mundo habéis cambiado en los últimos años, esto es solo el principio; esto no es nada comparado con los cambios que experimentaréis en el futuro».

Me escribe gente de todos los rincones del mundo contándome sus experiencias, pruebas, retos y los milagros que están viviendo, y lo mucho que la sabiduría, la inspiración y dirección del arcángel Miguel les ha ayudado en su travesía. Es una época de gran incertidumbre, una época en que debemos ser firmes, ser intrépidos de corazón y estar centrados en el bien de este mundo y en luchar por alcanzar el autodominio. Es una época en que debemos visualizar un «futuro probable» con el mejor final para toda la humanidad, al tiempo que nos esforzamos por recuperar el equilibrio y la armonía interiores y exteriores. Por favor, visualizadme en un mundo prístino donde volvemos a estar en sintonía con los elementos de la naturaleza; donde hay paz y abundancia para todos; un mundo donde somos libres de expresar nuestra singularidad y donde dejamos que los demás hagan lo mismo, sabedores de que todos somos una faceta del Creador Supremo. Cuanto más dejemos que el amor de nuestro Dios Padre Madre permee nuestro ser, más capacitados estaremos y más irradiaremos ese amor o luz al mundo y a todos cuantos nos rodean.

El arcángel Miguel nos dice que todos contamos con capacidad de anclar la luz dondequiera que estemos. Hemos estudiado, meditado, rezado y realizado fielmente nuestros ejercicios de sintonización y respiración. Ahora debemos abandonar el modo «transformación» y pasar al de la «cualidad de ser». Caminamos entre dos mundos, milenios y dimensiones. Estamos dejando atrás los viejos paradigmas, del mismo modo que nos estamos desprendiendo de las muchas capas y disfraces que nos hemos puesto, camino de una mayor plenitud en la Nueva Era y de nuestras nuevas personalidades espiritualmente perfeccionadas.

¿Qué ocurrirá en el futuro? ¿A qué se parecerá el mundo de mañana? Ni yo ni nadie lo sabe. Entonces, ¿qué hacemos mientras tanto? Seguiremos edificando nuestro centro de energía solar de amor divino dentro de nuestros corazones. Seguiremos intentando ser lo mejor que sepamos y ver lo mejor en cuantos nos rodean. Disfrutaremos de la dulzura de cada momento del día y aceptaremos dignamente los retos de la vida porque representan nuestras mayores oportunidades de crecimiento. Estaremos constantemente en sintonía con esa vocecita interior del espíritu, de modo que nuestro Yo superior nos guíe fielmente. Si hacemos esto, nunca nos desviaremos de la senda.

Mi vida se ha visto bendecida más allá de lo concebible y siento que soy una de las personas más afortunadas del planeta. Sé que estoy en manos del arcángel Miguel y del amor de nuestro Dios Padre Madre, y que todo está bien en mi mundo, sin importar lo que ocurra. Vayan mi amor eterno y mis bendiciones a todos vosotros. Que vuestra travesía por la eternidad sea plena de amor, luz, dicha y abundante en milagros.

RONNA

LIBROS DISPONIBLES

Los libros de mensajes del arcángel Miguel escritos por Ronna están a la venta en www.StarQuestMastery.com. Encontrarás otras fuentes adicionales que tal vez te interesen.

El primer libro de esta serie, *Espiritualidad unificada del Creador*, está disponible en castellano en la edición de Editorial Kolima (www.editorialkolima.com). Asimismo, se pueden adquirir ejemplares en Amazon y en librerías.

También podrás encontrar en castellano, en la misma editorial, el libro *En alas de luz*, de la misma autora y al que se hace referencia en este texto.

Verdades cósmicas reveladas, pg. 269:
Como Yo maestro aplícate en el amor a tu mundo interior y exterior; si renuncias a cualquiera de ellos, no serás plenamente consciente ni estarás equilibrado.

KOLIMA
BOOKS

www.ingramcontent.com/pod-product-compliance
Lightning Source LLC
LaVergne TN
LVHW051254200726
843510LV00010B/1120